“十一五”国家重点图书出版规划项目
国家社会科学基金项目(编号:J58109060109)
陕西科学技术厅资助出版

21世纪
科技与社会发展丛书
(第六辑)
丛书主编 徐冠华

中国特色城镇化道路

尚 娟 /著

科 学 出 版 社
北 京

内 容 简 介

本书结合中国实际、深入、细致地分析了中国特色城镇化发展内涵，从理论分析和实证分析多个角度，建立了中国城镇化影响因素评价指标体系，揭示出中国城镇化发展的总体特征；在合理借鉴发达国家、发展中国家和新兴工业化国家等典型国家城市化发展成功模式的基础上，构建出中国特色城镇化道路的总体思路和原则；提出中国特色城镇化道路的实现机制与配套条件。本书强调理论与实践相结合，突出中国城镇化道路的特色和实用性。

本书不仅可以作为各级政府决策者的重要参考，同时对城镇化、城市规划、城市社会与发展、区域经济与区域发展、产业经济、城市经济、环境保护、资源开发与利用等领域的本科生、研究生和相关研究人员也具有重要的参考价值。

图书在版编目（CIP）数据

中国特色城镇化道路／尚娟著. —北京：科学出版社，2012
（21世纪科技与社会发展丛书（第六辑））
ISBN 978-7-03-036076-2
Ⅰ. ①中…　Ⅱ. ①尚…　Ⅲ. ①中国特色城镇化道路　Ⅳ. ①F289. 3
中国版本图书馆CIP数据核字（2013）第062932号

丛书策划：胡升华　侯俊琳
责任编辑：牛　玲　裴　璐　刘志巧／责任校对：朱光兰
责任印制：徐晓晨／封面设计：黄华斌　陈　敬
编辑部电话：010－64035853
E-mail：houjunlin@ mail. sciencep. com

科学出版社出版
北京东黄城根北街16号
邮政编码：100717
http://www.sciencep.com
北京凌奇印刷有限责任公司 印刷
科学出版社发行　各地新华书店经销
*
2013年3月第　一　版　开本：B5（720×1000）
2021年1月第五次印刷　印张：14
字数：250 000
定价：78.00 元
（如有印装质量问题，我社负责调换）

总　序

进入21世纪，经济全球化的浪潮风起云涌，世界科技进步突飞猛进，国际政治、军事形势变幻莫测，文化间的冲突与交融日渐凸显，生态、环境危机更加严峻，所有这些构成了新世纪最鲜明的时代特征。在这种形势下，一个国家和地区的经济社会发展问题也随之超越了地域、时间、领域的局限，国际的、国内的、当前的、未来的、经济的、科技的、环境的等各类相关因素之间的冲突与吸纳、融合与排斥、重叠与挤压，构成了一幅错综复杂的图景。软科学为从根本上解决经济社会发展问题提供了良方。

软科学一词最早源于英国出版的《科学的科学》一书。日本则是最早使用“软科学”名称的国家。尽管目前国内外专家学者对软科学有着不同的称谓，但其基本指向都是通过综合性的知识体系、思维工具和分析方法，研究人类面临的复杂经济社会系统，为各种类型及各个层次的决策提供科学依据。它注重从政治、经济、科技、文化、环境等各个社会环节的内在联系中发现客观规律，寻求解决问题的途径和方案。世界各国，特别是西方发达国家，都高度重视软科学研究和决策咨询。软科学的广泛应用，在相当程度上改善和提升了发达国家的战略决策水平、公共管理水平，促进了其经济社会的发展。

在我国，自十一届三中全会以来，面对改革开放的新形势和新科技革命的机遇与挑战，党中央大力号召全党和全国人民解放思想、实事求是，提倡尊重知识、尊重人才，积极推进决策民主化、科学化。1986年，国家科委在北京召开全国软科学研究工作座谈会，时任国务院副总理的万里代表党中央、国务院到会讲话，第一次把软科学研究提到为我国政治体制改革服务的高度。1988年、1990年，党中央、国务院进一步发出“大力发展软科学”、“加强软科学研究”的号召。此后，我国软科学研究工作体系逐步完善，理论和方法不断创新，软科学事业有了蓬勃发展。2003~2005年的国家中长期科学和技术发展规划战略研究是新世纪我国规模最大的一次软科学研究，也是最为成功的软科学研究之一，集中体现了党中央、国务院坚持决策科学化、民主化的执政理念。规划领导小组组长温家宝总理反复强调，必须坚持科学化、民主化的原则，最广泛地听取和吸收科学家的意见和建议。在国务院领导下，科技部会同有关部门实现跨部门、跨行业、跨学科联合研究，广泛吸纳各方意见和建议，提出我国中长期科技发展总体思路、目标、任务和重点领域，为规划未来 15 年科技发展蓝图做出了突出贡献。

在党的正确方针政策指引下，我国地方软科学管理和研究机构如雨后春笋般大量涌现。大多数省、自治区、直辖市政府，已将机关职能部门的政策研究室等机构扩展成独立的软科学研究机构，使地方政府所属的软科学研究机构达到一定程度的专业化和规模化，并从组织上确立了软科学研究在地方政府管理、决策程序和体制中的地位。与此同时，大批咨询机构相继成立，由自然科学和社会科学工作者及管理工作者等组成的省市科技顾问团，成为地方政府的最高咨询机构。以科技专业学会为基础组成的咨询机构也非常活跃，它们不仅承担国家、部门和地区重大决策问题研究，还面向企业提供工程咨询、技术咨询、管理咨询、市场预测及各种培训等。这些研究机构的迅速壮大，为我国地方软科学事业的发展铺设了道路。

软科学研究成果是具有潜在经济社会效益的宝贵财富。希望“21 世纪科技与社会发展丛书”的出版发行，能够带动软科学的深入研究，为新世纪我国经济社会的发展做出积极贡献。

徐冠华

2009 年 2 月 21 日

第六辑序

近年来，软科学作为一门立足实践、面向决策的新兴学科，在科学技术飞速发展和经济全球化的今天，越来越受到社会各界的广泛关注，已经成为中国公共管理学科乃至整个社会科学研究领域一个极为重要且富有活力的部分。当前，面对国际政治经济形势的急剧变化和复杂局面，我国各级政府将面临诸多改革与发展的种种问题，需要分析研究、需要正确决策，这就需要软科学研究的有力支撑。

陕西科教实力位居全国前列，拥有丰富的知识和科技资源。利用好这一知识资源优势发展陕西经济，构建和谐社会，并将一个经济欠发达的省份建设成西部强省，一直是历届陕西省委、省政府关注的重要工作。在全省上下深入学习科学发展观之际，面对当前国际金融危机，如何更好地集成科技资源，提升创新能力，通过建立产、学、研、用合作互动机制，促进结构调整和产业升级，推动经济社会发展，是全省科技工作者需要为之努力奋斗的目标。软科学研究者更是要发挥科学决策的参谋助手作用，为实现科技强省献计献策。

陕西省的软科学研究工作始于 1990 年，在国内第一批建立了软科学研究计划管理体系，成立了陕西省软科学研究机构。多年来，通过理论与实践的结合，政府决策和专家学者咨询的融合，陕西省软科学研究以加快陕西改革与发展为导向，从全省经济社会发展的重大问题出发，组织、引导专家学者综合运用自然科学、社会科学和工程技术等多门类、多学科知识，开展战略研究、规划研究、政策研究、科学决策研究、重大项目可行性论证等，取得了一批高水平的研究成果，为各级政府和管理部门提供了决策支撑和参考。

为了更好地展示这些研究成果，近年来，陕西省科技厅先后编辑出版了《陕西软科学研究 2006》、《陕西软科学研究 2008》，受到了省内广大软科学研究工作者的广泛关注和一致好评。为了进一步扩大我省软科学研究成果的交流，促进应用，自2009年起，陕西省科技厅资助出版“21世纪科技与社会发展丛书”。该丛书第六辑汇集了我省近一年来的优秀软科学成果专著10部。对于该丛书的出版，我感到非常高兴，相信丛书的出版发行，对于扩大软科学研究成果的影响，凝聚软科学研究人才，多出有价值、高质量的软科学研究成果，有效发挥软科学研究在区域科技、经济、社会发展中的咨询和参谋作用，不断提升我省软科学研究水平具有重要意义。

感谢各位专家学者对丛书的贡献，感谢科学出版社的大力支持。衷心希望陕西涌现出更多的在全国有影响的软科学研究专家和研究成果。祝愿丛书得到更为广泛的关注，越办越好。

2012年9月

前　言

本书研究的是中国经济热点问题之一，是一部关于中国城镇化问题研究的理论专著。世界各国的实践表明，工业化和城镇化是国家现代化发展的两大基本任务，工业化和城镇化相互促进，既共同构成国家现代化的主要内容，也共同构成国家现代化的主要驱动力量。中国正处于工业化、城镇化发展的关键时期。2011 年，尽管中国城镇化率首次超过 50%，但是城镇化的道路还相当漫长。未来几十年是中国城镇化快速发展的时期，是经济结构和社会结构大变动的时期，也是各种社会矛盾集中爆发的时期。积极稳妥地推进城镇化，是各级政府部门和城镇化研究者共同关注的问题。

改革开放至今，中国城镇化取得了显著成就。但是继续推进城镇化，还面临诸多问题，如独特的国情背景和资源、环境的挑战，城镇化滞后于工业化，城镇化水平存在虚高成分；城乡关系不协调，城乡二元结构矛盾突出；非农产业就业人口大幅增加，大量农村人口转移进城市；城市发展模式粗放，日益不适应贯彻落实科学发展观的要求。大中小城市与小城镇不协调已成为严重制约我国经济发展的巨大瓶颈。因此，探索出一条符合中国国情的城镇化道路，构建出符合中国国情的城镇化实现机制与配套条件，无疑具有重大的理论意义和现实意义。

作者先后到重庆、成都、苏南、宁夏、陕西渭南、陕西杨凌等发展水平、资源环境特点以及政策实践不同的地区和城市开展实地调研，总结实践经验，提出了中国特色城镇化发展内涵，并全面分析了其经济、技术与制度意义，从而深化了对中国城镇化发展一般规律的认识，进一步丰富和完善了城镇化发展理论研究体系，为城镇化发展提供了理论支持。通过实地调查和比较分析，得出目前中国城镇化发展的特点是滞后型、城镇体系结构非均衡、城镇地区布局非均衡等，并从实证角度分析与比较东中西部地区城镇化不同发展阶段的影响因素，从而揭示出中国城镇化的总体发展特征、存在的主要问题及面临的挑战；强调运用统计数据、第一手资料及计量模型使研究结论的精确性和准确性得以提高，从而充分保证结论和决策建议的可行性和可操作性；比较研究了四个典型国家城市化发展的模式，总结了美国、韩国、巴西等国城市（镇）化的发展经验；通过理论分析和案例分析，为中国城镇化实现机制的构建进行制度性合理安排，针对城镇化发展中的现实问题，提出了解决方案；最后提出中国特色城镇化道路的总体思路和原则，并构建出中国特色城镇化道路的实现机制和条件。

本书是国家社会科学基金项目“中国特色城镇化道路与实现机制研究”的最终研究成果。希望通过正式出版课题研究成果，可以促进相关问题研究的进一步深化。由于研究视角的不同，时间和认识水平的局限性，研究可能存在着许多不足，敬请同行专家和读者指正。

本书在写作过程中参阅了大量的国内外学术资料，所有参阅的文献已在书末逐一列出，如有遗漏，谨请谅解，在此对所有作者表示诚挚的谢意。

尚　娟

2012年6月

目　　录

第一章　中国特色城镇化发展内涵、作用与意义

城镇化是人类社会现代化进程中的必由之路。各个国家都依据各自基础条件自发或自觉地探索适合自身国情特点的城镇化发展道路。中国特定的人口规模、资源禀赋、区域差异，以及社会经济发展的阶段性、技术条件，决定了中国必须从基本国情出发，按照中国特色社会主义的基本要求，不断探索，走一条具有中国特色的城镇化道路。

第一节　城镇化的一般含义

城镇化是人类生产方式和社会活动在区域空间上的聚集，城镇化过程是人类现代化过程的重要表现形式。生产活动向城市的聚集是分工深化和降低交易成本的内在要求。由于要素聚集带来的规模经济和范围经济，以及对创新的促进作用，城镇化极大地提高了生产率，使得城市成为经济增长的引擎和技术创新的源泉。城镇化带来了生产方式的转变，同时又是生产方式变化的结果。城市为居住在其中的居民提供了公用基础设施、文化教育设施，创造了新的社区环境和社会交往的氛围，使人类生活条件得到了极大的改善，带来了人类生活方式的根本转变。

国务院发展研究中心课题组（2010）所著《中国城镇化：前景、战略与政策》中提出，城镇化的过程就是劳动力、资本等生产要素从生产率较低的传统农业向生产率较高的现代非农产业转移的过程，就是居民从农村分散居住向城市集中居住、获得更好的生活条件的过程，就是生产方式转变、人口素质提高和人类生活条件改善的过程，是现代化过程的主要表现形式和内容。

城镇化带来的是劳动力、资本及多种经济要素在空间地域上高度集中与合理流动所产生的聚集效益和规模效益。正是由于城镇化对经济社会发展的这种作用，各国政府都把加快城镇化进程作为自己努力追求的政策目标。中国是一个人口大国，人均资源匮乏，要想加快发展，实现现代化，必须走城镇化道路，使得生产方式转变、人口素质提高和人民生活条件改善。正如中国“十二五”规划第二十章所述——积极稳妥推进城镇化，优化城镇化布局和形态，加强城镇化管理，不断提升城镇化的质量和水平。

第二节 影响中国特色城镇化发展的背景条件

城镇化的道路不可能是千篇一律的，各个国家都必须依据各自的基础条件自发或自觉地探索适合自身国情特点的发展道路。中国必须从基本国情出发，按照中国特色社会主义的根本要求，走一条具有中国特色的城镇化道路。城市规划专家、中国工程院院士邹德慈曾经说过：我们的城镇化不能脱离国情，中国是农业大国。中国特色的城镇化，就要立足这个国情。同时，随着大城市用地的快速拓展，来不及改造的城中村现象也成为中国城镇化的特色之一（邹德慈，2010）。中国特定的人口规模、资源禀赋、区域差异、社会经济发展的阶段性，以及现阶段的技术条件，决定了中国必须从基本国情出发，按照中国特色社会主义的根本要求，不断探索，走一条具有中国特色的城镇化道路。

一、人口规模

中国是世界上人口最多的国家，人口众多是中国的基本国情。2011 年 4 月 28 日，国家统计局公布的第六次全国人口普查数据显示，全国总人口为 1 370 536 875人。据国家人口发展战略研究课题组 2007 年 2 月公布的研究成果，21 世纪中叶中国人口总量峰值将达到 15 亿。届时中国的城镇化水平预计将达到 70% 以上，总量超过 10 亿的城镇人口将成为全球最大的城镇人口群体，这表明未来将有 3 亿 ~3.5 亿的人口从农村转移到城市或城镇。2011 年中国与其他国家的人口比较见表 1-1。

表 1-1 2011 年中国与其他国家的人口比较

国家	人口/亿人
中国	13.705
美国	3.088（4.438）
英国	0.614（22.321）
日本	1.260（10.877）

注：括号内的数字表示中国人口数是该国人口数的多少倍

资料来源：各国概况，新华网，http：//news. xinhuanet. com/ziliao/2003-01/29/content_ 712506. htm. [2011-08-03]

从表 1-1 可以看出中国人口分别是美国、英国和日本的 4. 438 倍、22. 321 倍和 10. 877 倍，这意味着当中国城镇化率提高 1% 时，所转移的人口数量可以使美国城镇化率提高 4. 438%，日本城镇化率提高 10. 877%，英国城镇化率甚至提高 22. 321%。人口基数大的国情使中国在城镇化的进程中农村人口转移的压力非常巨大。通过数据对比可以看出中国与美国、英国、日本等国家相比，城镇化进程中有更大的人口转移压力。中国每提高1%的城镇化率，转移人口1370.5万，即需要安排城镇就业岗位1370.5万个。人口规模大是中国具有的特殊背景特征，在中国特色城镇化进程研究中，必须充分考虑这个情况。

二、资源禀赋

中国虽拥有960万平方公里的广袤国土，但土地资源中山地占33.33%，高原占26.04%，丘陵占9.90%，盆地占18.75 %，平原仅占11.98%，其中山地和高原达到59.37%；从海拔角度来看，全国地势在1000米以上的地区占到57.89%（表1-2），适宜城镇发展的土地资源非常匮乏。从中国各地区降水量来看，如表1-3所示，西北内陆地区降水量仅为100～200毫米，约为华南地区的1/10，西北地区水资源十分匮乏。

表1-2 中国地理结构组成

项目	面积/万平方公里	占总面积比例/%
总面积	960	100
按地形分		
山地	320	33.33
高原	250	26.04
盆地	180	18.75
平原	115	11.98
丘陵	95	9.90
按海拔分		
500米以下	241.7	25.18
500～1000米	162.5	16.93
1000～2000米	239.9	24.99
2000～3000米	67.6	7.04
3000米以上	248.3	25.86

资料来源：根据2011年《中国统计年鉴》整理而成

表1-3 中国各地区降水量 （单位：毫米）

地区	台湾中部山区	华南沿海	长江流域	华北、东北	西北内陆	塔里木盆地、吐鲁番盆地和柴达木盆地
降水量	≥4000	1600～2000	1000～1500	400～800	100～200	≤25

资料来源：根据2011年《中国统计年鉴》整理而成

因此，适宜城镇发展的土地资源非常匮乏。通过对年降水量、不小于10℃的积温、土地利用、土壤侵蚀、地形坡度、地貌等各地理因素对人类居住地适宜性的影响分析发现，一类宜居土地仅占全国国土面积的19%，而且主要分布在东中部地区，又与优质农田高度重合。在这些地区既要发展农业，解决吃饭问题，又要建设城镇，享受现代文明，致使人地矛盾相当突出。另外，受自然与人为多种因素的影响，中国的生态环境十分脆弱，国土的一大部分属于干旱和半干旱区域。西北干旱区和青藏高原区的生态环境十分严峻，而东部季风区因降水集中，容易引起旱、涝、山体滑坡等自然灾害。这些地区对人类经济活动特别敏感，环境承载能力低下，极易出现生态环境退化现象。从水资源的分布看，中国水资源分布“南多北少”、“东丰西缺”，80%左右集中于长江流域及以南地区，但开发利用难度较大。目前中国城市缺水问题十分严重，尤以环渤海湾和西北地区最为突出。今后城市缺水形势会更加严峻，缺水性质将从以工程型缺水为主向以资源型与水质型缺水为主转变（肖金成，2009）。

三、区域差异

辽阔的地域使中国各地区在自然地理、经济和区域文化方面存在显著差异。改革开放后，东部沿海地区海外贸易便利，中国优先发展东部沿海地区，资源都往沿海地区流动，使得现在沿海地区较为发达，经济发展水平较高，城镇化率较高，城市发达，拥有许多大中型城市，而西部地区土地面积为 545 万平方公里，占全国土地面积的 56.77%，但其中有一半以上的土地为不适宜人类居住的高原、丘陵、沙漠、戈壁等地带，这样使得东西地区发展差异加大。东中西部地区海拔在 500 米以下地区面积占本区域总面积的比例分别为 76.6%、48.1%和 5.9%，而海拔在 1000 米以上地区面积占本区域总面积的比例则相反，为 5.9%、29.4%和 82.6%。西部地区耕地面积只占全国耕地面积的 23.7%，宜农耕地面积占本区域面积的比例只有 7.3%，远低于东部地区的 41.78%，西南地区多是丘陵地带，耕作条件差，现代化机械的使用有限，农业生产还主要依赖于传统的人力劳动。而且西部地区是生态环境脆弱区，经济粗放型的增长使生态环境不断恶化，全国水土流失面积超过 360 万平方公里，西部地区约占 80%，全国荒漠化面积超过 260 万平方公里，每年新增荒漠面积超过 2400 平方公里，大部分分布在西部地区（张沛，2009）。这些差异使得中国必须按照当地的区域状况来选择适合的城镇化道路。

四、社会经济发展的阶段性

城镇化就是人类生产和生活活动在区域空间的聚集，由要素聚集带来的规模经济和范围经济，以及对创新的促进作用，极大地提高了生产率，使得城市成为经济增长的引擎和技术创新的源泉。中国经历了 30 多年的改革开放，现阶段正处于经济快速增长和产业结构转型、效率提高阶段，要求生产要素按照市场经济的内在规律与机制在国内以更大范围、更快速度地实现更有效率的集中，这给中国的城镇化提出了更高的要求。要利用城镇化来帮助中国实现产业结构的转型，实现经济持续快速的增长，就要求我们必须尽快完善社会主义市场经济制度，实现生产要素的有效流动；建立社会保障制度，保障农村人口转移进入城镇后的就业与生活；创新城镇管理方式，避免“城市病”，促进城市和谐发展。

五、技术条件

信息通信技术、现代交通技术、新能源和生物技术的快速发展和应用，会对中国大中小城市的空间分布、城市规模、城市规划布局和城市运行方式产生重要的影响。新技术的利用，使得我们在城镇化的进程中，能够避免百年前西方国家城镇化进程中遇到的问题。例如，利用高铁、城际列车发展城市群、城市带，促进城市协调发展；利用地铁、立交桥帮助解决城市交通问题；利用信息通信技术帮助城市的管理运行。对于一个人多、地少、资源短缺的国家而言，这些新技术为我们建立新型的节能、节地、高效、便捷的城市形态提供了机会。我们可以充分利用这些新技术条件，走出不同于西方传统的城镇化道路，即走中国特色城镇化道路。

第三节　中国特色城镇化发展内涵

一、中国特色城镇化的含义

中国特色城镇化是指坚持以人为本，以统筹协调为原则，以新型工业化为动力，通过市场推动和政府导向相结合，走科学发展、社会和谐，城乡一体、协调发展，集约高效、环境友好，健康快速、平稳推进的中国特色城镇化之路，推动中国城市现代化、城市集群化、城市生态化，全面提升中国特色城镇化质量和水平。

二、中国特色城镇化的要求

（一）以人为本，走科学发展、社会和谐的城镇化之路

科学发展观明确提出以人为本，而城镇的发展也必须以人为本，人是社会发展的主体，是社会发展的规划者和决策者，同时又是发展的参与者和实践者。因此，社会的发展必须以人为中心，发展的最终目的就是使人本身获得全面的

发展。所以，城镇化不是单纯地变动行政区划和扩大城市面积，而是促进农村人口从乡村迁移到城市，改变其生产和生活方式，逐步消除城乡二元结构。城镇化的核心问题是人口的城镇化，它是农民身份市民化、就业方向非农化、生活方式现代化、居住和生产活动范围非农村化等演变过程的统一。中国特色城镇化在城镇定位、城镇功能、城镇职能、城镇规模、城镇结构、城镇规划、城镇经济与社会发展等方面都要以人为本，打造“宜居、宜业、宜学、宜游”的城镇。

（二）以统筹协调为原则，走城乡一体、协调发展的城镇化之路

1. 城乡之间统筹协调，推动城乡共同繁荣，走城乡良性循环之路

早期发达国家的工业化和城镇化是在资本原始积累的基础上进行的，这个过程是对农民利益的无情剥夺和对农业的巨大牺牲。中国城镇化道路既不是对农民利益的剥夺，也不是牺牲农业的基础地位，而是要加快农村剩余劳动力的转移，实现农业的集约化经营。中国特色城镇化道路要求坚持“统筹城乡”发展的原则。坚持统筹城乡发展就是要坚持工业反哺农业、城市支持农村和“多予、少取、放活”的方针，有计划、有步骤、有重点地推进社会主义新农村建设，实现农业增产、农民增收。

建立城乡经济良性循环，通过加快城市特别是中小城市和小城镇劳动密集型加工业和服务业的发展，促进其对乡村劳动力的吸纳能力；通过城镇农产品加工企业向农村地区的延伸，加快农业产业化步伐，提高农业生产率，促进农民增收。同时，农业生产率的提高使得农产品剩余增加，从而给城市提供更多的生活资料和工业原材料。所以要充分发挥市场机制的基础配置作用，并进行体制创新，完善城乡之间劳动力、土地等生产要素的合理流动，统筹协调城乡的发展。

2. 城市之间统筹协调，推动城市布局均衡、功能互补，走大中小城市协调发展的道路

中国是一个人口众多、幅员辽阔的国家，各地区的自然地理条件千差万别，经济社会发展很不平衡，因此中国的城镇化必然会选择一条多元化道路和多样化建设模式。推进城镇化，要摒弃以城镇规模来决定其发展优先次序的做法，根据不同区域的实际情况，走多样化的城镇化道路。要因地制宜，探索适应不同区域特点的城镇化发展模式。从中国各地区发展条件和发展水平差异较大的基本国情出发，根据各地经济社会发展水平、区位特点、资源禀赋和环境基础，实施有区别的城镇化战略及相关政策措施，合理布局城市群和大中小城市，实现大中小城市和小城镇协调发展。

同时，推进城镇化，不是一哄而上、全面铺开，而是要合理布局，在适宜推进城镇化的空间上要加速推进，在生态脆弱和资源严重短缺、不宜大规模推进城镇化的地区，空间上要适当限制，使人口向其他城镇集聚，给大自然以休养生息的机会。

（三）以新型工业化为动力，走集约高效、环境友好的城镇化之路

早期发达国家的城镇化道路是城镇化与传统工业化同步发展，尽管城镇化水平大大提高，但也造成了资源浪费、环境破坏，不得不走先污染后治理的道路。而中国人口众多，资源有限，如果按照传统的城镇化发展模式，将对资源环境造成巨大的压力。现在，随着信息化和科技的发展，中国应该走新型工业化道路，即“坚持以信息化带动工业化，以工业化促进信息化，走出一条科技含量高、经济效益好、资源消耗低、环境污染少、人力资源优势得到充分发挥的新型工业化路子”。一方面，要在信息化高速发展中用现代技术来推进工业化进程，用以高科技为内涵的工业化带动城镇化的高水平发展，体现城镇化道路的科学性；另一方面，要对传统工业进行合理统筹安排，淘汰落后设备，抑制过剩产能，增加排污处理设备，集约利用土地、水等资源，实现尽可能低的物质成本消耗和其他自然资源的高效利用，切实保护好生态环境，走集约高效、环境友好的中国特色城镇化之路。

（四）通过市场推动和政府导向相结合，走健康快速、平稳推进的城镇化之路

西方发达国家是资本主义国家，一直信奉的是市场的力量，他们的城镇化主要靠市场力量来推动，而中国是社会主义国家，宏观调控和国有企业是经济发展中重要的力量。改革开放以前中国一直实行计划经济体制，目前计划经济体制影响尚未完全消除，加上领导主观意志作用，从而使得中国城镇化发展一直深受行政干预和影响，存在片面追求城镇规模、发展速度而忽视质量的错误倾向。所以，中国应通过市场推动和政府导向相结合，在社会主义市场经济体制初步框架已经确立的情况下，在推进城镇化过程中，正确处理市场与政府的关系。各级政府在推进城镇化过程中，既要积极，又要尊重经济社会发展和城镇化发展的一般规律。全面考虑经济社会发展水平、市场条件和社会的可承受程度，发挥市场对城镇化的推动作用，通过市场实现城镇化过程中各种资源的有效配置，吸引各类必需的生产要素向城镇集聚；同时发挥政府的宏观调控作用，加强和改善政府对城镇化的管理、引导、规范。

所以，中国应该发挥市场在资源配置和社会经济运行中的基础性作用和政府的宏观调控作用，走市场推动和政府导向相结合、政府发动与民间发动相结

合、自下而上与自上而下相结合的道路。资源向城镇的流动和聚集、企业和产业在城乡的分布、城镇的建设和繁荣，要更多地发挥市场机制的作用；而城镇的“布局合理”、“优化国土开发格局”和“推动区域协调发展”，则需要实行政府调控。只有这样，才能既发挥政府的必要的调控作用，又充分利用民间的巨大潜力和市场效率的优势；既避免过度城镇化，又防止城镇化滞后，真正实现城镇化与新型工业化、现代化的适度同步发展。

三、中国特色城镇化发展的双重特征

中国特色城镇化就是在社会发展中，农业活动比重下降，非农产业即工业和第三产业活动比重上升的过程。中国特色城镇化水平体现为一个地区城镇居住的人口占该地区总人口的比重。

中国特色城镇化发展是经济社会发展的必然趋势。2003年以来，全国每年转移1700万农村人口。目前，中国农村仍有4亿多剩余劳动力要从低生产力水平的农村转移到高生产力水平的城镇中来。中国特色城镇化建设不单是人口向城镇集中，不单是搞城镇建设、建高楼大厦。当前，非洲有些国家城镇化率很高，但一边是高楼大厦，一边是贫民窟。印度的农村经济时代以及城镇的繁荣造成了大批的失地农民进入城镇，在首都新德里的外围，贫民窟几十年不变，并逐渐扩大。所以，中国城镇化的发展要总结教训，吸取经验。

（一）双重经济转型背景

中国城镇化与工业化、信息化、市场化、国际化紧密相连。城镇化一般以经济转型为推动力，近30年的高速发展期间，中国城镇化不仅经历了从农业人口大国向工业国的产业转型，而且面临经济模式从计划经济向市场经济的体制转型。城镇化快速发展的过程也是农业经济向工业经济的一般转型和计划经济向市场经济的特殊体制转型交织在一起的“双重转型”过程。

（二）双重城镇化方向

中国要走东部城市群、大都市圈和中西部农村城镇化的协调发展的道路。一般国家的城镇化表现为单一的农村人口向城镇转移的过程，而中国既有农村向城镇的异地转移——人口城镇化，也有农村劳动力的就地转移——农村城镇化。

（三）双重动力机制

中国特色的城镇化道路在动力和实现机制上，既不能走中国的老路，又不能照搬外国的模式，只能是“政府推动”和“市场拉动”的双重动力机制的结合。政府在城镇化进程中扮演着十分重要的角色，也就是说，在更多地发挥市场机制作用的同时，在城镇的布局和规划上实行政府调控。

（四）双重发展模式

开创自上而下的城镇化和自下而上的城镇化。自上而下的城镇化是政府按照城镇发展战略和社会经济发展规划，运用计划手段发展若干城镇，并安排落实城镇建设投资的一种政府发动型的强制性制度变迁模式；自下而上的城镇化则是农村社区、乡镇企业、农民家庭或个人等民间力量发动的，由市场力量诱导的自发型的诱致性制度变迁模式。自上而下的城镇化发展模式，用较短的时间和较快的速度建立了中国门类齐全的独立的工业体系，奠定了中国城镇化体系和社会经济发展的基础。从20世纪80年代开始，随着中国市场化取向的经济体制改革逐步深入，在传统体制和传统模式的外围出现了自发的、诱致性的与城镇发展相关的制度创新，形成了自下而上的城镇化模式。这方面的典型代表是温州模式和苏南模式。

（五）双重城镇化推动主体

中国城镇化与中国特定的户籍制度联系密切。新中国成立初期，户籍制度在维护社会秩序、保证中国城镇化速度不致超出社会经济发展水平可能承受的限度、避免发展中国家普遍出现的过度城镇化问题等方面，曾起过积极作用。由于这种特定的户籍制度，中国的城镇化是由“双重主体”推动的，即由农村剩余劳动力构成的城镇流动人口和农民工、具有城镇居民身份的城镇居民。二者成为城镇发展的两股不同的重要力量。

（六）双重要求

中国特色的城镇化道路在城镇发展方式上，必须选择多样化和科学化的方式，即城镇建设资金来源、渠道和发展形式要多元化。除了各级政府加大投资之外，鼓励农民集资建城，可以采取批租土地、有偿转让土地使用权、合资开发、发行债券、投资入股、贷款等多种形式和途径，实行各种优势政策，吸引和筹集更多包括公有、民有、外资和农民的资金，用于城镇建设；政府应当积极支持引导城镇建设，从实际情况出发，因地制宜，科学规划，合理布局，提高城镇综合管理水平，注重实效，不搞一刀切；外延式与内涵式发展相结合，以内涵式发展为主。

（七）双重目标

注重经济、社会、文化和生态的协调发展，促进城镇化量的增长和质的提高的同步实现。在加快城镇化的过程中，要特别注意产业的发展，为人口向城镇的转移提供就业支撑；加强基础设施和公用服务设施建设，为人口转移提供社会服务供给，避免城市病；加强文物和环境保护，实现城镇化的可持续发展；完善文化功能，提高人的整体素质，促进人的全面发展（王建国，2007）。

四、中国特色城镇化发展的方向和目标

（一）中国特色城镇化必须坚持城镇宜居，与自然和谐相处

城镇建设不仅要适宜人们生活，还要适宜人们的创业和企业的生产经营，适宜人的全面发展。一个城镇是否宜居，不仅要看城镇的经济指标，还要看城镇能否满足不同层次的居民对居住和生活环境的要求。安全性、健康性、生活方便性、出行便利性、人文和自然环境的舒适性是衡量城镇发展质量的综合指标。城镇发展要不断回归舒适、休闲、健康、安全和文明等人类最基本的追求，使人居环境更贴近自然，与自然和城镇文化相和谐。

（二）中国特色城镇化城镇必须可持续发展

城镇建设必须贯彻“以人为本，全面、协调、可持续发展”的科学发展观，要合理布局城镇体系、协调城乡关系、完善城镇功能、增强城镇综合承载力、提高城乡居民素质、调整城镇产业结构、改善城镇环境。城镇功能不可能一次性完善，必须着眼于城镇长远发展可能，注重地下空间的综合利用，为城镇发展留出规划，留出空间（成咸宁，2004）。

（三）中国特色城镇化城镇必须基础设施完备和公共产品配套

城镇基础设施和公共产品支撑着城镇的发展，形成城镇的服务功能。基础设施和公共产品如行道树、绿地等不创造直接效益，需要政府投资，发动企业和社会单位管养。坚持科学规划，合理调控城镇布局，优化配置市民学校、托儿所、医疗、居住、办公、商业、银行等城镇空间。坚持规模适度超前，使城镇供水、供气、供热、雨污系统、绿地系统、环卫设施、停车场建设配套完善。在建设过程中同步配套市政管网，地下设施一步到位，各类管线具备一次性承载能力，以满足城镇发展的要求。

（四）中国特色城镇化城镇必须文化内涵丰富

文化是自然的、历史的，城镇文化构成城镇的特色。城镇面貌的改善不仅使城镇拥有了外在的美观，而且增加了文化的内涵和感染力，展现了城镇的精、气、神，从这一点上讲，城镇文化就体现在优越的自然条件上；文化是建筑的，

各类建筑标志着历史文化和现代文化的特点；文化是地域性的，展览馆、博物馆是城镇的基本要素，没有展览馆的城镇就不是一个完整的城镇。总之，文化是城镇的灵魂和核心竞争力，我们要保护好城镇的老建筑，保护好城镇的文化，使城镇的历史文化脉络更加清晰，并且世代相传。

（五）中国特色城镇化城镇要向数字化管理发展

城镇建设一般是三分建七分管。城镇管理是城镇正常运转的保障，不仅包括市容市貌的管理，还包括基础设施等硬件的管理。城镇管理不能只靠单一的政府部门，市民是城镇管理的主体。市民素质的提高，全体市民的共同参与，才是城镇管理的根本。中国特色城镇化建设要加快数字化城镇建设，借助现代科技手段，以信息化、智能化全面提升城镇管理水平。

（六）中国特色城镇化城镇必须经营，走市场化道路

经营城镇是城镇发展的理念，是现代城镇建设的具体实践。城镇建设的主体必须依靠经营，财政收入只是维护、保证城镇的正常运转。美国、欧洲等发达国家和地区通过经营举债，使城镇资产逐渐做大，使城镇资本产生还债的能力。必须将经营思想贯穿于城镇建设、管理、发展的全过程，通过对城镇的各类有形、无形资产进行优化整合和市场化经营，实现城镇建设低投入、高产出的目的。

（七）中国特色城镇化城镇必须开放包容

城镇不仅是市民的，也是农民的；城镇是全国、全社会的。城镇的包容性、开放性决定了城镇的现代化程度。无论贫富，谁都能进入这个城镇。即使是经济很发达的美国，乞丐也是允许存在的。我们不能单一地拒之门外，这些必须靠管理来解决。现代化的城镇必须具备开放、包容的胸怀，迎接各类人员的到来，而城镇治理的关键在于如何建设社会资本，建立人与人之间的互信感。

（八）中国特色城镇化城镇必须安全

城镇应该让居民感到安全，居民应该对城镇及居住区周边的治安状况、交通出行生活状况，对发生地震、火灾、水灾等突发性自然灾害时政府的作为有安全感。中国特色城镇化高速发展的过程，既是财富积累的过程，也是风险积累的过程。现代化程度高度依赖基础设施，水、电、路、燃气、通信、供热、网络等设施既造就了现代化文明，也造成了城镇问题的多发性和突发性。城镇政府应该增强城镇安全意识，建立完善防灾与预警系统，积极应对突发性灾害；同时，为城镇发展留出安全空地、预留用地、备用地，楼与楼之间要达到一定

的安全程度，为城镇居民提供基本的安全保障。

（九）中国特色城镇化城镇必须提高居民幸福指数

城镇越向现代化发展，就越应当让居民感到方便、舒适。当前，城镇的农贸市场随意拆迁，老百姓买菜的地方越来越少，学校越来越少，出行、停车、如厕等问题影响了居民的生活。因此，必须先对市场不能运作的基础设施和公共设施，如医院、学校、展览馆、绿地、公厕、停车场、农贸市场等进行科学规划，再去搞其他建设。要从根本上解决制约城镇发展的体制和机制问题，进一步提高居民的幸福指数。

第四节　中国特色城镇化发展的意义和作用

一、有利于经济发展

中国特色城镇化是提升中国经济发展水平的根本出路。中国特色城镇化有力地吸引了生产要素向城镇聚集，促进了产业结构的调整和资源的优化配置，优化了城乡经济结构，促进了国民经济良性循环。作为一个需要迅速提高人民生活水平的发展中国家，中国需要保持持续稳定的较高经济增长率。城镇作为一种伴随经济发展而出现的人类聚落形态，具有经济上的集聚功能和扩散功能，能够带动周边地区的经济发展，而且城镇规模越大，功能越齐全，其辐射范围就越广。诺贝尔经济学奖获得者、美国经济学家斯蒂格利茨预言，影响未来世界经济发展的两件大事是美国的高科技发展和中国的城镇化。城镇化已经成为决定中国经济增长的关键性因素，不加快城镇化进程，就难以实现农村经济的现代化，中国国民经济发展就难以跃上一个新台阶。

二、有利于人口问题的解决

中国特色城镇化道路促进了大量农村人口的转移，加速了农村剩余劳动力向城镇地区的转移，对解决中国的人口问题起到至关重要的作用。第一，城镇化是解决日益严重的农村剩余劳动力的唯一出路。农村经济的进一步发展和现代化进程的顺利进行，需要将滞留在农村的大量剩余劳动力转移到城镇的第二、第三产业，摆脱目前严重失调的人口城乡分布格局对国民经济持续健康发展的制约。第二，城镇化是提高总体人口素质的重要举措。城镇丰富的教育资源和高效的资源利用有利于人口科学文化素质的提高。第三，城镇化有利于降低人口出生率。城镇人口较高的生活水平、较多的妇女就业机会、较高的教育水平，有利于改变人们的生育观念，提高孩子的养育成本，从而降低人口出生率。

三、有利于区域协调发展

中国特色城镇化以统筹协调为原则，有利于各个区域按照当地的特点来发展城镇化，发展经济。城镇之间的统筹协调，使得各个不同城镇能按照比较优势来进行城镇定位，获得城镇的发展，加强与其他城镇的协调合作，实现共同发展。而城乡之间的协调可以帮助城乡一体化，在发展城镇化的过程中，带动农村发展。城镇化的过程中，农村给城镇提供原材料和市场，而城镇的聚集与扩散效应又带动农村的发展，给农村带去先进的思想、农业技术和机械设备等。中国特色城镇化有利于实施国家区域发展总体战略，统筹区域协调发展，逐步缩小城乡区域差距。

四、有利于社会和谐

中国特色城镇化的发展有利于促进和谐社会的建设。中国特色城镇化有利于扩大就业，保持稳定，提高人民生活水平。城镇有配套完善的基础设施和公共服务设施，城镇生活要比农村生活更方便、舒适。城镇为居民搭建了平台，有利于扩大就业范围，提高人民生活水平。随着经济市场化发展，中国在经济社会发展取得显著成绩的同时，城乡差别、区域差别、阶层的利益矛盾等深层次问题逐渐凸显，构建和谐社会是中国新时期面临的一项紧迫任务，也是全面建设小康社会的内在要求。要建设和谐社会必须实现：城乡居民权益平等，城乡资源自由流动和共享，城乡教育、文化、医疗、社会保障和生活方式一体化。这些目标的实现过程也就是城镇化的发展过程。通过对城镇化问题的研究，揭示城镇化的实质内涵、运行机制和成本风险，提出城镇化发展战略、发展思路和对策，有利于加快城镇化发展，降低和化解城镇化成本风险，从而促进和谐社会的构建和发展。

五、有利于人与自然和谐发展

研究中国特色城镇化有利于解决生态退化问题，有利于统筹人与自然和谐发展。造成生态退化问题的根本原因是人类对自然资源的不合理利用。在中国西部地区，恶劣的自然环境和贫穷落后的生活方式，造成了人们对土地、草原、林地等自然资源的过度利用，加剧了生态退化。在生态脆弱区域减少居住人口，依靠自然的力量恢复生态是最有效的方式，而城镇化为生态移民提供了条件。

另外，考虑到中国因众多的人口集中在农村地区所带来的对自然资源的过大压力，以及遍地开花的乡镇企业所造成的日趋严重的环境污染和资源浪费，城镇化对中国可持续发展的重要性更为明显。随着城镇化进程的不断进行和城镇化率的不断提高，农村居民的数量会不断减少，农民人均收入会不断提高，对土地等自然资源的压力也随之降低，为生态退化问题的解决提供了条件。同时，中国特色城镇化道路以新型工业化为动力，走集约高效、环境友好的城镇化之路，依靠科技进步转变经济增长方式，实现经济增长由数量速度型向质量效益型、由粗放型向集约型转变。

第二章　目前中国城镇化发展现状、问题和挑战

城镇化是关系到国民经济和社会发展的大战略，积极稳妥地推进中国城镇化是全面建设小康社会、解决中国“三农”问题、发展中国特色社会主义的基本途径之一。本章分析中国城镇化的发展现状：目前中国城镇化处于快速发展时期，城镇化水平不断提高，但与世界同等收入国家相比，工业化和城镇化水平仍然有一定的差距，城镇化滞后于工业化的失衡现象得到初步改善，城镇中流动人口、暂住人口迅速增加，城镇体系和结构有了较大的变化，具体表现为城镇数量不断上升，但城镇总体人口规模依然偏小。根据中国城镇化目前的这一现状，本章提出了中国城镇化发展中存在的主要问题，如需要转移和安置的劳动力数量过大，配套的基础设施和社会保障体系不健全，土地城镇化快于人口的城镇化，以及城镇化进程中带来的一系列资源消耗和生态环境问题。最后从现状和问题出发，分析了中国目前所面临的严峻形势，如人地、能源、环境矛盾尖锐，农民工规模巨大，第三产业发展滞后、城镇化推动力失衡，城乡收入差距日益扩大，城乡之间恶性竞争加剧的严峻形势等，并提出新时期走中国特色城镇化道路中所面临的一系列挑战。

第一节　中国城镇化发展的现状

一、中国城镇化发展的历程

新中国成立以来，中国城镇化经历了初步发展、波动、停滞、缓慢发展、迅速发展的一系列过程。城镇化是过去20多年来中国经济发展的原动力之一。综合城镇化发展实质内涵的分析可知，城镇化不是人为的，而是随着生产力发展的一种自然的历史演进过程。这也就告诉我们，任何一个国家的城镇化不能割断历史，任何一个时期的城镇化发展必须要以前一时期城镇化发展为基础。综观中国城镇化发展的过程，从时间序列和发展变化速度的角度可分为五个大的历史阶段，见图2-1。这五个时期为恢复和初步发展时期（1949～1956年），人为波动时期（1957～1965年），停滞阶段（1966～1978年），缓慢发展时期（1979～1991年），迅速发展时期（1992年以来）。

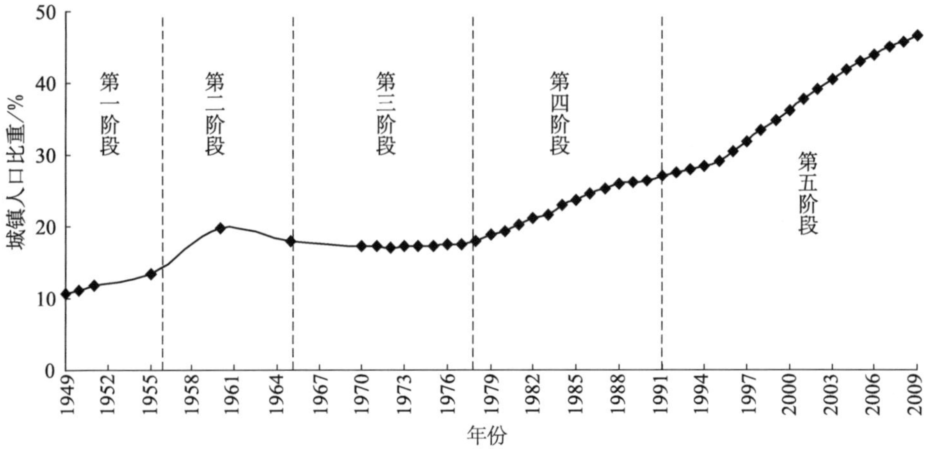

图 2-1　中国历年城镇化水平变化趋势图

资料来源：根据 2010 年《中国统计年鉴》整理而成

（一）恢复和初步发展时期（1949～1956 年）

从城镇数量看，1949 年全国仅有 136 个市和约 2000 个镇。到 1956 年，全国城市已发展到 172 个，比 1949 年增加了 30 多个；建制镇在 1953 年已发展到 5402 个，是 1949 年的 2.7 倍。虽然在 1955 年后政府对市镇的标准进行了修订，撤销了一些不符合新标准的市镇，但到 1956 年全国的建制镇还有 3672 个，而且随着国民经济的恢复，城镇的经济实力也大为增强。从城镇人口的相对比重来看，城镇人口的比重由 1949 年的 10.64% 提高到 1956 年的 14.6%。

（二）人为波动时期（1957～1965 年）

由于片面工业化的实施，从 1957 年开始，出现了暴发性的工业化过程和超高速城镇化过程。到 1960 年，重工业产值占工业总产值的比重达到 66.6%，发展速度为 25.9%；而轻工业和农业分别出现了 9.8% 和 12.6% 的负增长。随着工业化在短时间的暴发性发展，大量的农村劳动力进入城镇，仅在 1959 年一年，城镇人口就增加了 1650 万人，与上年比较，城镇人口增长了 15.4%，人口城镇化率提高了 2.2 个百分点。由于前一时期过度工业化的发展，基本建设投资规模过于膨胀，农村青壮年劳动力大炼钢铁，造成农业生产萎缩，粮食产量连年下降，农产品生产无法满足城镇居民生活的需要，这种虚高速发展的城镇化已超越了当时的生产力发展水平，无法维持下去。于是，从 1961 年开始，国家不得不利用行政手段大力压缩城镇人口，动员一部分职工及其家属返乡务农，把相当一部分已经流到城镇的人口迁返农村，从而使得城镇人口大幅度下降。1961～1963 年这 3 年压缩城镇人口 2600 万人，城镇人口净迁移率为 -30%，人口城镇化率由1960年的20.7%下降到1964年的16.6%，出现了人口城镇化率的大回落。从城镇数量来看，国务院于1962年对既有的市镇进行了审查，1963年对市镇设置的标准进行了调整，提高了设置市镇的标准，从而使得市镇数量大幅度下降，城市数由1961年的183座下降为1965年的169座，建制镇由1961年的4429个下降为1964年的2877个。当然，从城镇化的实质内涵来说，城镇人口返迁到农村在当时的生产力水平条件下使城镇化回归到自然发展轨道，同时，几千万城镇人口返回农村对农村经济社会结构的转型起到了一定的促进作用，但这种促进作用是自发的、微弱的。

（三）停滞阶段（1966～1978年）

由“文化大革命”导致的十年动乱，致使社会生产力遭到大破坏，农村经济凋零，城乡经济分割，使得中国工业化和城镇化在这一时期处于停滞状态，尤其是中国当时工业发展的布局是以国防建设为中心，重视“三线”建设，产业布局分散，弱化了基本建设投资对城镇建设的促进作用，使得城镇化处于一种负发展状态。根据有关资料显示，1976年与1966年相比，工业总产值提高了94%，但是城镇人口只增加了13.8%，工业年增长速度为6.9%，城镇人口年增长速度却只有1.3%。1966年，中国城镇人口占总人口的比重为17.86%，1978年，这一比重仍只有17.92%；在这10多年间，中国的人口城镇化率仅仅提高了0.06个百分点，并且始终在17.5%的低水平徘徊。当然，我们也要全面地看待当时的“三线”工业化布局的作用，虽然“三线”工业化布局造成产业布局分散，并且沿海工业的大量内迁，延缓了沿海地带工业化和城镇化的发展，但同时社会化工业产业向西南、西北、豫西、鄂西、湘西等边沿落后地区迁移，从客观上促进了全国生产力布局结构的优化，促进了落后地区工业化的发展。

（四）城镇化缓慢发展时期（1979～1991年）

这个时期，农村家庭联产承包责任制的实施，调动了农民生产积极性，解放了农业劳动生产力，推动了农村剩余劳动力向城镇转移和城乡资源的相互交换，再加上允许知青回城和下放干部返城等政策的实施，使得城镇人口尤其是大城市人口机械性增长较快，促使城镇化整体水平逐渐提高。随着乡镇企业异军突起，农村第二、第三产业向城镇集聚，推动了农村集镇和小城镇的快速发展，国家又调整了20世纪60年代以来的城镇建制标准，从而使得全国城镇数量迅速增加。这一时期小城镇数量的急剧增加，也反映了中国改革开放以后农村经济社会结构的变化转型，以及农民向市民的过渡。

（五）城镇化迅速发展时期（1992年以来）

这一时期随着社会主义市场经济体制改革目标的确立、市场化改革的深化、城乡分割的制度性壁垒的逐渐打破，城镇化发展的主导机制由行政计划机制转向市场机制，且随着对城镇化在国民经济发展中作用认识的深化，中国城镇化进入了一个黄金发展时期，无论是人口城镇化率、城镇经济产业素质，还是城镇与乡村间经济社会结构的关联性都得到了提高。当然，城镇化过程中也出现了一些问题，诸如一些地方盲目扩大城镇规模，擅自设立开发区，不顾实际大建中心广场和修建马路，乱圈耕地，这些问题不仅造成城镇化率的虚高，而且造成了生态环境的破坏和土地资源的大量浪费。

目前，全国城镇人口比重已由 1949 年的 12.5 % 上升到 2009 年的 46.59%。特别是党的“十六大”明确提出城镇化的发展战略后，城镇化水平不断提高。按照城镇化的一般规律，城镇化率达到 30% 后开始加速，达到 70% 后趋于平稳，城镇化在 30% ~70% 时为加速发展期。中国 2009 年城镇化率为 46.59%，处在城镇化加速发展期的前半期，距离 70% 还有一定的差距。城镇化的快速发展还将持续很长一段时间。

二、中国城镇化发展影响因素的定量分析

（一）变量与数据

城镇化现状和问题的分析应该从城镇化的影响因素着手。为此，对城镇化影响因素分析指标体系的确立应考虑以下几方面的因素。一是分析指标的多重性。包括经济实力、产业结构、社会发展水平和城镇化潜在能力。二是城镇化水平各影响因素间的相互联系。衡量一个区域城镇化水平的主体指标，既要反映城镇化质量变化，也要反映城镇化质量变化，同时还要反映城镇化发展的潜在能力。三是城镇化影响因素的各指标间应处于不同的地位，各有不同的重要程度（陈洋等，2007）。我们研究采用的数据资料，均来源于《中国统计年鉴》，取样时段是 1989 ~2009 年。

根据指标体系确定的原则和应考虑的因素，我们运用复合指标法建立城镇化影响因素综合评价指标体系，它包括三个一级指标，即城镇化基础水平指标、城镇化社会发展水平指标和城镇化潜在动力指标。

第一，城镇化基础水平指标。这主要是从城镇化的原动力、经济的聚集性、市场的开放性来衡量的，包括城镇化初始动力指标、经济实力、非农化率等指标。

第二，城镇化社会发展水平指标。这是从统筹经济社会发展的角度来衡量城镇化水平的。一个国家或一个区域的城镇化水平的提高不仅仅是经济发展水平的提高，也包括社会的全面进步。城镇化是经济社会协调、可持续发展的动态过程。因此，衡量城镇化水平从社会发展的角度来看，应包括社会保障水平、

城乡公共事业和农村合作医疗水平等指标。

第三，城镇化潜在动力指标。这是从城镇化的可持续发展能力上来说的，城镇化可持续发展能力的强弱是城镇化水平高低的一个根本标志。单纯运用人口向城镇集中程度来衡量城镇化水平是不全面和不准确的。衡量城镇化水平必须把基础水平指标、社会发展水平指标和潜在动力指标有机结合。城镇化潜在动力指标主要包括第二产业和第三产业占 GDP 的比重、劳动力受教育年限和生态环境保护等指标（肖万春，2006）。

这三个方面的指标，如果力求详尽，则可列出上百个，为了更集中地反映城镇化的现状，本节分别从城镇化基础水平、社会发展水平和潜在动力三个方面选取具有代表性的 8 个指标来分析对中国城镇化水平有重要影响作用的因素之间的关系，同时分析这些重要指标目前的状况。城镇化影响因素评价指标体系见表 2-1。

表 2-1 城镇化影响因素评价指标体系

项目	一级指标	二级指标
城镇化影响因素指标	城镇化基础水平指标	第一产业增加值 第一产业从业人员占全部从业人员比重 人均 GDP 城乡居民收入差
	城镇化社会发展水平指标	城镇基本养老保险参保人数 城乡居民储蓄存款年增加额
	城镇化潜在动力指标	第二产业和第三产业占 GDP 的比重 平均每万人口中大学生数量

城镇化基础水平指标，我们选定第一产业增加值、第一产业从业人员占全部从业人员比重、城乡居民收入差（城镇居民人均可支配收入与农村居民人均纯收入的差额）和人均 GDP 为衡量指标。反映经济增长的指标很多，GDP 是反映经济增长的重要指标，我们认为“人均 GDP”剔除了人口规模的影响，是全面小康水平综合评价指标，能反映一个地区人均拥有的经济产出量，包含内容较全面，用来衡量经济增长较为合理。农村—城镇人口迁移是中国城镇化人口增长的主要原因，城镇居民较高的人均可支配收入、农村居民较低的人均纯收入正是引导中国人口在城乡之间流动的重要因素。

城镇化社会发展水平指标，我们选定城镇基本养老保险参保人数、城乡居民储蓄存款年增加额为衡量指标。中国实行的是自上而下的城镇化制度安排，即政府是城镇化与工业化的主体，通过户口、就业、住房等政策限制城镇人口的过度膨胀。改革开放后，自下而上的城镇化机制开始实行，一系列的制度安排和大规模的城镇基础设施建设促进了城镇化的快速发展。在制度指标中，一般包括社会保障覆盖率、经济外向度、市场化指数等。

城镇化潜在动力指标，我们选定第二产业和第三产业占 GDP 的比重、平均每万人口中大学生数量等为衡量指标。克拉克定理指出，随着经济的发展和人民生活水平的逐步提高，第一产业在国民经济中的比重不断降低，第二产业和第三产业的比重将会逐渐升高。工业是城镇化的内生动力，农业是城镇化的外在条件和制约因素。随着城镇化的不断深入和发展，第三产业成为推动城镇化的主要力量。经济结构的优化为城镇化的发展提供了持续不断的动力。其中，第三产业增加值占 GDP 的比重是衡量产业结构高级化程度的指标。我们选用非农产业产值比重，即第二产业产值比重与第三产业产值比重的和，作为城镇化潜在动力指标的衡量因素。另外，人口的文化素质、价值观念、劳动技能等也会对城镇化过程产生推动作用，主要表现为：劳动力的素质、技能等会影响区域经济的发展，进而影响城镇化的进程。

在城镇化的测试模型中，因变量和自变量与它们对应的代号如下：城镇化率（Y）、第一产业增加值（X_1）、第一产业从业人员占全部从业人员比重（X_2）、人均 GDP（X_3）、城乡居民收入差（X_4）、城镇基本养老保险参保人数（X_5）、城乡居民储蓄存款年增加额（X_6）、第二产业和第三产业占 GDP 的比重（X_7）、平均每万人口中大学生数量（X_8）。

（二）模型函数

在选择城镇化的测度模型中，我们采用以下形式来表示城镇化率与解释变量之间的关系：

$$Y=f(X_1, X_2, X_3, \cdots, X_n) \tag{2-1}$$

式中，Y 为城镇化率；X_i 为模型中的各个相关影响因素指标。

我们可以把全国看做一个系统，其城镇化率应是各属性值的线性函数，模型可设置为

$$Y=a_0+a_1X_1+a_2X_2+\cdots+a_nX_n \tag{2-2}$$

这种函数形式的优点在于，它可以简单直观地表现解释变量与目标变量间的关系，且这种函数形式易于操作，计算量小。

城镇化率的测度模型也可能是增长函数，则可将模型设定为

$$Y=a_0 e^{a_1X_1+a_2X_2+\cdots+a_nX_n} \tag{2-3}$$

为了方便进行回归分析，式（2-3）两边取对数得到对数线性形式模型：

$$\ln Y=\ln a_0+a_1X_1+a_2X_2+\cdots+a_nX_n \tag{2-4}$$

在这种函数形式中解释变量采用线性形式，目标变量采用对数形式，那么回归系数表示解释变量变动一个单位时，目标变量随其变化的增长率。

（三）影响因素模型

为定量分析城镇化率与各影响因素的关系，我们对每个指标因素与城镇化率采用 SPSS17.0 进行皮尔逊相关分析，分析结果见表 2-2。

表 2-2 城镇化变量相关分析表

	城镇化率	第一产业增加值	第一产业从业人员占全部从业人员比重	人均GDP	城乡居民收入差	城镇基本养老保险参保人数	城乡居民储蓄存款年增加额	第二产业和第三产业占GDP的比重	平均每万人口中大学生数量
城镇化率									
皮尔逊相关系数	1	0.470*	−0.939**	0.938**	0.959**	0.966**	0.799**	0.959**	0.924**
显著性（双尾）		0.032	0.000	0.000	0.000	0.000	0.000	0.000	0.000
N	21	21	21	21	21	21	21	21	21
第一产业增加值									
皮尔逊相关系数	0.470*	1	−0.540*	0.582**	0.576**	0.550**	0.506*	0.432	0.612**
显著性（双尾）	0.032		0.011	0.006	0.006	0.010	0.019	0.050	0.003
N	21	21	21	21	21	21	21	21	21
第一产业从业人员占全部从业人员比重	−0.939**	−0.540*	1	−0.954**	−0.958**	−0.969**	−0.823**	−0.934**	−0.886**
皮尔逊相关系数									
显著性（双尾）	0.000	0.011		0.000	0.000	0.000	0.000	0.000	0.000
N	21	21	21	21	21	21	21	21	21
人均 GDP									
皮尔逊相关系数	0.938**	0.582**	−0.954**	1	0.997**	0.974**	0.900**	0.876**	0.960**
显著性（双尾）	0.000	0.006	0.000		0.000	0.000	0.000	0.000	0.000
N	21	21	21	21	21	21	21	21	21
城乡居民收入差									
皮尔逊相关系数	0.959**	0.576**	−0.958**	0.997**	1	0.984**	0.893**	0.903**	0.963**
显著性（双尾）	0.000	0.006	0.000	0.000		0.000	0.000	0.000	0.000
N	21	21	21	21	21	21	21	21	21
城镇基本养老保险参保人数	0.966**	0.550**	−0.969**	0.974**	0.984**	1	0.862**	0.952**	0.930**
皮尔逊相关系数									
显著性（双尾）	0.000	0.010	0.000	0.000	0.000		0.000	0.000	0.000
N	21	21	21	21	21	21	21	21	21
城乡居民储蓄存款年增加额	0.799**	0.506*	−0.823**	0.900**	0.893**	0.862**	1	0.731**	0.847**
皮尔逊相关系数									
显著性（双尾）	0.000	0.019	0.000	0.000	0.000	0.000		0.000	0.000
N	21	21	21	21	21	21	21	21	21

续表

	城镇化率	第一产业增加值	第一产业从业人员占全部从业人员比重	人均GDP	城乡居民收入差	城镇基本养老保险参保人数	城乡居民储蓄存款年增加额	第二产业和第三产业占GDP的比重	平均每万人口中大学生数量
第二产业和第三产业占GDP的比重 皮尔逊相关系数	0.959 **	0.432	-0.934 **	0.876 **	0.903 **	0.952 **	0.731 **	1	0.830 **
显著性（双尾）	0.000	0.050	0.000	0.000	0.000	0.000	0.000		0.000
N	21	21	21	21	21	21	21	21	21
平均每万人口中大学生数量 皮尔逊相关系数	0.924 **	0.612 **	-0.886 **	0.960 **	0.963 **	0.930 **	0.847 **	0.830 **	1
显著性（双尾）	0.000	0.003	0.000	0.000	0.000	0.000	0.000	0.000	
N	21	21	21	21	21	21	21	21	21

* 在0.05水平下（双尾）显著相关；** 在0.01水平下（双尾）显著相关

根据城镇化的特点设定模型为

$$Y = C + a_1X_1 + a_2X_2 + \cdots + a_nX_n \quad (2\text{-}5)$$

通过Eviews6.0软件进行回归分析，计算结果见表2-3。

表2-3　城镇化影响因素变量回归分析结果

变量	系数	标准误差	t统计量	P值
X_1	-0.000 326	0.000 216	-1.510 650	0.156 8
X_2	-0.018 907	0.190 557	-0.099 221	0.922 6
X_3	-0.001 113	0.000 704	-1.582 122	0.139 6
X_4	0.004 549	0.001 762	2.581 247	0.024 0
X_5	-0.001 063	0.000 521	-2.040 334	0.064 0
X_6	-0.000 033 4	0.000 050 8	-0.656 681	0.523 8
X_7	0.838 348	0.316 394	2.649 694	0.021 2
X_8	0.019 643	0.015 263	1.287 003	0.222 4
C	-30.531 480	29.251 800	-1.043 747	0.317 2

由此可得中国城镇化水平多元回归模型一：

$$Y = -30.53 - 3.26 \times 10^{-4}X_1 - 0.0189X_2 - 0.0011X_3 + 0.0045X_4$$
$$- 0.0011X_5 - 3.34 \times 10^{-5}X_6 + 0.838X_7 + 0.0196X_8$$

从回归结果可以看出，$R^2 = 0.9871$，$\bar{R}^2 = 0.9786$，可决系数较高，F检验值115.18，明显显著。但是当$\alpha = 0.05$时，$t_{\alpha/2}(n-k) = t_{0.025}(21-9) = 2.18$，自变量$X_1$、$X_2$、$X_3$、$X_6$、$X_8$的系数不能通过显著性检验，且$X_1$、$X_3$、$X_5$、$X_6$系数的符号与预期的相反。此外，由表2-2可以看出，各自变量相互之间的相关系数较高，说明模型一中的自变量存在多重共线性。

我们采用逐步回归法对模型一进行修正，得修正后的模型二：

$$Y = -28.6 + 0.001X_4 + 0.71X_7$$
$$t \quad (-2.624) \quad (5.013) \quad (5.004)$$
$$R^2 = 0.9663, \quad \overline{R}^2 = 0.9626,$$
$$F = 258.21, \quad DW = 0.43$$

绘制残差与因变量 Y 的散点图（图 2-2），可以看出，残差的绝对值分布比较随机，无明显规律，可以判定不存在异方差。该回归方程的可决系数较高，回归系数均显著。查 DW 统计表可知，$d_L = 1.13$，$d_W = 1.54$，模型中 $0 < DW < d_L$，显然模型中的残差项存在正的自相关性，这也可从残差图中看出（图 2-3）。

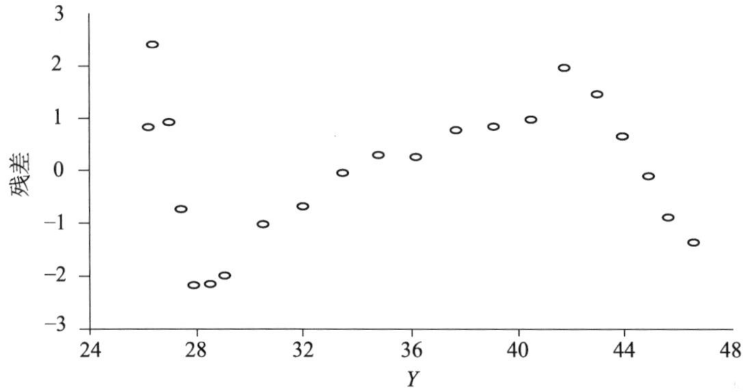

图 2-2　残差与因变量 Y 的散点图

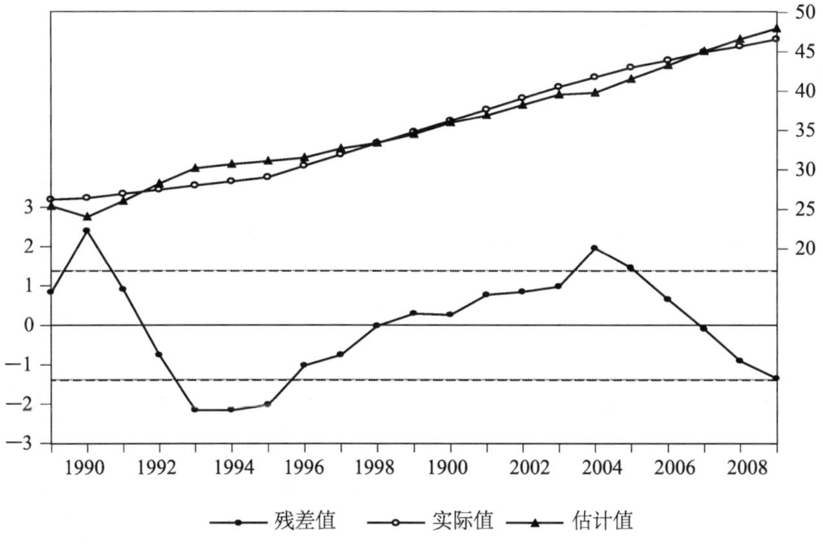

图 2-3　残差图

从图 2-3 中可知，残差的变动有系统模式，连续为正和连续为负，表明残差项存在自相关，模型中 t 统计量和 F 统计量的结论不可信，需采取补救措施。

为了解决自相关问题，我们选用自回归法，对模型二进行修正，输出结果见表 2-4。

表 2-4　自回归法的输出结果

变量	系数	标准误差	t 统计量	P 值
X_4	0.000 464	0.000 135	3.428 206	0.004 1
X_7	1.327 535	0.113 096	11.738 170	0.000 0
C	−77.745 020	8.919 198	−8.716 593	0.000 0
AR（3）	−0.153 887	0.089 738	−1.714 840	0.108 4

此时，DW 值为 1.59，在 5% 置信度下落入无自相关区域，模型中消除了自相关，方程的参数估计在统计意义上可信。由此，我们最终得出中国城镇化影响因素模型三：

$$Y = -77.75 + 4.64 \times 10^{-4} X_4 + 1.328 X_7 + [\mathrm{AR}(3) = -0.15]$$

$$t \quad (-8.717) \quad (3.428) \quad (11.738) \quad (-1.715)$$

$$R^2 = 0.9911,\ \bar{R}^2 = 0.9893,\ F = 522.52$$

（四）结果分析

通过总体多元回归分析，设立的模型经过修正后基本达到预期的效果。由拟合优度 $R^2 = 0.9911$ 可知，该方程的拟合优度很好，X_4、X_7 的系数在 5% 的置信水平上通过显著检验，DW = 1.59 表明残差项没有自相关性，参数估计在统计意义上可信。

分析计算结果可知：在其他因素不变的情况下，当城乡居民人均收入差增加 1000 元时，中国的城镇化率约提高 0.46 个百分点；在其他因素不变的情况下，当第二产业和第三产业占 GDP 的比重（即非农产业产值比重）提高 1 个百分点时，中国的城镇化率约提高 1.3 个百分点。

从表 2-2 可知，城镇化率与城乡居民人均收入差的相关系数高达 0.959，说明城乡之间的收入差距扩大，从而吸引农村劳动力向城镇转移，进而加快城镇化进程。也就是说，城镇居民较高的人均可支配收入、农村居民较低的人均纯收入是引导中国人口在城乡之间流动的重要因素。工业化水平的提高和第三产业的发展必然对地区城镇化水平产生显著影响。从修正的回归模型可知，非农产业对提高城镇化率具有推动作用，中国城镇化率与非农产业产值比重的相关系数为 0.959。按照国际经验，第三产业的发展必将提供更多的就业机会，进而带动城镇化率的提高，见图 2-4。从图 2-5 可看出城镇化率基本上是随着第三产业产值比重的增长而增加。我们选取的人均 GDP 也是衡量经济的重要因素，从相关性分析中可知，人均 GDP 与因变量城镇化率的相关系数较高，但是由于它与其他自变量之间的相关性也较高，导致多重共线性的存在，因此在回归的过程中被从模型中剔除。

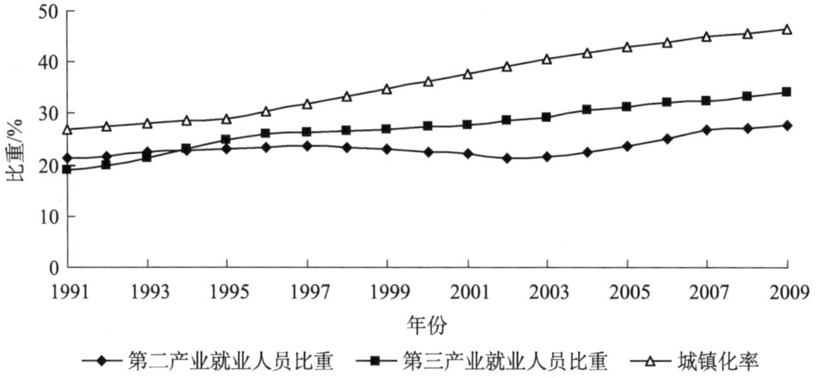

图 2-4 非农产业就业比重随城镇化率变化曲线

资料来源：根据 1992 ~ 2010 年《中国统计年鉴》整理而成

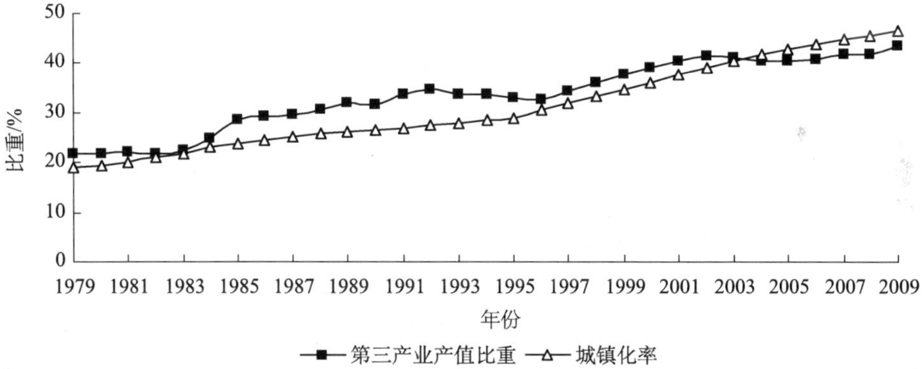

图 2-5 第三产业产值比重与城镇化率变化趋势

资料来源：根据 1980 ~ 2010 年《中国统计年鉴》整理而成

教育发展均衡化对中国城镇化的贡献很大，我们选取大学生数量作为指标进行量化比较，其与城镇化率的相关性高达 0.924，提高农村人口素质是中国城镇化首先要解决的促进农村人口合理流动和跨产业流动的问题，解决这一问题的重要基础是解决农村与城镇人口的素质差距问题，农村教育要为农业和地方经济发展服务培养人才，但不是简单地以人口数量为标准，所以提高城镇化率要提高在各产业中农村从业人员的素质和为地方经济发展服务的人才的素质。

三、东中西部城镇化发展影响因素的定量分析

前面对中国城镇化影响因素进行了定量分析，中国城镇化影响因素的定量模型是

$$Y = -77.75 + 4.64 \times 10^{-4} X_4 + 1.328 X_7 + \ [AR(3) = -0.15]$$

从而得出在中国现阶段，哪些因素与中国城镇化高度相关。

然而，由于地域、历史发展阶段、经济基础等差异性，中国东中西部发展不平衡，东中西部处于城镇化发展的不同阶段，如东部地区经济较为发达，城镇化率较高，从事非农产业的人口较多，而西部地区经济较为落后，城镇化率较低，大部分人口从事农业产业。这些差异性与阶段性使得东中西部地区在城镇化发展过程中影响因素不同，侧重点也有所差异。对此，我们将采用面板数据模型方法，对东中西部城镇化进行定量分析，进而得出东中西部在目前城镇化发展现状下各自的影响因素。根据中国统计标准，各地区分布省（自治区、直辖市）如下：东部地区有北京、天津、河北、上海、江苏、浙江、福建、山东、广东、海南；中部地区有山西、安徽、江西、河南、湖北、湖南；西部地区有内蒙古、广西、重庆、四川、贵州、云南、西藏、陕西、甘肃、青海、宁夏、新疆。

（一）面板数据模型介绍

面板数据（panel data）也称为平行数据，或时间序列截面数据（time series and cross section data），或混合数据（pool data），是指在时间序列上取多个截面，在这些截面上同时选取样本观测值所构成的样本数据，即同时在时间和空间界面上取得的二维数据（孙敬水，2009）。面板数据模型是利用面板数据分析各个变量之间相互关系和变化趋势的计量经济模型。面板数据模型可以同时反映研究对象在不同时间、不同截面单元的特性以及在时间和截面单元两个方向的变化趋势。利用面板数据模型可以解决样本容量不足的问题，改进模型估计的有效性，有助于正确地分析经济变量之间的关系，减少多重共线性带来的影响，同时可以估计某些难以度量的因素对解释变量的影响。

单方程面板数据模型的一般形式可以表示为

$$y_{it} = \alpha_{it} + \boldsymbol{\chi}_{it}\boldsymbol{\beta}_i + \mu_{it} \quad i = 1, \cdots, N; \ t = 1, \cdots, T \tag{2-6}$$

式中，$\boldsymbol{\chi}_{it} = (\boldsymbol{\chi}_{1it}, \boldsymbol{\chi}_{2it}, \cdots, \boldsymbol{\chi}_{kit})$ 为 $(1 \times k)$ 维自变量向量；$\boldsymbol{\beta}_{it} = (\boldsymbol{\beta}_{1i}, \boldsymbol{\beta}_{2i}, \cdots, \boldsymbol{\beta}_{ki})$ 为 $(k \times 1)$ 维参数向量；k 为自变量个数；N 为截面单元个数；T 为每个单元个体的时间长度；μ_{it} 为随机误差项，满足相互独立、零均值、同方差为 σ_{it}^2 的假设。模型中个体时期恒量 α_{it} 代表了截面单元的个体特性，反映模型中被遗漏的体现个体差异变量的影响；个体时期变量 μ_{it} 代表了模型中被遗漏的体现

随截面与时序同时变化的因素的影响（易丹辉，2002）。

以个体效应是否与自变量相关为依据，可以把面板数据模型分为固定效应模型（fixed effect model，FEM）和随机效应模型（random effect model，REM）。如果模型中个体不可观测效应与自变量是相关的，那么面板数据模型即为固定效应模型。在固定效应模型中，可以使用虚拟变量的形式弥补自变量信息的缺失性；如果模型中个体不可测效应与自变量不存在相关性，那么面板数据模型即为随机效应模型。在随机效应模型中，可以对误差项进行分解，以此来描述缺失的自变量信息。固定效应模型的优点是易于分析任意截面数据所对应的因变量与全部截面数据对应的因变量均值的差异程度；随机效应模型的优点是节省自由度。

（二）变量选择

与中国城镇化发展影响因素的定量分析一节相同，此处选取表2-5中的指标作为自变量。基于数据收集考虑，由于无法收集各省（自治区、直辖市）城乡居民储蓄存款年增加额，故剔除该指标。

表2-5 城镇化影响因素评价指标体系

项目	一级指标	二级指标
城镇化影响因素指标	城镇化基础水平指标	第一产业增加值 第一产业从业人员占全部从业人员比重 人均GDP 城乡居民收入差
	城镇化社会发展水平指标	城镇基本养老保险参保人数
	城镇化潜在动力指标	第二产业和第三产业占GDP的比重 平均每万人口中大学生数量

针对这些指标，从《中国统计年鉴》、《新中国六十年统计资料汇编》、《中国人口和就业统计年鉴》等资料中，通过整理计算，得到数据如表2-6～表2-8所示。

表2-6 东部地区10省（自治区、直辖市）2000～2009年统计数据

项目	省（自治区、直辖市）	2000年	2001年	2002年	2003年	2004年	2005年	2006年	2007年	2008年	2009年
城镇化率/%	北京	77.54	78.06	78.56	79.05	79.53	83.62	84.33	84.50	84.90	85.01
	天津	58.39	58.56	58.88	59.37	59.64	59.87	60.18	60.51	60.72	78.01
	河北	26.09	30.71	33.08	33.52	35.83	37.69	38.76	40.26	41.89	43.01
	上海	74.62	75.28	76.36	77.61	81.16	84.46	85.76	86.81	87.46	88.60
	江苏	41.50	42.60	44.70	46.77	48.18	50.50	51.90	53.20	54.30	55.60
	浙江	48.70	50.90	51.90	53.00	54.00	56.02	56.50	57.20	57.60	57.90
	福建	41.96	42.50	44.58	45.10	46.00	47.30	48.00	48.70	49.89	51.39
	山东	26.78	27.84	29.00	31.05	32.15	34.03	34.68	36.68	37.51	48.32
	广东	54.83	55.66	56.30	57.50	58.90	60.68	63.00	63.14	63.37	63.39
	海南	23.54	23.99	24.90	25.25	44.20	45.20	46.10	47.20	48.00	49.07

续表

项目	省(自治区、直辖市)	2000年	2001年	2002年	2003年	2004年	2005年	2006年	2007年	2008年	2009年
人均GDP/元	北京	24 122	26 998	30 840	34 892	41 099	45 444	50 467	58 204	66 797	70 452
	天津	17 353	19 141	21 387	25 544	30 575	35 783	41 163	46 122	58 656	62 574
	河北	7 592	8 251	8 960	10 251	12 487	14 782	16 962	19 877	22 986	24 581
	上海	29 671	32 201	35 329	39 128	46 338	51 529	57 695	66 367	75 109	78 989
	江苏	11 765	12 882	14 396	16 830	20 223	24 560	28 814	33 928	40 499	44 744
	浙江	13 416	14 713	16 978	20 444	24 352	27 703	31 874	37 411	42 166	44 641
	福建	11 194	11 892	12 938	14 333	16 469	18 646	21 471	25 908	30 122	33 840
	山东	9 326	10 195	11 340	13 268	16 413	20 096	23 794	27 807	32 936	35 894
	广东	12 736	13 849	15 361	17 795	20 870	24 435	28 332	33 151	38 748	41 166
	海南	6 798	7 052	7 781	8 592	9 812	10 871	12 654	14 555	17 691	19 254
城乡居民收入差/元	北京	5 834	5 528	7 367	8 391	9 510	10 048	10 853	11 380	11 872	12 561
	天津	4 404	4 964	5 138	5 619	6 269	7 034	7 783	8 809	9 912	10 400
	河北	2 675	3 079	3 789	4 021	4 929	5 478	6 283	6 964	7 321	8 589
	上海	6 463	7 062	8 105	8 717	10 168	10 416	12 158	14 942	16 737	17 860
	江苏	3 998	4 064	4 694	4 887	5 172	5 992	6 615	7 390	8 469	8 818
	浙江	4 742	4 783	4 827	5 403	6 853	8 621	9 576	9 854	11 300	12 927
	福建	3 860	4 314	4 727	5 519	6 167	6 566	7 420	8 198	9 590	9 702
	山东	3 485	3 760	3 866	4 507	5 303	6 375	7 656	8 382	9 734	10 632
	广东	6 509	6 553	7 454	8 104	9 023	9 677	10 708	12 604	14 169	15 859
	海南	2 756	346	3 349	3 866	4 335	4 600	4 896	6 483	6 677	6 768
第一产业增加值/亿元	北京	76.58	78.59	82.13	87.55	95.54	97.99	98.04	101.26	112.83	118.29
	天津	73.69	78.73	84.21	89.91	105.28	112.38	118.23	110.19	122.58	128.85
	河北	824.55	913.82	956.84	1 064.05	1 370.43	1 503.07	1 606.48	1 804.72	2 034.59	2 207.34
	上海	76.68	78.00	79.68	81.02	83.45	80.34	93.80	101.84	111.80	113.82
	江苏	1 048.34	1 094.48	1 110.44	1 162.45	1 367.58	1 461.49	1 545.01	1 816.24	2 100.11	2 261.86
	浙江	630.98	659.78	685.20	717.85	814.10	892.83	925.10	986.02	1 095.96	1 163.08
	福建	640.57	651.11	664.78	692.94	796.26	841.20	896.17	1 002.11	1 158.17	1 182.74
	山东	1 268.57	1 359.49	1 390.00	1 480.67	1 810.55	1 963.51	2 138.90	2 509.14	3 002.65	3 226.64
	广东	986.32	988.84	1 015.08	1 072.91	1 248.59	1 428.27	1 577.12	1 695.57	1 973.05	2 010.27
	海南	192.00	196.78	222.89	244.29	278.76	300.75	344.48	361.07	436.04	462.19
第一产业从业人员比重/%	北京	11.69	11.21	8.49	7.79	6.88	6.76	6.56	5.88	5.63	5.23
	天津	19.89	20.02	20.22	19.61	19.34	18.86	14.41	17.99	15.52	15.32
	河北	48.77	49.57	49.11	49.27	47.12	45.06	42.24	41.73	40.76	38.04
	上海	13.07	12.51	11.34	9.55	8.29	7.14	5.50	6.13	5.51	5.12
	江苏	42.22	41.36	39.17	34.62	31.00	27.77	29.50	22.66	20.92	19.77
	浙江	37.81	35.74	32.97	29.63	26.89	24.70	22.63	19.18	18.19	17.24
	福建	46.87	45.82	44.71	42.45	40.30	37.60	35.20	32.43	31.15	29.45
	山东	53.06	52.32	50.11	46.94	44.39	40.24	39.06	37.25	37.39	36.60
	广东	41.14	39.98	39.62	37.86	35.71	32.94	30.37	29.22	28.34	27.23
	海南	61.25	60.31	60.11	59.53	57.95	56.95	56.17	53.48	53.76	52.39
非农产业比重/%	北京	97.58	97.88	98.10	98.26	98.42	98.58	98.75	98.92	98.98	99.03
	天津	95.67	95.90	96.08	96.51	96.62	96.96	97.29	97.82	98.18	98.29
	河北	83.65	83.44	84.10	84.63	83.83	85.11	86.22	86.84	87.29	87.19
	上海	98.39	98.50	98.61	98.79	98.97	99.12	99.10	99.16	99.21	99.24
	江苏	87.74	88.43	89.53	90.66	90.88	92.02	92.86	92.94	93.22	93.44
	浙江	89.73	90.44	91.44	92.60	93.01	93.36	94.12	94.75	94.89	94.94

续表

项目	省(自治区、直辖市)	2000年	2001年	2002年	2003年	2004年	2005年	2006年	2007年	2008年	2009年
非农产业比重/%	福建	82.98	84.01	85.12	86.10	86.18	87.19	88.23	89.17	89.30	90.33
	山东	84.78	85.21	86.47	87.74	87.95	89.40	90.31	90.34	90.29	90.48
	广东	90.82	91.79	92.48	93.23	93.38	93.61	93.98	94.55	94.64	94.91
	海南	63.55	64.76	64.16	64.76	65.11	66.38	67.28	70.48	70.99	72.06
城镇基本养老保险参保人数/万人	北京	391.7	425.9	436.2	448.5	459.7	520.0	603.6	671.0	757.2	826.7
	天津	288.2	281.4	296.0	283.3	298.1	308.3	328.2	344.8	376.5	401.5
	河北	634.3	641.4	643.5	665.5	683.4	707.9	747.5	795.6	862.5	919.5
	上海	675.3	683.5	699.8	715.6	770.9	830.0	891.7	932.4	967.7	1 001.1
	江苏	890.3	888.1	1 063.5	1 135.2	1 214.1	1 345.6	1 469.8	1 602.3	1 751.6	1 883.1
	浙江	561.7	610.4	701.1	801.2	888.0	962.3	1 052.6	1 167.1	1 386.9	1 527.4
	福建	230.7	242.0	285.1	364.2	377.5	409.6	456.1	512.8	557.2	585.9
	山东	1 008.6	1 022.6	1 043.0	1 135.9	1 218.7	1 302.4	1 368.0	1 457.1	1 565.9	1 661.0
	广东	1 172.0	1 370.3	1 405.4	1 482.2	1 588.8	1 796.1	1 972.3	2 226.8	2 444.3	2 716.4
	海南	129.1	108.2	111.2	116.7	120.0	120.9	132.0	141.7	156.2	168.1
平均每万人口大学生数量/人	北京	432	474	546	590	620	658	690	683	623	641
	天津	129	169	215	243	281	330	337	339	337	443
	河北	37	52	70	82	102	108	120	130	143	187
	上海	141	173	204	221	238	249	257	261	266	439
	江苏	62	80	95	116	134	155	173	193	205	279
	浙江	47	62	83	102	119	133	145	160	170	230
	福建	59	71	84	106	118	142	165	178	192	212
	山东	34	50	64	83	103	128	145	155	164	215
	广东	35	44	53	66	80	95	108	118	127	195
	海南	24	33	45	54	71	85	108	128	148	200

表 2-7　中部地区 6 省（自治区、直辖市）2000～2009 年统计数据

项目	省(自治区、直辖市)	2000年	2001年	2002年	2003年	2004年	2005年	2006年	2007年	2008年	2009年
城镇化率/%	山西	35.88	35.09	38.09	38.81	39.63	42.11	43.01	44.03	45.11	45.99
	安徽	28.00	29.30	30.70	32.00	33.50	35.50	37.10	38.70	40.50	42.10
	江西	27.69	30.41	32.20	34.02	35.58	37.10	38.68	39.80	41.36	43.19
	河南	23.20	24.43	25.80	27.21	28.91	30.65	32.47	34.34	36.03	37.70
	湖北	40.47	38.64	39.22	39.78	40.35	40.90	41.21	41.59	42.24	46.00
	湖南	29.75	30.80	32.00	33.50	35.50	37.00	38.71	40.45	42.15	43.19
人均GDP/元	山西	5 722	6 226	7 082	8 642	10 742	12 495	14 123	16 945	21 506	21 522
	安徽	4 779	5 313	5 736	6 375	7 682	8 670	10 055	12 045	14 448	16 408
	江西	4 851	5 221	5 829	6 624	8 097	9 440	10 798	12 633	15 900	17 335
	河南	5 450	5 959	6 487	7 376	9 201	11 346	13 313	16 012	19 181	20 597
	湖北	6 293	6 867	7 437	8 378	9 898	11 431	13 296	16 206	19 858	22 677
	湖南	5 425	6 120	6 734	7 589	9 165	10 426	11 950	14 492	18 147	20 428
城乡居民收入差/元	山西	3 102	2 111	3 223	3 512	4 550	4 958	5 629	6 301	6 752	6 912
	安徽	3 314	3 467	3 764	4 184	4 693	4 959	5 497	6 326	6 937	7 618
	江西	2 695	3 044	3 259	3 262	3 958	4 753	5 140	6 139	6 546	6 590
	河南	3 539	3 915	4 252	4 766	5 238	5 773	6 228	6 910	7 589	8 356
	湖北	4 948	5 677	6 481	4 621	5 143	5 548	6 209	7 293	7 916	7 943
	湖南	3 801	4 026	4 023	4 642	5 155	5 622	6 408	7 114	7 835	8 846

续表

项目	省(自治区、直辖市)	2000年	2001年	2002年	2003年	2004年	2005年	2006年	2007年	2008年	2009年
第一产业增加值/亿元	山西	180	171	198	215	276	262	277	270	314	478
	安徽	742	761	784	749	951	966	1 029	1 200	1 418	1 495
	江西	485	506	536	560	674	727	786	906	1 060	1 099
	河南	1 162	1 234	1 288	1 199	1 695	1 892	2 050	2 218	2 659	2 769
	湖北	662	692	707	798	1 031	1 082	1 140	1 378	1 780	1 796
	湖南	785	826	847	886	1 174	1 274	1 332	1 627	1 892	1 970
第一产业从业人员比重/%	山西	46.70	46.88	46.77	44.27	43.75	43.47	40.97	41.22	40.60	39.74
	安徽	59.83	58.74	57.17	54.89	52.32	51.03	46.54	45.90	44.66	42.81
	江西	51.90	51.62	51.25	50.13	47.96	45.90	39.09	41.64	40.66	39.31
	河南	64.06	63.13	61.64	60.19	58.09	55.43	53.33	50.59	48.79	46.48
	湖北	48.04	48.38	47.34	45.09	44.02	42.37	47.55	38.76	35.36	32.74
	湖南	60.78	60.47	58.79	57.37	55.23	53.63	46.60	50.69	49.59	48.02
非农产业比重/%	山西	90.26	91.57	91.49	92.46	92.26	93.72	94.18	95.30	95.71	93.51
	安徽	74.44	76.57	77.74	80.90	80.03	82.02	83.27	83.70	83.98	85.14
	江西	75.78	76.74	78.13	80.05	80.51	82.07	83.17	83.53	84.79	85.65
	河南	77.01	77.69	78.65	82.55	80.19	82.13	83.60	85.23	85.24	85.79
	湖北	81.32	82.16	83.22	83.22	81.70	83.40	84.96	85.07	84.29	86.14
	湖南	77.90	78.45	79.59	80.98	79.19	80.43	82.40	82.32	83.62	84.92
城镇基本养老保险参保人数/万人	山西	416.1	365.6	361.8	364.4	376.7	383.4	486.9	506.7	539.4	563.8
	安徽	438.4	432.7	432.3	456.6	463.9	471.7	495.2	530.3	578.4	628.2
	江西	438.5	328.8	339.8	355.9	371.8	387.4	415.0	475.0	550.3	581.9
	河南	438.6	736.6	757.8	751.1	781.1	814.0	863.8	912.9	972.0	1 019.1
	湖北	438.7	612.1	628.8	732.4	780.5	804.0	850.8	886.8	932.3	982.0
	湖南	438.8	603.4	616.5	636.2	691.7	718.6	751.6	784.0	829.1	879.1
平均每万人口大学生数量/人	山西	39	50	63	83	104	121	132	143	154	205
	安徽	29	42	52	64	78	90	109	119	132	174
	江西	35	47	63	84	114	150	178	179	174	212
	河南	28	39	49	58	72	87	99	111	126	177
	湖北	58	75	98	120	148	168	181	192	207	283
	湖南	39	50	63	81	94	110	121	131	139	204

表 2-8 西部地区 12 省（自治区、直辖市）2000～2009 年统计数据

项目	省(自治区、直辖市)	2000年	2001年	2002年	2003年	2004年	2005年	2006年	2007年	2008年	2009年
城镇化率/%	内蒙古	42.20	43.54	44.06	44.74	45.86	47.20	48.64	50.15	51.72	53.39
	广西	75.25	76.42	78.64	29.05	31.70	35.54	36.41	36.24	38.16	39.21
	重庆	35.59	37.40	39.90	41.90	43.51	45.24	46.70	48.34	49.99	51.59
	四川	26.69	27.20	28.20	30.10	31.10	33.00	34.30	35.60	37.40	38.70
	贵州	23.87	23.96	24.29	24.77	26.28	26.87	27.46	28.24	29.11	29.88
	云南	23.36	24.86	26.01	26.60	28.10	29.50	30.50	31.60	33.00	33.93
	西藏	48.60	48.56	47.98	48.01	48.17	47.80	47.71	48.10	48.35	23.79
	陕西	32.27	33.62	34.62	35.53	36.36	37.23	39.12	40.61	42.11	43.50
	甘肃	24.01	24.51	25.96	27.38	28.61	30.02	31.09	31.59	32.15	32.64
	青海	34.76	36.32	37.68	38.18	38.53	39.25	39.26	40.07	40.86	41.83
	宁夏	32.54	33.32	34.20	36.92	40.60	42.28	42.96	44.02	44.98	46.08
	新疆	33.75	33.75	33.84	34.39	35.15	37.15	37.94	39.15	39.64	39.83

续表

项目	省(自治区、直辖市)	2000 年	2001 年	2002 年	2003 年	2004 年	2005 年	2006 年	2007 年	2008 年	2009 年
人均GDP/元	内蒙古	6 502	7 216	8 162	10 039	12 767	16 331	20 053	25 393	35 263	40 282
	广西	4 652	5 058	5 558	6 169	7 461	8 788	10 296	12 555	14 652	16 045
	重庆	5 616	6 219	7 052	8 091	9 624	10 970	12 457	14 660	20 490	22 920
	四川	4 956	5 376	5 890	6 623	7 895	9 060	10 546	12 893	15 495	17 339
	贵州	2 759	3 000	3 257	3 701	4 317	5 052	5 787	6 915	9 428	10 309
	云南	4 769	5 015	5 366	5 871	7 012	7 835	8 970	10 540	12 570	13 539
	西藏	4 572	5 324	6 117	6 893	8 103	9 114	10 430	12 109	13 824	15 295
	陕西	4 968	5 506	6 145	7 028	8 587	10 161	12 138	14 607	19 480	21 688
	甘肃	4 129	4 386	4 768	5 429	6 566	7 477	8 757	10 346	12 075	12 872
	青海	5 138	5 774	6 478	7 346	8 693	10 045	11 762	14 257	18 421	19 454
	宁夏	5 376	6 039	6 647	7 734	9 199	10 242	11 847	14 649	19 609	21 777
	新疆	7 372	7 945	8 457	9 828	11 337	13 108	15 000	16 999	19 797	19 942
城乡居民收入差/元	内蒙古	2 325	2 737	3 534	3 648	4 338	5 578	6 227	7 644	8 988	10 785
	广西	3 165	3 393	3 662	4 204	4 574	4 783	5 411	6 752	8 165	9 283
	重庆	3 195	3 543	4 232	4 766	5 221	5 702	6 691	7 855	9 250	10 171
	四川	3 701	4 030	4 203	4 422	4 817	5 145	5 733	6 610	7 246	7 810
	贵州	4 158	4 277	4 550	5 001	5 432	5 935	6 877	7 654	8 289	8 764
	云南	3 669	4 003	4 383	4 902	6 144	6 372	6 434	6 676	7 834	8 623
	西藏	4 979	5 096	5 869	7 840	8 805	7 508	5 485	7 007	7 831	7 165
	陕西	4 119	4 469	5 023	5 457	5 980	6 210	6 832	7 164	8 056	9 013
	甘肃	3 672	4 025	4 604	4 865	5 427	5 598	6 307	7 101	7 495	8 108
	青海	3 285	3 610	3 861	4 291	4 849	5 006	5 353	6 366	6 695	7 421
	宁夏	3 264	3 723	4 255	4 434	4 735	5 525	6 274	6 747	8 628	9 719
	新疆	3 823	4 316	4 958	4 824	5 156	5 460	5 875	6 666	7 314	7 562
第一产业增加值/亿元	内蒙古	350.8	358.9	374.7	420.1	522.8	589.6	649.6	762.1	908.0	929.6
	广西	538.7	562.5	595.7	652.3	817.9	912.5	1 032.5	1 241.4	1 453.8	1 458.5
	重庆	284.9	294.9	317.9	339.1	428.1	463.4	425.8	482.4	575.4	606.8
	四川	945.6	981.7	1 048.0	1 128.6	1 379.9	1 481.1	1 595.5	2 032.0	2 216.2	2 240.6
	贵州	271.2	274.4	281.1	298.7	340.4	368.9	393.2	446.4	539.2	550.3
	云南	431.8	444.4	463.4	494.6	607.8	669.8	749.8	837.4	1 020.6	1 067.6
	西藏	36.4	37.5	39.8	40.7	44.3	48.0	50.9	54.9	60.6	63.9
	陕西	258.2	263.6	282.2	302.7	387.9	435.8	488.5	592.6	753.7	789.6
	甘肃	194.1	208.0	215.5	237.9	286.8	308.1	333.4	386.0	462.3	497.1
	青海	40.1	44.7	47.3	48.5	60.7	65.3	69.6	83.4	105.6	107.4
	宁夏	46.0	49.7	53.0	55.6	67.4	72.1	79.5	97.9	118.9	127.3
	新疆	288.2	288.1	305.0	412.9	461.3	510.0	527.8	628.7	691.1	759.7
第一产业从业人员比重/%	内蒙古	54.47	53.92	55.77	54.59	54.51	53.84	53.78	52.64	50.46	48.84
	广西	62.22	61.84	61.21	59.84	57.82	56.18	55.11	55.12	55.20	54.54
	重庆	56.54	54.67	52.19	49.19	47.60	45.30	48.37	39.33	37.08	34.91
	四川	59.59	58.80	57.07	54.54	52.83	50.61	48.93	46.29	44.98	43.64
	贵州	67.35	66.42	65.30	62.65	59.65	57.41	73.06	52.89	52.40	51.71
	云南	73.88	73.65	73.28	72.75	71.29	69.44	67.41	64.78	62.65	61.27
	西藏	73.74	71.83	69.57	65.03	63.72	61.47	58.92	57.58	55.66	54.51
	陕西	55.73	55.70	53.53	52.15	51.16	50.79	47.54	48.53	46.77	45.72
	甘肃	59.73	59.41	59.54	59.04	58.46	57.18	63.23	54.44	52.88	52.56
	青海	60.90	60.04	56.37	54.11	51.20	49.18	47.31	44.36	44.54	42.93
	宁夏	57.80	56.51	55.35	51.82	49.88	48.43	45.47	45.72	44.86	39.83
	新疆	57.68	56.64	55.85	55.07	54.17	53.26	51.06	51.98	51.60	51.35

续表

项目	省（自治区、直辖市）	2000年	2001年	2002年	2003年	2004年	2005年	2006年	2007年	2008年	2009年
非农产业比重/%	内蒙古	77.21	79.06	80.70	82.41	82.81	84.87	86.44	87.49	89.31	90.46
	广西	74.10	75.32	76.40	76.88	76.18	77.61	78.62	79.16	79.29	81.20
	重庆	82.23	83.30	84.03	85.08	84.10	84.91	87.80	88.30	90.07	90.71
	四川	75.93	77.14	77.82	78.84	78.37	79.94	81.53	80.66	82.41	84.17
	贵州	73.67	75.79	77.39	79.06	79.71	81.36	82.77	83.72	84.86	85.94
	云南	78.53	79.22	79.96	80.65	80.28	80.71	81.29	82.34	82.07	82.70
	西藏	69.12	73.02	75.46	78.02	79.89	80.88	82.51	83.96	84.65	85.53
	陕西	85.69	86.89	87.48	88.30	87.79	88.14	89.20	89.16	89.70	90.33
	甘肃	81.56	81.52	82.51	83.01	83.02	84.07	85.36	85.72	85.40	85.33
	青海	84.78	85.09	86.11	87.58	86.98	87.97	89.15	89.36	89.64	90.07
	宁夏	84.40	85.28	85.96	87.51	87.45	88.11	88.81	88.99	90.12	90.60
	新疆	78.87	80.68	81.09	78.11	79.12	80.42	82.67	82.15	83.48	82.24
城镇基本养老保险参保人数/万人	内蒙古	295.1	290.6	292.9	300.9	318.8	338.9	356.6	370.9	389.5	410.8
	广西	239.4	248.9	257.2	264.8	279.3	288.6	302.7	325.5	368.1	411.3
	重庆	270.5	270.3	280.3	280.0	283.9	290.2	317.3	344.8	406.1	492.8
	四川	571.7	578.9	589.2	605.5	668.0	793.4	842.7	917.4	1 017.9	1 176.2
	贵州	165.4	159.0	168.9	168.0	174.9	183.7	193.2	205.9	215.9	235.6
	云南	252.3	243.1	252.1	257.3	255.3	258.7	267.4	279.4	293.7	306.5
	西藏	7.3	7.1	7.0	7.3	7.6	7.7	7.6	8.1	8.5	9.2
	陕西	296.3	345.4	352.0	362.4	369.3	376.1	391.5	408.1	433.4	458.8
	甘肃	187.1	188.4	188.0	192.0	194.5	197.3	201.2	208.4	221.0	230.9
	青海	50.5	51.9	54.2	56.4	58.5	60.0	62.5	65.2	68.3	71.3
	宁夏	57.0	57.9	59.0	60.7	62.5	67.5	72.3	77.0	82.6	89.4
	新疆	210.7	258.4	262.1	269.3	294.8	302.1	313.3	327.7	346.3	356.9
平均每万人口大学生数量/人	内蒙古	30	42	51	67	83	96	106	118	131	179
	广西	25	32	39	47	57	73	82	91	101	144
	重庆	43	55	68	82	97	113	127	138	149	232
	四川	28	38	49	60	74	90	100	105	112	173
	贵州	21	28	32	38	46	53	56	61	71	104
	云南	21	28	33	40	45	45	60	67	76	130
	西藏	28	34	30	31	31	32	32	30	33	132
	陕西	66	87	112	135	158	179	195	208	223	306
	甘肃	32	42	55	67	77	89	101	113	126	181
	青海	26	34	42	49	55	63	93	92	101	108
	宁夏	31	41	51	61	71	82	93	102	159	172
	新疆	41	59	70	76	83	90	97	103	108	143

在分析过程中，将使用以下代号。

（1）因变量和自变量对应的代号。城镇化率（rate）、人均GDP（pcGDP）、城乡居民收入差（gap）、第一产业增加值（agriculture）、第一产业从业人员比重（employ）、非农产业产值比重（unfarm）、城镇基本养老保险参保人数（insurance）、平均每万人口中大学生数量（college）。

（2）各省（自治区、直辖市）的代号。东部地区：北京（BJ）、天津

(TJ)、河北 (HB)、上海 (SH)、江苏 (JS)、浙江 (ZJ)、福建 (FJ)、山东 (SD)、广东 (GD)、海南 (HN)。中部地区：山西 (SX)、安徽 (AH)、江西 (JX)、河南 (HEN)、湖北 (HUB)、湖南 (HUN)。西部地区：内蒙古 (NMG)、广西 (GX)、重庆 (CQ)、四川 (SC)、贵州 (GZ)、云南 (YN)、西藏 (XZ)、陕西 (SHX)、甘肃 (GS)、青海 (QH)、宁夏 (NX)、新疆 (XJ)。

将式 (2-6) 具体化，可以得到面板数据模型为

$$\begin{aligned}\text{rate}_{it} = \alpha_i &+ b_1\ \text{gap}_{it} + b_2\ \text{pcGDP}_{it} + b_3\ \text{agriculture}_{it} + b_4\ \text{employ}_{it} \\ &+ b_5\ \text{unfarm}_{it} + b_6\ \text{insurance}_{it} + b_7\ \text{college}_{it} + u_{it}\end{aligned}$$

其中

东部地区：$i=1, 2, \cdots, 10$；$t=2000, \cdots, 2009$；

中部地区：$i=1, 2, \cdots, 6$；$t=2000, \cdots, 2009$；

西部地区：$i=1, 2, \cdots, 12$；$t=2000, \cdots, 2009$。

(三) 东中西部描述性统计分析

使用 Eviews6.0 对数据进行分析，可以分别得到东中西部地区的数据描述统计，把描述统计结果整理，如表 2-9 所示。

表 2-9　东中西部描述统计

项目	地区	均值	中位数	最大值	最小值	标准差
城镇化率/%	东部	0.541 884	0.524 5	0.886	0.235 4	0.173 789
	中部	0.364 895	0.374	0.46	0.232	0.056 258
	西部	0.377 666	0.366 65	0.486 4	0.233 6	0.098 948
人均 GDP/元	东部	27 484.22	23 958	78 989	6 798	16 751.68
	中部	11 016.38	9 669	22 677	4 779	5 118.918
	西部	10 438.27	8 772.5	40 282	2 759	6 127.611
城乡居民收入差/元	东部	7 456.16	6 810.5	17 860	2 675	3 203.597
	中部	5 316.867	5 149	8 846	2 111	1 598.966
	西部	5 788.508	5 458.5	10 785	2 325	1 794.372
第一产业增加值/亿元	东部	864.11	819.5	3227	74	742.768 1
	中部	1 032	928.5	2 769	171	602.897 9
	西部	495.233 3	403	2 241	36	448.397 2
第一产业从业人员占全部从业人员比重/%	东部	0.310 475	0.326 85	0.612 5	0.051 2	0.162 476
	中部	0.490 045	0.479 9	0.640 6	0.327 4	0.072 967
	西部	0.554 583	0.546 3	0.738 8	0.349 1	0.079 839
非农业产业占 GDP 的比重/%	东部	0.899 071	0.919 05	0.992 4	0.635 5	0.090 825
	中部	0.835 338	0.831 95	0.957 1	0.744 4	0.051 207
	西部	0.830 074	0.827 9	0.907 1	0.691 2	0.045 443
城镇基本养老保险参保人数/万人	东部	834.05	712	2 716	108	550.671 3
	中部	603.066 7	571	1 019	329	195.945 1
	西部	266.575	258.5	1 176	7	204.154 1

续表

项目	地区	均值	中位数	最大值	最小值	标准差
平均每万人口中大学生数量/人	东部	192.88	142.5	690	24	161.276 7
	中部	110.45	106.5	283	28	57.088 82
	西部	82.858 33	71	306	21	51.623 28

从表2-9可以看出，东中西部在各项指标上都有很大的差异。东部城镇化率均值最高，约为54%，比中西部的城镇化率高约17%。在其他指标上，东部地区也较有优势，东部人均GDP（pcGDP）均值约为27 484.22元，而中西部均值分别约为11 016.38元、10 438.27元；东部第一产业从业人员占全部从业人员比重（employ）已下降到31.05%左右，而西部第一产业从业人员占全部从业人员比重还很高，大约为55.46%，大部分的人口还是在从事农业生产活动；东部非农产业占GDP的比重（unfarm）约达到89.90%，而中西部只达到83%左右；在城镇基本养老保险参保人数（insurance）和平均每万人口中大学生数量（college）这些社会指标上，东部也发展较好，优于中西部地区，东部平均每万人口中大学生数量（college）几乎是中部和西部的总和。在城乡居民收入差（gap）指标上，东部地区为7456元，说明东部地区在城市发展的同时，农村发展较为缓慢，导致城乡居民收入差距较大。而在第一产业增加值（agriculture）上，中部地区均值最高，为1032亿元，说明中部地区各省（自治区、直辖市）是中国农业的生产大省，其中江西、河南、湖北、湖南都是中国农业生产大省，保障着中国的粮食供应。

所以，从东中西部各指标的描述统计中可以看出，各指标差异性较大，东中西部发展不平衡，处于不同的城镇化发展阶段，东中西部应该根据本地的发展状况来发展城镇化。

（四）东中西部数据分析

1. 东部地区数据分析

利用软件SPSS16.0对面板数据按照时间序列进行相关分析，结果如表2-10所示。从表中可以看出，除了城乡居民收入差（gap）、城镇基本养老保险参保人数（insurance）与城镇化率（rate）相关性很小外，在5%的显著性水平上，其他的自变量与因变量之间的相关性较高。

表2-10 东部地区相关性分析

		rate	pcGDP	gap	agriculture	employ	unfarm	insurance	college
rate	皮尔逊相关系数	1	0.809**	−0.156	−0.483**	−0.908**	0.728**	0.062	0.747**
	显著性（双尾）		0.000	0.122	0.000	0.000	0.000	0.541	0.000
	N	100	100	100	100	100	100	100	100

续表

		rate	pcGDP	gap	agriculture	employ	unfarm	insurance	college
pcGDP	皮尔逊相关系数	0.809 **	1	-0.207 *	-0.216 *	-0.837 **	0.663 **	0.207 *	0.731 **
	显著性（双尾）	0.000		0.038	0.031	0.000	0.000	0.039	0.000
	N	100	100	100	100	100	100	100	100
gap	皮尔逊相关系数	-0.156	-0.207 *	1	0.185	0.046	0.037	-0.051	-0.120
	显著性（双尾）	0.122	0.038		0.066	0.652	0.717	0.617	0.233
	N	100	100	100	100	100	100	100	100
agriculture	皮尔逊相关系数	-0.483 **	-0.216 *	0.185	1	0.349 **	-0.059	0.714 **	-0.388 **
	显著性（双尾）	0.000	0.031	0.066		0.000	0.561	0.000	0.000
	N	100	100	100	100	100	100	100	100
employ	皮尔逊相关系数	-0.908 **	-0.837 **	0.046	0.349 **	1	-0.879 **	-0.129	-0.758 **
	显著性（双尾）	0.000	0.000	0.652	0.000		0.000	0.201	0.000
	N	100	100	100	100	100	100	100	100
unfarm	皮尔逊相关系数	0.728 **	0.663 **	0.037	-0.059	-0.879 **	1	0.367 **	0.541 **
	显著性（双尾）	0.000	0.000	0.717	0.561	0.000		0.000	0.000
	N	100	100	100	100	100	100	100	100
insurance	皮尔逊相关系数	0.062	0.207 *	-0.051	0.714 **	-0.129	0.367 **	1	-0.134
	显著性（双尾）	0.541	0.039	0.617	0.000	0.201	0.000		0.182
	N	100	100	100	100	100	100	100	100
college	皮尔逊相关系数	0.747 **	0.731 **	-0.120	-0.388 **	-0.758 **	0.541 **	-0.134	1
	显著性（双尾）	0.000	0.000	0.233	0.000	0.000	0.000	0.182	
	N	100	100	100	100	100	100	100	100

* 在0.05水平下（双尾）显著相关；** 在0.01水平下（双尾）显著相关

利用Eviews6.0软件对东部面板数据进行逐步回归模型分析，最后得到回归模型如下：

$$rate_{it} = 0.1005 + 1.97 \times 10^{-6} pcGDP_{it} + 0.456unfarm_{it} + 0.73AR(1) \qquad (2\text{-}7)$$

$$i = 0,1,2,\cdots,10\ ;\ t = 2000,2001,\cdots,2009$$

由式（2-7）可以看出，东部地区经过逐步回归分析，城镇化率与人均GDP和非农产业占GDP的比重相关，在其他因素不变的情况下，当人均GDP提高1000元时，东部地区城镇化率提高0.197个百分点；当非农产业占GDP的比重提高1%时，东部地区城镇化率提高0.456个百分点。所以东部地区各省（自治区、直辖市）在目前的情况下应该致力于提高人均GDP和改善产业结构，提高非农产业比重。从相关性分析中，我们可以看到第一产业从业人员占全部从业人员比重（employ）与城镇化率有很大的负相关性-0.908，但是在最后的回归模型中没有第一产业从业人员占全部从业人员比重（employ）是因为其与非农产业占GDP的比重（unfarm）存在很大的相关性，为-0.879，所以在逐步回归分析的时候，由于两个指标存在较大的自相关，从而没有进入最后的回归模型，而这两个指标都是属于产业结构型指标，所以东部地区应大力发展经济，加快产业结构转型，实现城镇化的发展。

从各省（自治区、直辖市）之间的差异出发，了解地域差异对城镇化发展的影响。表2-11为在模型中反映各省（自治区、直辖市）之间地域差异的截距偏离估计值。

表2-11　东部各省（自治区、直辖市）固定效应变截距模型估计结果

省（自治区、直辖市）	代号	截距偏离估计值
北京	BJ—C	0.169 465
天津	TJ—C	0.028 239
河北	HB—C	-0.112 514
上海	SH—C	0.180 188
江苏	JS—C	-0.057 348
浙江	ZJ—C	-0.030 873
福建	FJ—C	-0.063 857
山东	SD—C	-0.159 856
广东	GD—C	0.026 824
海南	HN—C	0.019 732

由表2-11估计结果可以看出，东部地区2000～2009年10个不同的省（自治区、直辖市）存在的政府政策、经济发展状况、居民生活水平等地域差异因素对城镇化水平的影响差异显著，其中影响效应最高的是上海，其次是北京，影响效应最低的是海南。

2. 中部地区数据分析

对中部地区进行相关性分析，得到表2-12。

表2-12　中部地区相关性分析

		rate	pcGDP	gap	agriculture	employ	unfarm	insurance	college
rate	皮尔逊相关系数	1	0.731**	0.653**	-0.013	-0.894**	0.699**	0.180	0.815**
	显著性（双尾）		0.000	0.000	0.923	0.000	0.000	0.169	0.000
	N	60	60	60	60	60	60	60	60
pcGDP	皮尔逊相关系数	0.731**	1	0.896**	0.511**	-0.661**	0.555**	0.578**	0.868**
	显著性（双尾）	0.000		0.000	0.000	0.000	0.000	0.000	0.000
	N	60	60	60	60	60	60	60	60
gap	皮尔逊相关系数	0.653**	0.896**	1	0.678**	-0.514**	0.318*	0.718**	0.803**
	显著性（双尾）	0.000	0.000		0.000	0.000	0.013	0.000	0.000
	N	60	60	60	60	60	60	60	60
agriculture	皮尔逊相关系数	-0.013	0.511**	0.678**	1	0.066	-0.226	0.846**	0.354**
	显著性（双尾）	0.923	0.000	0.000		0.616	0.082	0.000	0.005
	N	60	60	60	60	60	60	60	60
employ	皮尔逊相关系数	-0.894**	-0.661**	-0.514**	0.066	1	-0.670**	-0.080	-0.805**
	显著性（双尾）	0.000	0.000	0.000	0.616		0.000	0.544	0.000
	N	60	60	60	60	60	60	60	60
unfarm	皮尔逊相关系数	0.699**	0.555**	0.318*	-0.226	-0.670**	1	-0.019	0.445**
	显著性（双尾）	0.000	0.000	0.013	0.082	0.000		0.883	0.000

续表

		rate	pcGDP	gap	agriculture	employ	unfarm	insurance	college
	N	60	60	60	60	60	60	60	60
insurance	皮尔逊相关系数	0.180	0.578 **	0.718 **	0.846 **	-0.080	-0.019	1	0.472 **
	显著性（双尾）	0.169	0.000	0.000	0.000	0.544	0.883		0.000
	N	60	60	60	60	60	60	60	60
college	皮尔逊相关系数	0.815 **	0.868 **	0.803 **	0.354 **	-0.805 **	0.445 **	0.472 **	1
	显著性（双尾）	0.000	0.000	0.000	0.005	0.000	0.000	0.000	
	N	60	60	60	60	60	60	60	60

* 在 0.05 水平下（双尾）显著相关；** 在 0.01 水平下（双尾）显著相关

从表 2-12 中可以得到，中部地区城镇化率与第一产业增加值（agriculture）、城镇基本养老保险参保人数（insurance）相关性不大，在 5% 的显著性水平上，其他的自变量与因变量之间的相关性较高。

利用 Eviews6.0 软件对中部面板数据进行逐步回归模型分析，最后得到回归模型如下：

$$rate_{it}=0.2+1.69\times10^{-5}gap_{it}-0.2066employ_{it}+0.212unfarm_{it}+0.328AR \quad (2\text{-}8)$$

$$i=0,\ 1,\ 2,\ \cdots,\ 6;\ t=2000,\ 2001,\ \cdots,\ 2009$$

从式（2-8）可以看出，中部地区城镇化率与非农产业占 GDP 的比重（unfarm）、第一产业从业人员占全部从业人员比重（employ）相关。在其他因素不变的情况下，当非农产业占 GDP 的比重上升 1 个百分点，中部地区城镇化率提高 0.212 个百分点；当第一产业从业人员占全部从业人员比重下降 1 个百分点，中部地区城镇化率提高 0.2066 个百分点，这同样说明中部地区需要大力改善产业结构。从表 2-12 的描述分析中也可以看出，中部地区第一产业增加值（agriculture）均值是东中西部三个地区最高的，产业结构中农业比重较大。当城乡居民收入差（gap）增加 1000 元时，中部地区城镇化率提高 1.69 个百分点，对比于表 2-9 描述分析中的城乡居民人均收入差，东部是最高的，为 7456，这说明城镇收入较高是吸引农村人口进入城镇的一个动力。

从表 2-13 中部地区各省（自治区、直辖市）固定效应变截距模型估计结果，我们可以了解各省（自治区、直辖市）之间的差异和地域差异对城镇化发展的影响。从表 2-13 可以看出，中部地区影响效应最高的是河南，其次是山西，影响效应最低的是安徽。

表 2-13 中部地区各省（自治区、直辖市）固定效应变截距模型估计结果

省（自治区、直辖市）	代号	截距偏离估计值
山西	SX—C	0.022 368
安徽	AH—C	-0.002 376
江西	JX—C	0.011 695
河南	HEN—C	-0.051 294
湖北	HUB—C	0.012 005
湖南	HUN—C	0.007 602

3. 西部地区数据分析

我们同样对西部地区数据进行相关分析，得到表 2-14。

表 2-14 西部地区相关性分析

		rate	pcGDP	gap	agriculture	employ	unfarm	insurance	college
rate	皮尔逊相关系数	1	0.379 **	0.043	−0.050	−0.284 **	0.103	0.464 **	0.170
	显著性（双尾）		0.000	0.637	0.585	0.002	0.262	0.484	0.063
	N	120	120	120	120	120	120	120	120
pcGDP	皮尔逊相关系数	0.379 **	1	0.439 **	0.288 **	−0.594 **	0.564 **	0.234 **	0.706 **
	显著性（双尾）	0.000		0.000	0.001	0.000	0.000	0.010	0.000
	N	120	120	120	120	120	120	120	120
gap	皮尔逊相关系数	0.043	0.439 **	1	0.206 *	−0.258 **	0.326 **	0.049	0.473 **
	显著性（双尾）	0.637	0.000		0.024	0.004	0.000	0.595	0.000
	N	120	120	120	120	120	120	120	120
agriculture	皮尔逊相关系数	−0.050	0.288 **	0.206 *	1	−0.172	−0.186 *	0.901 **	0.309 **
	显著性（双尾）	0.585	0.001	0.024		0.061	0.042	0.000	0.001
	N	120	120	120	120	120	120	120	120
employ	皮尔逊相关系数	−0.284 **	−0.594 **	−0.258 **	−0.172	1	−0.696 **	−0.299 **	−0.679 **
	显著性（双尾）	0.002	0.000	0.004	0.061		0.000	0.001	0.000
	N	120	120	120	120	120	120	120	120
unfarm	皮尔逊相关系数	0.103	0.564 **	0.326 **	−0.186 *	−0.696 **	1	−0.064	0.645 **
	显著性（双尾）	0.262	0.000	0.000	0.042	0.000		0.490	0.000
	N	120	120	120	120	120	120	120	120
insurance	皮尔逊相关系数	0.464 **	0.234 **	0.049	0.901 **	−0.299 **	−0.064	1	0.383 **
	显著性（双尾）	0.484	0.010	0.595	0.000	0.001	0.490		0.000
	N	120	120	120	120	120	120	120	120
college	皮尔逊相关系数	0.170	0.706 **	0.473 **	0.309 **	−0.679 **	0.645 **	0.383 **	1
	显著性（双尾）	0.063	0.000	0.000	0.001	0.000	0.000	0.000	
	N	120	120	120	120	120	120	120	120

* 在 0.05 水平下（双尾）显著相关；** 在 0.01 水平下（双尾）显著相关

从表 2-14 可以看到，在 5% 置信水平上，西部地区城镇化率与人均 GDP、第一产业从业人员占全部从业人员比重（employ）、城镇基本养老保险参保人数（insurance）相关性较高。

利用 Eviews6.0 软件对西部面板数据进行逐步回归模型分析，最后得到回归模型如下：

$$rate_{it} = 0.346 + 1.49 \times 10^{-6} pcGDP_{it} + 7.11 \times 10^{-5} insurance_{it} + 0.876AR(1) \quad (2\text{-}9)$$

$i = 0, 1, 2, \cdots, 12$；$t = 2000, 2001, \cdots, 2009$

从式（2-9）可以得到，西部城镇化率与人均 GDP（pcGDP）和城镇基本养老保险参保人数（insurance）相关。在其他因素不变的情况下，当人均 GDP 提高 1000 元时，西部地区城镇化率提高 0.149 个百分点；当城镇基本养老保险参保人数提高 100 万人时，西部地区城镇化率提高 0.711 个百分点。

从回归模型的结果和表 2-9 东中西部的描述统计中我们可以看出，西部地区经济发展较为落后，处于城镇化发展的初级阶段，即经济发展带动人口、资金、资源的聚集，从而促进城镇化的发展，所以西部地区应大力发展经济，提高人均 GDP 从而带动西部地区城镇化的发展。同时，西部地区应加强社会保障措施的实行，如增加城镇基本养老保险参保人数，提高城镇化的质量，促进城镇化的健康发展。

（五）东中西部分析结果与全国结果对比说明

从上面的分析得到以下结果。

东部：在其他因素不变的情况下，当人均 GDP 提高 1000 元时，东部地区城镇化率提高 0.197 个百分点；当非农产业占 GDP 的比重提高 1 个百分点时，东部地区城镇化率提高 0.456 个百分点。

中部：在其他因素不变的情况下，当非农产业占 GDP 的比重提高 1 个百分点，中部地区城镇化率提高 0.212 个百分点；当第一产业从业人员占全部从业人员比重下降 1 个百分点时，中部地区城镇化率提高 0.207 个百分点。

西部：在其他因素不变的情况下，当人均 GDP 提高 1000 元时，西部地区城镇化率提高 0.149 个百分点；当城镇基本养老保险参保人数提高 100 万人时，西部地区城镇化率提高 0.711 个百分点。

全国：在其他因素不变的情况下，当城乡居民人均收入差增加 1000 元时，中国的城镇化水平随之提高 0.46 个百分点；当第二产业和第三产业占 GDP 的比重（即非农产业产值比重）提高 1 个百分点时，中国的城镇化水平约提高 1.328 个百分点。

通过对比分析，我们可以得到以下结论：在中国特色城镇化道路中，中国应该根据目前所处的城镇化发展阶段以及各地区所特有的地理区位来发展本地区的城镇化。东部地区位于改革开放前沿，思想开放，经济基础较好，各项基础设施与中西部地区相比也较为完善，在城镇化的发展过程中，应该致力于调整产业结构，提高非农产业比重，在经济转型中实现进一步的发展，提高人均生产总值。而在中部地区，河南位于中原地区，地势平坦，人口众多；江西、湖南、湖北水资源丰富，农业发达，是传统的农业大省。相比于东部地区，中部地区经济较为落后，第二产业和第三产业发展不足，难以转移大量的从事农业生产的人口，使得农村人口无法有效向城镇转移。所以，中部地区在发展城镇化的进程中，应加快发展第二产业和第三产业，促进农业人口的转移，降低第一产业的从业人口比重。由于西部地区自然条件较差，地广人稀，如新疆、西藏、甘肃、青海等，而且历史上中国对东部地区有政策倾斜来扶持东部的发展，对西部地区却投入不足，因而西部地区发展较差，这些都使得西部地区应该按照西部的自然地理区位和发展现状来发展城镇化。西部地区在发展中，产业结构变化不明显，对城镇化的拉动力不明显，现阶段还是应大力发展经济，提高人均生产总值，通过经济的发展产生的聚集作用来带动城镇的发展。同时，西部地区应加强社会保障措施的实施，如增加城镇基本养老保险参保人数，提高城镇化的质量，促进城镇化的健康发展。

从整体上来说，中国应该改善产业结构，提高第二产业和第三产业占 GDP 的比重，特别是第三产业的比重，第三产业是劳动密集型，能够吸引大量人口的就业，促进农村人口的转移。同时，应该提高城乡居民收入水平，促进城乡一体化发展，实现城镇农村产业对接、资源合理利用、人口有效流动，从而达到统筹和谐发展。

四、中国城镇化发展现状的总体特征

一般用城镇化率来衡量城镇化水平，有时为了进行总体性描述或者为了不同地区的比较分析，在计算城镇化水平时还可以根据城镇化水平指标量值和权数的设定计算城镇化水平的综合指数。公式为

$$T = \sum_{i=1}^{n} \frac{Q_i}{O_i} W_i$$

式中，T 为城镇化水平综合指数；Q_i 为城镇化水平某层次指标 i 的实际值；O_i 为城镇化基本实现水平的某层次指标 i 的标准值；W_i 为城镇化基本实现水平的某层次指标 i 的权重值。

当综合指数为不同的范围值时，城镇化水平处在不同的阶段，具体见表 2-15。

表 2-15　城镇化水平阶段标准　（单位：%）

项目	初期阶段	中前期	中后期	基本实现	高阶段
综合指数	<50	50～65	65～90	90～100	>100

资料来源：肖万春，2006

由城镇化综合水平模式和中国目前的城镇人口占总人口的比重可以推出中国城镇化目前处于初期阶段的后期，这是一个经济社会结构迅速转变和城镇化快速发展的时期。结合上面在定量分析中得出的结论和目前中国城镇化发展的特点，中国城镇化现状的总体特征可以归结为以下六条。

（一）中国城镇化水平整体较为落后，但近年发展较快

表 2-16 为世界部分国家和地区的城市人口比重及其排名，其原始数据来自于世界银行 WDI 数据库。从表中可以看出，中国香港、中国澳门和新加坡的城

市人口比重并列排名第一，从2000年起即为100%，说明这三个地区已经实现了全部人口居住在城市。而英国和美国分别位于第7位和第12位，城市人口比重分别为90.0%和82.0%，从时间纵向发展来看，英国近10年来城市人口比重基本未变，从2000年的89.4%增加到2009年的90.0%；美国也变化较小，从2000年的79.1%增加到2009年的82.0%，说明两国已进入城市化稳定阶段，城市人口比重已基本保持不变。而中国处于第35位，2009年城市人口比重为44.0%，比世界平均城市人口比重还低6.3个百分点，说明中国城镇化水平还较为落后，仍然没达到世界平均水平。但从时间纵向发展来看，中国近10年来城镇化发展速度较快，从2000年的35.8%增长到2009年的44.0%，增长幅度达8.2个百分点，年均增长0.88个百分点，与世界平均水平的差距也由2000年的10.9个百分点降到2009年的6.3个百分点。

表2-16 世界部分国家和地区城市人口比重及其排名

国家和地区	2000年城市人口比重/%	2005年城市人口比重/%	2007年城市人口比重/%	2008年城市人口比重/%	2009年城市人口比重/%	2009年排名
中国香港	100	100	100	100	100	1
中国澳门	100	100	100	100	100	1
新加坡	100	100	100	100	100	1
委内瑞拉	89.7	92.3	93.0	93.3	93.7	4
阿根廷	90.1	91.4	91.8	92.0	92.2	5
以色列	91.4	91.6	91.6	91.7	91.7	6
英国	89.4	89.7	89.9	89.9	90.0	7
澳大利亚	87.2	88.2	88.6	88.7	88.9	8
新西兰	85.7	86.2	86.4	86.6	86.7	9
巴西	81.2	84.2	85.1	85.6	86.0	10
荷兰	76.8	80.2	81.3	81.8	82.4	11
美国	79.1	80.8	81.4	81.7	82.0	12
韩国	79.6	80.8	81.2	81.5	81.7	13
加拿大	79.5	80.1	80.3	80.4	80.5	14
法国	75.8	76.7	77.1	77.4	77.6	15
墨西哥	74.7	76.3	76.9	77.2	77.5	16
西班牙	76.3	76.7	77.0	77.1	77.3	17
文莱	71.1	73.5	74.4	74.8	75.3	18
德国	73.1	73.4	73.6	73.6	73.7	19
捷克	74.0	73.5	73.5	73.5	73.5	20
俄罗斯	73.4	72.9	72.9	72.8	72.8	21
马来西亚	62.0	67.6	69.4	70.4	71.3	22
土耳其	64.7	67.3	68.2	68.7	69.1	23
伊朗	64.2	66.9	67.9	68.5	69.0	24
意大利	67.2	67.6	67.9	68.1	68.2	25
乌克兰	67.1	67.8	67.9	68.0	68.0	26

续表

国家和地区	2000 年城市人口比重/%	2005 年城市人口比重/%	2007 年城市人口比重/%	2008 年城市人口比重/%	2009 年城市人口比重/%	2009 年排名
日本	65.2	66.0	66.3	66.5	66.6	27
菲律宾	58.5	62.7	64.2	64.9	65.7	28
波兰	61.7	61.5	61.4	61.3	61.3	29
南非	56.9	59.3	60.3	60.7	61.2	30
哈萨克斯坦	56.3	57.1	57.7	57.9	58.2	31
蒙古	56.6	56.7	57.0	57.2	57.3	32
印度尼西亚	42.0	48.1	50.3	51.5	52.6	33
世界	46.7	48.7	49.5	49.9	50.3	—
尼日利亚	42.5	46.2	47.6	48.4	49.1	34
中国	35.8	40.4	42.2	43.1	44.0	35
埃及	42.6	42.6	42.7	42.7	42.8	36
巴基斯坦	33.2	34.9	35.7	36.2	36.6	37
泰国	31.1	32.3	33.0	33.3	33.7	38
缅甸	28.0	30.6	31.9	32.6	33.2	39
老挝	22.0	27.4	29.7	30.9	32.0	40
印度	27.7	28.7	29.3	29.5	29.8	41
越南	24.3	26.4	27.4	27.8	28.3	42
孟加拉国	23.6	25.7	26.7	27.1	27.6	43
柬埔寨	16.9	19.7	20.9	21.6	22.2	44
斯里兰卡	15.7	15.1	15.1	15.1	15.1	45

资料来源：中华人民共和国国家统计局，2011-10-12

（二）城镇化滞后于工业化的失衡现象得到初步扭转

改革开放以来，随着城乡市场化改革的不断深化，农业劳动生产力的提高，农村剩余劳动力向城镇转移速度加快，推动了农业劳动力就业的非农化和生活方式的市民化，尤其是中国入世后，市场化发展的速度进一步加快，户籍制度等城乡分割的制度性壁垒逐渐被打破，进一步加快了农村人口向城镇转移，促使人口城镇化率迅速提高。表 2-17 是根据 2010 年《中国统计年鉴》整理的 1978 ~ 2009 年中国人口城镇化率和工业化水平情况。在 1978 年，中国的工业化率已达到 44.1%，而当时人口城镇化率仅为 17.92%，远远低于工业化率。随着经济的发展和国家的宏观调控，第二产业和工业在国内生产总值中的比重在呈下降趋势，从 1978 年的 47.9% 和 44.1% 分别降到 1990 年的 41.3% 和 36.7%。而此间，由于国家改革开放政策的实施，人口城镇化率在大幅增长，由 1978 年的 17.92% 增长到 1990 年的 26.41%，但仍然低于工业化率很多。此后，随着邓小平的南巡，政治和经济的进一步开放，城镇化率不断提升，1996 ~ 2003 年，城镇化率年均增长约 1.44 个百分点，此时也可看到，中国年均转移人口超过

2000 万人。到 2003 年，人口城镇化率达到 40.53%，工业化率为 40.5%，城镇化和工业化发展才逐渐平衡。到 2009 年，中国人口城镇化率达到 46.29%，而第二产业增加值比重为 46.59%，工业化率为 39.7%，其中差额 6.6% 为建筑业在国内生产总值中所占比重。

表 2-17　1978～2009 年中国人口城镇化率和工业化水平情况

年份	总人口/万人	城镇人口/万人	城镇人口比上年增长/万人	人口城镇化率/%	人口城镇化率比上年提高百分点	第二产业增加值占总产值比/%	工业化率/%
1978	96 259	17 245	—	17.92	—	47.9	44.1
1979	97 542	18 495	1 250	18.96	1.04	47.1	43.6
1980	98 705	19 140	645	19.39	0.43	48.2	43.9
1981	100 072	20 171	1 031	20.16	0.77	46.1	41.9
1982	101 654	21 480	1 309	21.13	0.97	44.8	40.6
1983	103 008	22 274	794	21.62	0.49	44.4	39.9
1984	104 357	24 017	1 743	23.01	1.39	43.1	38.7
1985	105 851	25 094	1 077	23.71	0.70	42.9	38.3
1986	107 507	26 366	1 272	24.52	0.81	43.7	38.6
1987	109 300	27 674	1 308	25.32	0.79	43.6	38.0
1988	111 026	28 661	987	25.81	0.50	43.8	38.4
1989	112 704	29 540	879	26.21	0.40	42.8	38.2
1990	114 333	30 195	655	26.41	0.20	41.3	36.7
1991	115 823	31 203	1 008	26.94	0.53	41.8	37.1
1992	117 171	32 175	972	27.46	0.52	43.4	38.2
1993	118 517	33 173	998	27.99	0.53	46.6	40.2
1994	119 850	34 169	996	28.51	0.52	46.6	40.4
1995	121 121	35 174	1 005	29.04	0.53	47.2	41.0
1996	122 389	37 304	2 130	30.48	1.44	47.5	41.4
1997	123 626	39 449	2 145	31.91	1.43	47.5	41.7
1998	124 761	41 608	2 159	33.35	1.44	46.2	40.3
1999	125 786	43 748	2 140	34.78	1.43	45.8	40.0
2000	126 743	45 906	2 158	36.22	1.44	45.9	40.4
2001	127 627	48 064	2 158	37.66	1.44	45.1	39.7
2002	128 453	50 212	2 148	39.09	1.43	44.8	39.4
2003	129 227	52 376	2 164	40.53	1.44	46.0	40.5
2004	129 988	54 283	1 907	41.76	1.23	46.2	40.8
2005	130 756	56 212	1 929	42.99	1.23	47.4	41.8
2006	131 448	57 706	1 494	43.90	0.91	47.9	42.2
2007	132 129	59 379	1 673	44.94	1.04	47.3	41.6
2008	132 802	60 667	1 288	45.68	0.74	47.4	41.5
2009	133 474	62 186	1 519	46.59	0.91	46.3	39.7

资料来源：根据 2010 年《中国统计年鉴》整理而成

（三）城镇化发展不平衡，东中西部区域差异扩大趋势明显

改革开放以来，中国在重视东部地区城镇化发展的同时，加快了中西部地区城镇化的发展步伐，尤其是20世纪90年代中后期，西部大开发的实施，国家从政策上扶持了西部地区产业的聚集发展和基础设施建设，推动了西部地区城镇经济的发展和城乡经济社会结构的融合转型，加快了中西部地区的城镇化发展。但是，由于区域经济社会发展水平的差异，东部聚集效应大于扩散效应，东中西部地区城镇化发展的差异扩大趋势并没有得到根本改变（李玲，2001）。“七五”、“八五”和“九五”城镇人口变化率的地区差异性就能很明显地说明了这一点。“八五”以后，城镇非农业人口占总人口比例的区域差异在逐渐扩大，东西部的这一比例由1986年的1.47∶1上升到2009年的1.49∶1。如果考虑到东部区域流动人口非农就业比例高的现状，东部与中西部区域城镇化差异扩大趋势就更加明显。就城镇化率来看，目前中国东中西部的差距依然较大，具体见图2-6。

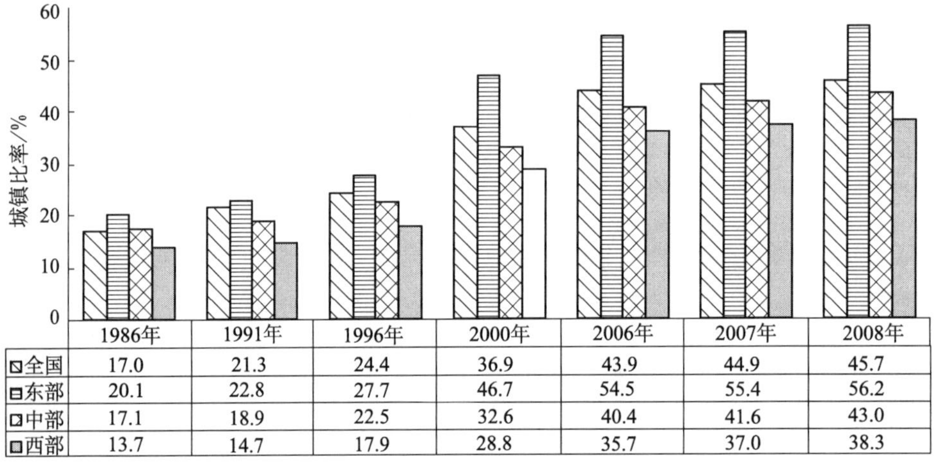

	1986年	1991年	1996年	2000年	2006年	2007年	2008年
全国	17.0	21.3	24.4	36.9	43.9	44.9	45.7
东部	20.1	22.8	27.7	46.7	54.5	55.4	56.2
中部	17.1	18.9	22.5	32.6	40.4	41.6	43.0
西部	13.7	14.7	17.9	28.8	35.7	37.0	38.3

图2-6 中国分地区城镇化率

注：由于统计口径不一致，早年全国城镇化率与最新数据存在不一致

资料来源：根据历年《中国统计年鉴》整理而成

（四）以城市群为主体形态的城镇体系逐渐形成

近年来，中部地区产业向城镇集聚、人口向城镇集中趋势明显，区域中心城市的辐射带动作用增强，城市在地域空间上的集聚现象明显，城镇之间的联系不断加强，以城市群为代表的城镇密集地区逐渐形成。目前，中国的城镇发展体系逐渐走向成熟，以城市特别是大城市发展为代表的、城市区域空间为主

体发展的新格局日益显现，一些区域具有区位、资源和产业优势，已经达到了较高的城镇化水平，形成了城市发展相对集中的城市群。除原有的长三角城市群、珠三角城市群、环渤海城市群外，山东半岛城市群、辽中南城市群、中原城市群、厦泉漳闽南三角地带城市群、长江中游城市群、川渝城市群和关中城市群等也逐步形成。由于各地基础不同，加上经济社会发展程度的差异，中国不同地区城镇化发展水平各不相同。分省（自治区、直辖市）来看，2009 年，京津沪三大直辖市的城镇化率在 70% 以上，苏浙和东三省的城镇化率在 50% 以上，琼鲁渝闽蒙五地的城镇化率略高于全国平均水平，其余 17 个省（自治区、直辖市）的城镇化率均低于全国平均水平，其中贵州和西藏分别仅为 29.89% 和 23.80%。总体而言，城镇化的空间分布呈现出向东部沿海地区集中的特点，尤其是以大城市为中心、城市发展比较集中的环渤海、长三角和珠三角三大城市群，城镇化发展程度最高。

（五）城镇中流动人口和暂住人口增长趋势明显

改革开放以来，随着城乡差距和地区差距的不断扩大以及政府对人口流动政策限制的逐渐放开，中国的人口流动规模迅速扩大，流动方向也逐渐由省内流动转向跨省流动。流动人口中有 85% 以上为农村外出务工劳动力。2005 年，中国城乡间的流动人口达到 14 950 万人，跨省流动农村人口为 3215 万人。河南、四川、安徽、重庆、湖南、湖北、广西、贵州、江西九省（自治区、直辖市）为人口输出大省，流出人口均在 100 万人以上，占跨省流动人口的 98%；广东、上海、北京、浙江、江苏、云南、福建、天津八省（自治区、直辖市）为人口流入大省，吸纳的跨省流动人口均在 100 万人以上，占跨省流动人口的 92%。人口流动使得各省（自治区、直辖市）的城镇化率都有所提高（新疆除外）。人口流入省通过吸纳外省农村人口直接提高了本地城镇化率，而人口流出省通过输出农村人口也间接提高了本地城镇化率。沿海各省（自治区、直辖市）城镇化率的提高，主要来自进城农民工的不断增加（分子变大），浙江、北京、上海、天津和广东的农民工对城镇化的贡献率分别为 30.7、27.9、24.7、24.4 和 18.6 个百分点。内地各省（自治区、直辖市）城镇化率的提高，主要来自离乡农民工的不断增加（分母变小），四川、河南、安徽和湖南的农民工对城镇化的贡献率分别为 9.5、10.6、13.3 和 16.6 个百分点（王桂新，2000）。

在中国农村劳动力向城镇转移速度加快的同时，城乡间的户籍制度、社会保障制度、就业制度和教育制度等制度性壁垒并没有根本消除，这使得已经成为城镇产业工人的部分农民工，其身份还是乡下人，不能享受城镇居民的同等待遇，也没有纳入城镇的劳动就业和社会保障管理，使得城镇中流动人口、暂住人口的数量迅速增加。

（六）城镇等级结构规模初步形成，县域城镇规划滞后

2007年，中国共有655个城市，比1978年增加了2.4倍；小城镇数量达19 249个，比1978年增加了7.9倍。其中，200万以上城镇人口城市达36个，增加了2.6倍；100万~200万城镇人口城市达83个，增加了3.4倍。各类城市人口3.4亿，占城镇总人口的57.6%；县城城镇人口1.2亿，占城镇总人口的20.3%；小城镇镇区人口1.3亿，占城镇总人口的22.1%。城镇总体人口规模依然偏小，发展空间广阔。2007年，中国50万以下城镇人口的中小城市有418个，占城市总数的64%。全国平均城市人口不到52万人。如果平均人口规模增加到100万人，则可容纳6.55亿人，超过现有城镇人口的总和。中国县城城镇人口平均为7万人，建制镇镇区人口平均为7845人。如果每个县城平均人口增加到10万人，那么可以容纳1.6亿城镇人口；如果每个小城镇平均人口达到1.5万人，那么可以容纳近3亿城镇人口（发改委城市与小城镇改革发展中心课题组，2010）。从图2-7可以看到，到2010年年末，中国地级及以上城市总数为287个，其中城市市辖区人数在400万以上的城市为14个，200万~400万人的城市为30个，许多城市为中型城市，100万~200万人的为81个，50万~100万人的为109个。

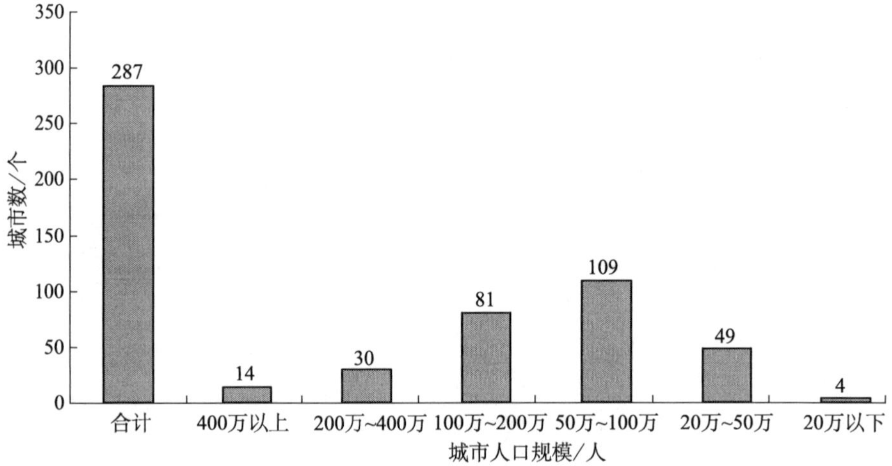

图2-7　2010年中国地级及以上城市数

注：按城市市辖区总人口分组

资料来源：2011年《中国统计年鉴》

近年来，中国城镇数量明显增加，但城镇发展质量不高、布局不合理，城镇发展规划是城镇合理布局和健康发展的重要保证。然而在中国小城镇发展过

程中，普遍存在只重视建设而轻视发展规划的状况，甚至在一些地区出现了先建设、后规划或边建设、边规划，建设牵着规划走的不科学现象，导致城镇布局不合理、功能定位不清、低水平重复建设、资源浪费、环境恶化。土地是城镇发展的一项重要资源，中国现有城镇的土地利用与世界各国相比，属于“中等高密度”。大量农民成为城镇人口，他们的居住形态将从分散、低层、独居为主变为集约、多层为主的城市社区，如果原来的宅基地也能转换为城镇居住用地，那么城镇化并不比农村多占土地。中国的城镇应该在合理规划的基础上节约用地，在空间结构上采取“紧凑发展”的模式，但要保证必要的生态环境条件、合理的密度和用地标准。另外，以行政级别为基础形成的等级化城镇管理模式，使各城市政府间产生明显的利益博弈。中心城市往往拥有更大的资源配置权，区域集聚效应明显。而大量中小城市因无法获取充足的公共资源和充分的公共管理职能，资源配置效率低下，经济发展缓慢，在城镇化过程中的集聚效应和带动作用没有得到充分发挥，异地城镇化趋势明显。

第二节　中国城镇化发展中存在的主要问题

一、户籍制度附着的城乡利益差别和影响劳动力自由流动问题

劳动力在城乡间自由流动和迁徙是城镇化实现的重要条件。因此，要推进城镇化，不仅要改革传统的户籍登记制度，而且要建立全国性劳务信息网络，为农民非农化就业提供劳务信息服务。在鼓励农民在地区间流动的同时，还要改革附着在户籍上的一系列利益差别政策，如就业政策、教育政策、社会保障政策、公共产品供给政策、财政转移支付政策等。中国目前有些地方虽然实行了城乡一体化的居民登记制度，但附着在户籍制度上的城乡利益差异性政策问题并没有得到根本解决，社会保障政策、就业政策和教育政策等导致城乡分割的政策没有完全改变。在社会保障政策上，城乡差别更加突出。中国社会保障覆盖面非常小，到目前为止，绝大部分地区主要是针对城镇居民而言，农村居民的养老、医疗和失业等保障体系不健全，最低生活保障政策也不完善，社会救济标准也比较低。在就业政策上，城乡统一的劳动力就业市场还没有建立，农民工在城镇就业的被歧视现象没有根本消除，同工不同酬、农民工正当权益没有得到有效保护等问题还相当突出。在教育政策方面，教育资源城乡分割的格局没有被完全打破，农村教育落后，师资较差，农民工子女义务教育的权益没有得到很好的保护。虽然2004年后相当一部分地区宣布农民工子女义务教育享受与当地城镇居民子女的同等待遇，但由

于相关的财政政策等政策性配套改革没有跟上，同等待遇的实现还需要相当长的时间。另外，在诸如道路交通、邮电通信、金融等公共产品的供给方面，城乡差异非常明显，这些公共产品在农村地区的供给政策不完善，没有形成一个有效的机制，致使农村公共产品发展相当滞后。这些问题的存在，导致城乡资源不能自由融合和充分竞争，从而严重地制约了中国城镇化的发展。

2009 年，中国农业劳动力占就业总量的 44.8%，与农业产值仅占 GDP 的 12.6% 的状况极不相称。随着城镇化进程的推进，农业劳动力人均占有耕地面积从 1995 年的 4.1 亩①上升到 2005 年的 6.5 亩，但按农村人口计算的人均占有耕地面积只从 1995 年的 1.7 亩上升到 2005 年的 2.6 亩，农村人口人均资源占有量低的局面没有得到根本缓解。解决农村发展人地关系紧张的深层矛盾，需要进一步转移农业劳动力，并使他们和家庭成员逐步进城定居，从而增加农村人均资源的占有量（张同升，2009）。据农业部测算，中国需要转移的农村劳动力数量在 1.5 亿人左右，每年转移 800 万农村劳动力的任务需要通过推进城镇化进程来实现。

二、城镇化进程中农民土地权益问题

在城镇化进程中，与之相伴随的就是持续性的农业用地转为非农业用地、农村集体土地被征为国有土地的过程。近 10 年来，城镇化进程中的土地矛盾与纠纷已经演变成一个社会问题，其根本原因就是农民土地权益未能得到有效保障。征地规模大、失地农民数量多是中国城镇化存在的一个突出问题。近年来，中国非农建设占用耕地每年 250 万 ~ 300 万亩，如果按人均 1 亩地推算，那就意味着每年有 250 万 ~ 300 万农民失去土地，变成失地农民。若照此速度大致推算，到 2020 年，中国非农建设占用耕地将增加近 3000 万亩（不与土地整理复垦新增土地相抵扣），失地农民数量将增加到 3000 万。到 2030 年，中国非农建设占用耕地将增加约 5000 万亩，失地农民数量将增加约 5000 万。失地农民数量总计达到 1 亿人，这将是一个非常庞大的数字（国务院发展研究中心课题组，2010）。中国每年土地出让金非常高，俗称“土地财政”，但是农民得到的土地补偿却非常低。中国《土地管理法》规定土地补偿费、劳动安置补助费都是按照被征收土地前 3 年的平均年农业产值计算，而与被征地的区位、经济社会发展水平、土地供求状况等地价因素以及土地征用后的用途和市场价值无关。现行的征地补偿测算方法不能体现土地的稀缺性和土

① 1 亩≈666.7 米^2。

地的潜在利用价值，特别是在土地利用方式、种植制度、市场情况等不确定的条件下，难以准确地反映被征收土地的实际价值。同时，由于是按原用途进行补偿，被征地农民难以分享土地利用方式改变带来的增值，也难以分享经济和社会发展的成果。同时，土地对于农民的作用就是提供生计保障，农民失去土地后就失去了最原始、最稳定的保障，而征地后，却没有建立起对失地农民的社会保障。在征地中，存在货币安置、留地安置、就业安置、社保安置等安置方式，其中最主要的还是采取货币安置方式。但由于各种原因，如补偿费用低、不合理花销或投资等，货币安置方式往往只能解决失地农民的近忧，却难以化解他们的远虑，从而导致部分农民失地又失业，况且绝大多数农村的社会保障体系尚未建立，所以，这些失地农民的长远生计必然成为影响社会安定的突出问题。特别是其中年龄较大的农民，在失去土地后，往往会成为“上岗无业、种地无田、低保无份、学习无门”的“四无”人员（岀荣华，2009）。

三、土地城镇化速度快于人口城镇化速度问题

城镇化本应是随着市场化、工业化而发生的，是二元社会结构逐步向一元社会结构转化、农村人口转移到城镇从事非农产业的过程。在这一过程中，农民的职业、身份和生活方式均发生着深刻变化，城镇化实质上是人口与土地两个层次同步转型的过程（于弘文，2001）。然而，长期以来，城镇化被狭义化，这样就放大了城市（镇）房地产业的发展，出现了土地城镇化快于人口城镇化的趋势。而且，在这一过程中还出现了乱占耕地、过度扩大城镇用地的现象。近年来，中国城市发展的空间失控现象严重，突出表现为城市以一种粗放的方式快速蔓延，大量占用耕地，也造成了大量的失地农民。虽然土地城镇化的增长速度在中央严格的宏观调控措施下，得到了进一步的遏制，但已经形成的现实是：一方面地方政府在推进城市发展和建设中，仍然不惜大量占用耕地，进行城市扩张；另一方面，农村耕地在不断丧失的过程中，农村人口向城市转移的重要战略目标并没有相应地实现，也就是说，土地城镇化的速度远快于人口城镇化（王雨濛和吴娟，2010）。据统计，中国城市常住人口从2000年的38 820.45万人减少到2003年的33 805万人，之后开始了恢复性增长，到2005年，增长到35 894万人。同一时期，全国的城镇人口增长了22.45%，660个县级以上城市的建成区面积增长了44.93%。图2-8为中国城市建成区面积、城市常住人口与城镇常住人口增长率比较，可以看出，城市常住人口的增长幅度远低于城市建成区面积的增长幅度。

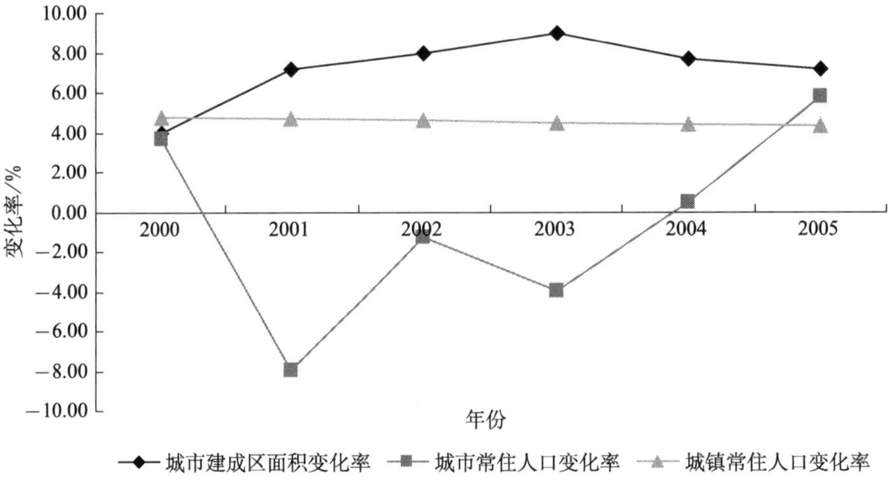

图 2-8 中国城市建成区面积、城市常住人口与城镇常住人口增长率比较

资料来源：张同升，2009

四、行政化力量推动城镇化发展以及缺乏区域协调问题

最近几年来，中国在城镇化政策调控方面，一个主要问题是城镇化政策的行政化和地方分割化。现在有不少地区在城镇化和城镇建设的推进方式上，存在用行政推动代替市场推动的倾向。在推进城镇化建设的行为主体结构中，政府往往处于较为重要的地位，企业和城乡居民主动参与不足，尤其是农村居民还没有真正成为城镇化主体。政府在城镇化过程中往往重“城”而轻“镇”。这样的“积极推进”带来的直接后果是：规划建设“过热”，靠负债和摊派搞花架子工程，带来严重的经济社会风险；政府行为替代了企业行为，降低了资源使用效率，不利于产业的可持续发展；降低了政府效能，导致腐败。同时，政府行政机制超越市场机制，成为影响城镇化资源配置的基础性机制。城镇化建设的投融资主要表现为以政府为主体的投融资，市场化投融资机制作用的深度和广度明显不足，民间资本和国外资本参与城乡公共建设的积极性不高，城乡产业融合主要依赖于政府行政性政策，城乡资源融合的市场机制主导地位还没有确立。

在现行行政体制和财政体制下，许多区域的城镇化过程，实际上是不同规模、不同层次的城镇之间以地方政府为主体分散进行城镇建设的过程。因此，在较大区域范围内，由于各区域城镇化政策的制定都是从本区域自身利益最大化出发的，区际的城镇化政策缺乏协调性，致使区域城镇体系中城镇定位不清、功能雷同，不同类型的城镇之间难以形成有效的分工和协作关系，难以提高区域城镇体系的综合效益。

五、城镇化过程中的资源约束和生态环境破坏问题

（一）城镇发展和生态环境容量之间的矛盾越来越尖锐

城镇的形成发展与环境条件密切相关，其发展依赖于良好的自然环境，同时也反过来深刻影响着自然环境。城镇规模是指生产要素在城镇的集中程度，包括人口与生产设备的集中程度，也包括建成区的规模，后者与前二者成正比。从经济效益角度分析，生产要素越是集中，经济效益越好；从生态效益角度分析，生产要素越集中，排放的污染物也越集中，因而产生比较高的污染物浓度，而这一污染物浓度如果超过环境的自净能力而又不及时处理，就会对环境产生严重破坏甚至危及人类。城镇化在推动经济快速发展的同时，也给自然环境带来了巨大的压力。这种压力主要是由于城镇的工业生产、交通运输和日常生活所消耗自然资源，以及排放废弃物的数量超过了自然环境的净化能力而引起的。随着工业化水平的不断提高和可利用资源的相对减少，城镇发展和生态环境容量之间的矛盾会越来越尖锐。在过去的半个多世纪里，中国城镇化发展的资源环境基础或消耗行为都发生了很大变化。第一，城镇对土地和淡水两大资源的直接占用或消耗所占的比重还不高，但在人类生态系统直接或间接诱发的物质消费法则下，全国城镇化发展使用的土地资源占用比例达到20%以上，淡水资源的占用比例达到30%以上。第二，尽管能源和矿产两类资源的开发和利用只存在于点、线的空间形式，但其资源消费的80%及以上都发生在城镇系统范围之内。

（二）排放废弃物的数量超过了自然环境的净化能力

从中国东部地区来看，相当一部分小城镇在实现工业化过程中，忽视了环境保护，乡镇企业的“三废”问题没能及时得到妥善处理，城镇内的生活垃圾和废水也没能及时清运，如苏南一些地区即便是在建制镇的镇区中都有约67%的镇没有工业废水专门处理装置，超过50%的镇不能及时清运居民生活垃圾；周围地区的水质也大多在三类以下（一至三类标准可作为饮用、渔业、工业及农业灌溉用水，四类水质标准可作为农业灌溉用水，还可作为工业用水，五类水质仅适用于农业灌溉）；同时大气、土壤、生物等方面的污染也比较严重。苏南一些小城镇所流行的水资源在“五十年代淘米洗菜，六十年代洗衣灌溉，七十年代开始变坏，八十年代鱼虾绝代，九十年代喝了致癌”的民谣反映了小城镇生态环境破坏的严重程度。至于西部内陆地区，尽管乡镇经济不太发达，但城镇化滞后对生态环境所造成的负面影响同样是不容忽视

的，一些人口较多的贫困地区为了追求短期经济利益，以“充分利用本地资源，发展区域经济”为借口，盲目开采林木资源和地下矿物资源，导致植被大量损坏，水土流失和土地沙化现象日趋严重。一些地区的稀有动物资源濒临灭绝，云贵川的一些炼硫区空气中的二氧化硫浓度超过国家标准 5 ~ 50 倍，上万农民丧失了维持生存和养育后代所必需的农业生产环境。乡镇企业污染之所以如此严重与其规模不经济（特别是外部规模不经济）有着密切的关系。中国 92% 的乡镇企业分布在自然村，7% 在建制乡镇，1% 在县城，这种遍地开花式的、分散发展的乡镇企业布局对企业治污无疑带来了很大困难。从有污染源的产业来看，城市企业所造成的污染远低于乡镇企业所造成的污染（如乡镇工业中造纸业的单位产值废水排放量便是城市造纸企业的 2. 25 倍）。因此，城镇化的物质消费需求使得整个国家的资源环境基础面临越来越大的压力，人口、经济与资源环境难以协调的问题越来越突出。

六、城镇制度等软件建设落后于城镇产业等硬件建设问题

城镇化发展，不仅是城乡产业融合，更主要的是城乡生活方式和文化价值观念融合。当前中国各地区在推进城镇化过程中重视的主要是城乡产业融合发展，尤其是城镇产业发展，而忽视城乡生活方式和文化价值观念的融合发展。因此，在政策制定上，政府偏重于城镇产业聚集发展，轻视城乡生活方式和文化价值的融合，一部分地区在城乡生活方式和文化价值融合上没有强有力的政策支撑，这是中国今后在推进城镇化过程中必须加以重视的一个问题。这些问题的存在，严重制约着中国城镇化的可持续发展。推进城镇化进程必须从重速度变为重质量，即推进城镇化的重点是要从“关注城镇化速度”转向“关注城镇化质量”。要加大社会福利体制改革力度，改善农民工公共服务，促进进城农民工向市民转变，建立与城镇化相适应的城镇管理体制。因此，各级政府在制定城镇化政策的时候，必须重视上述问题的解决。要从城乡统筹发展的高度出发，形成公平竞争的市场环境，建立有利于城镇发展的财政转移支付政策、货币政策、公共产品供给政策、产业政策、分配政策、就业政策、社会保障政策和科技卫生文化政策等政策体系，实现城镇化发展的自然规律性、市场主导性和政府政策有效调控性的有机统一。

七、城镇化率虚高以及农民工的去留两难问题

近年来，中国城镇化经历了快速的发展，2009 年的城镇化率达到 46. 59%，但是，中国的城镇化率是按照常住人口来计算和统计的，在城镇生活半年以上

的农业户籍人口也统计为“城镇常住人口”，这样很容易使农民工虚拟化为城镇人口。中国发展研究基金会的研究报告《中国发展报告2010》中提出，中国城镇化目前仍处在“半城市化”状态。中国现有城镇化率的统计口径包括了1.45亿左右在城镇生活6个月以上，但是没有享受到和城镇居民同等的公共福利和政治权利待遇的农民工，也包括约1.4亿在镇区生活但务农的农业户籍人口，这些并没有真正转变身份的人口约占城镇总人口的一半。大规模流动人口进城就业并逐步迁徙定居，是中国城镇化进程中必不可少的重要一步；然而，短期内大量农村剩余劳动力转移入城镇并不现实，从而造成很多农民工常年在城镇工作，被统计为城镇常住人口，但是这些人并不能提升城镇化率。他们仍然被视为城镇过客，不能享受同城镇居民同等的待遇，更没有获得市民的身份。

进城务工的农民工，虽然从事非农职业，却因其农民身份无法享受基本的工伤、医疗和失业保险，生育和养老保险更不在考虑范围之内；近年来农村逐步推行的社会保障制度如新型农村合作医疗制度等，却因为他们长期在城市生活，导致他们参保的不方便和操作上的不可能，亦不能完全将他们纳入，或者参保却无法真正享受。城市政府则主要从城市市民利益出发，对农民工采取“经济接纳、社会拒入”的方针，对农民工的管理，随意利用行政权力，存在着重堵轻疏、重管理轻服务、重义务轻权益、重城市就业轻农民工安排的政策现象，体现出对农民工人格与权利的不尊重。而且现有城市管理、服务体系对大量农村剩余劳动力进入城市就业、定居，缺乏科学、统一的管理理念，使得庞大的社会群体长期游离于城市社会秩序控制体系外，进城农民工实际并未与城市社区生活真正融合，反而在城市边缘自发形成了没有社区组织管理的，依靠业缘、地缘维系的“圈子”体系。所以，农民工的去留面临两难：一方面，新生代农民工觉得城市生活更精彩，已经适应了城市生活，不愿再回到农村生活；另一方面，他们因为体制的原因又难以融入城市生活，更重要的是农民工子女就学、就医、养老等问题仍未得到解决。

第三节　中国城镇化发展中面临的挑战

在加快城镇化发展的过程中，产生了不少问题和挑战。例如，在新时期走具有中国特色的社会主义城镇化道路的挑战；在新形势下走和谐、可持续发展的城镇化道路的挑战。目前中国城镇化发展面临的形势严峻，如土地的浪费，农业用地与工业、城建用地的矛盾，资源的过度开采，生态环境的破坏与污染等问题；而且，在资源减少的同时，人口仍在增加，从而加剧了人口、资源与环境之间的矛盾。因此，在选择城镇化道路时，要从过去城镇化外延扩张向内涵提高的集约型转变，从城镇数量的增加向城镇质量的提高转变，完善土地市场，强化矿产资源管理，提高资源的使用效率，协调人口、资源与环境之间的关系，走集约型、可持续的新型城镇化道路。结合中国特色社会主义的国情，本节在分析中国城镇化发展中面临的严峻形势的基础上，提出新时期中国特色城镇化发展所面临的挑战。

一、中国城镇化发展中面临的严峻形势

（一）农民工规模庞大，合理安置入城任务艰巨

改革开放以来，中国户籍政策松动，准许人口流动，大量农民进入城镇务工，支持城镇建设。到2008年，中国共有农民工2.25亿人，其中本乡镇以外就业的外出农民工数量为1.4亿，占62.2%，本乡镇以内的本地农民工数量为8500万，占37.8%。农民工已遍布全国各个地区和各个行业，并成为产业工人的主体部分（韩俊，2010）。并且，大部分农民工已脱离农业生产，成为专业的城镇产业工人。农民工是农村人口转移的主要组成部分，如何妥善安置农民工入城是推进城镇化首要解决的问题。并且，随着新一代农民工的成长，新一代农民工成为农民工的主体部分，他们不同于他们的父辈（20世纪80年代外出务工的那些人），他们具有自己的社会特征。李建华、郭清研究表明新生代农民工缺乏基本的农业生产技能，渴望融入城市社会，他们无论是出生在农村还是城市，绝大多数都是直接从学校走向工厂，鲜有从事农业生产的经历，基本不会种地，他们不习惯也不喜欢农村生活，乡情淡薄，他们不像他们的父辈，外出打工是为了养家防老，挣来的钱多寄回家中，老了后再回农村养老。新一代农民工渴望留在城市，对他们而言，城市意味着一种新的生活方式，意味着不一样的前途和命运（李建华和郭清，2011）。国家统计局《新生代农民工的数量、结构和特点》表明，截至2009年全国外出农民工的数量已经达到14 533万人，同时，农民工内部也出现了代际更替，1980年之后出生的外出农民工，通常我们也将其称为“新生代农民工”，逐渐成为外出农民工的主体并且在整个经济社会中发挥着越来越大的作用。2009年，新生代农民工总人数为8487万，约占全部外出农民工总数的58.4%，已经成为外出农民工的主体。

从表2-18可以看出，新生代农民工中打算回农村的（包括一定回农村和挣够钱就回农村）只占33.4%，而尽量和坚决不回农村的占45.1%，是打算回农村的1.35倍。并且，不好说的群体中也基本上是抱有希望在城市有个好发展从而留在城市的想法。同时也可以看到，已婚男性和女性打算回农村的分别为43.0%（27.9%+15.1%）和43.1%（29.4%+13.7%），而未婚男性和女性打算回农村的分别为32.6%和22.7%，大大低于已婚群体，表明那些未婚的年轻人更加希望能够在城市安家立业。

表 2-18 新生代农民工未来的打算 (单位:%)

未来的打算	新生代农民工				
	合计	已婚		未婚	
		男性	女性	男性	女性
坚决不回农村	8.1	5.3	5.6	7.6	12.5
尽量留在城市，实在不行再回农村	37.0	31.7	32.2	38.8	40.4
挣够钱就回农村	22.2	27.9	29.4	21.3	15.6
一定会回农村	11.2	15.1	13.7	11.3	7.1
不好说	21.5	20.1	19.1	21.0	24.5

资料来源：中华人民共和国国家统计局，2011-03-11

在未来10年内，积极引导、合理安排农民工入城将成为中国促进经济发展、社会和谐的重要手段，是城镇化发展的重要推动力量。

（二）人地矛盾非常尖锐，城镇化面临资源约束

中国的国土面积很大，但是真正适合人口居住以及水资源丰富的地区非常少，适宜度I类的宜居性土地只占国土面积的不到20%，而且这些土地与复种指数非常高的优质高产耕地区位正好是重叠的，也就是说城镇建设用地与需保护的耕地必须在同一张规划图上加以严格区分和约束。中国的人均耕地现在只有1.4亩，仅为世界平均水平的40%，但是中国每年因各种原因减少的耕地数量巨大，因为中国现在正处在城镇的成长期，每年有1500万的农民进城，城镇面积扩展是历史上最快的时期。中国的人均淡水资源，不仅数量少，而且分布非常不均匀，如华北地区的人口占全国的1/3，但水资源只占全国的6%。我们的人口密度是其他大国的几十倍，但人均耕地只有其他大国的1/10，人均水资源只有1/10，人均森林面积只有几分之一。中国实际上是用全球7%的耕地，7%的淡水资源，4%的煤矿、矿产资源，4%的石油资源，2%的天然气资源来支撑占全球21%人口的城镇化和工业化（仇保兴，2010b）。

（三）能源存量结构失衡，消耗增长过快，城镇化发展方式粗放

在中国城镇化的进程中，资源相对紧张和环境恶化非常严重。中国的石油、天然气储量非常少，但中国的气候条件比较特殊，很多城市与其他同纬度国家的城市相比，夏天平均高出1.3～2.5℃，冬天平均低5～15℃，导致中国的城市冬天供暖、夏天制冷能源需求高，是非常典型的空调需求量极大的国家。另外，中国高速城镇化时期——近几年以及未来20～30年，每年新建建筑达20亿平方米。这意味着世界40%的建筑量发生在中国，42%的水泥和36%的钢材消耗在中国，世界上每年需要的塔吊机16 000台中有10 000台在中国工作。中国是目前世界上最大的建筑市场，预计这一状况在未来20年内不会改变。随着生活水

平的提高，城市和农村的能耗还将快速增长，而且这种增长是刚性的。但是国内很少人明白涉及能耗的问题，其中两大能耗的增长是刚性的：一是建筑的能耗将从现在的26%增长到35%；二是交通的能耗将从现在的10%增长到30%。产业的能耗，将会随着能源价格的提高和碳排放税的设立急剧下降，而上述两种刚性能耗则只能通过合理的城市规划和建筑管制来限制。另外，中国的机动车数量快速增长，机动化与城镇化同步发生，城镇化将有可能变成“车轮上的城镇化”，这一趋势一旦发生，必将造成城镇人口密度的急剧下降。现在一个美国人消耗的汽油量是5个欧盟人、10个中国人消耗汽油量的总和，如果中国沿着美国式的城镇化道路，三个地球的资源才能满足中国的各方面需求（仇保兴，2010b）。

城镇化的过程中生态环境压力进一步加大。城镇是人类经济活动的高密集区，随之而来的环境问题难以避免。近年来，中国城镇环境保护工作取得了一定成效，城镇环境恶化趋势在总体上得到了控制，部分城市环境质量明显得到了改善，但城镇环境质量仍不容乐观，城镇化面临的环境压力日益凸显。这些压力主要有以下方面。①城镇主要污染物排放总量仍处于较高水平，远高于环境承载能力，常规污染物排放总量削减任务十分繁重。②主要流域和水系污染严重，城市河段污染突出，流经城市的河段中78%不适合作为饮用水水源；淡水湖泊呈富营养化，经济发达地区的不少城市已经面临严重的水质型缺水，近50%的城镇饮用水源地水质不符合标准；城市污水处理率只有20%左右。③城市空气质量仍处于较重的污染水平，全球20个空气严重污染城市，中国占16个；半数以上的城市环境空气质量超过国家二级标准。④城市固体废物排放量巨大且处理水平低，符合环保要求的城市生活垃圾无害化处理率较低，二次污染严重。2010年，全国660个城市的生活垃圾产生量达3.27亿吨，集中处理率为54%，仍有1.32亿吨未经任何处理。监测结果表明，垃圾无害化处理率不足20%。⑤有毒有害的有机物污染、电磁辐射污染、危险废物污染等问题日渐突出，各类污染已经由城市蔓延至小城镇和乡村。

（四）第三产业发展滞后，城镇化的推动力失衡

推动中国城镇化发展要依靠两种力量：市场和政府。市场机制的作用，决定了城镇化与工业化之间、城乡之间、农业与工业之间的协调发展。工业化与城镇化是互为动力、共同发展的，只是在经济发展的不同阶段，二者互动发展的特征有所不同。在工业化、城镇化中期阶段，二者互动发展的特征最为明显。要充分利用这一优势，加强工业化对城镇化的推动作用，强化城市、城镇发展的产业支撑，加强基础设施建设，发挥城市功能，带动工业化发展。城镇化实际上就是生产要素在城乡之间的重新配置与组合，配置的目的是获得更高的效

益与效用。要保证生产要素的配置达到最优，必须保证城市与乡村处于同等重要的地位，保证城乡之间的流通渠道畅通，通过市场调节达到生产要素最优配置的目的。中国农业在改革开放前后，都为工业化发展提供了大量的资金积累，做出了巨大的贡献，而农业本身是劳动生产率水平相对较低的产业，也需要工业的支持。

中国目前主要依靠工业化推动城镇化，而服务业的发展却相对滞后。从产业结构看，主要问题是三次产业发展不协调、农业基础薄弱、工业大而不强、服务业发展滞后，部分行业产能过剩。2009 年，中国服务业占国内生产总值的比重为 42.6%。按照世界银行数据，近年来，中等收入国家服务业比重为 53%，高收入国家服务业比重为 72.5%，低收入国家服务业比重为 46.1%，中国服务业发展明显滞后。与此同时，中国工业增加值占国内生产总值的比重，则已超出发达国家工业化时期的最高值。产业结构不合理，加大了资源环境压力和就业压力，也制约着国民经济整体素质的提高和经济的持续发展。而从定量分析中也可以看到，第二、第三产业对城镇化有着直接的影响（李克强，2010）。

政府也是城镇化发展中一个很关键的因素。由政府推动的城镇化过程，必然将政府置于各种矛盾的主要漩涡之中，这样既损害了地方政府的形象，也给中国的城镇化带来了先天的缺陷，不符合市场经济体制的根本要求。另外，在政府主导城镇化发展的情况下，城镇化进程受外部因素的影响较大，表现出偏离城镇化一般规律和波动较大的特点。中国城镇化进程受政治因素影响，表现出明显的“起步—停滞—快速发展”的阶段性特点，城镇化发展波动较大。

这种不平衡的模式带来的弊端是显而易见的。一方面，在户籍管理等相关性制度改革缓慢的情况下，导致了“半拉子”城镇化的局面，如目前中国的流动人口超过 2 亿人，但其中的绝大多数无法获得和城镇居民一样的工资待遇，也不能享受到只有城镇居民才能享受到的各种福利保障，社会歧视和分配不公现象严重。另一方面，不能带来最优的城镇化效应，城镇化协同效应不高，住宅、土地等资源浪费严重。政府主导的城镇化模式在经济上获得的效应，明显比市场主导的城镇化要低。由于一些地方不顾实际需要而片面追求城镇的大规模，导致了许多无人光顾的新区“鬼城”，大量占用的宝贵的土地资源被闲置浪费。国土资源部披露的数据表明，去年中国闲置的土地面积已经高达 17 万亩。

（五）城乡居民收入差距日益扩大

当前，城乡之间的收入差距正在扩大（图 2-9），基尼系数已超过专家们认定的警戒线 0.42。城市居住区的贫富隔离现象正在加剧，这给日后的和谐社会建立留下障碍。而通过本章的定量分析可以看到城镇化水平与城乡居民人均收入差的相关性很大，这是制约中国城镇化进程的一个很重要的因素，城镇居民较高的人均可支配收入、农村居民较低的人均纯收入是引导中国人口城乡之间流动的重要因素。城乡之间收入差距的扩大可以吸引农村劳动力向城市转移，进而加快城镇化进程。

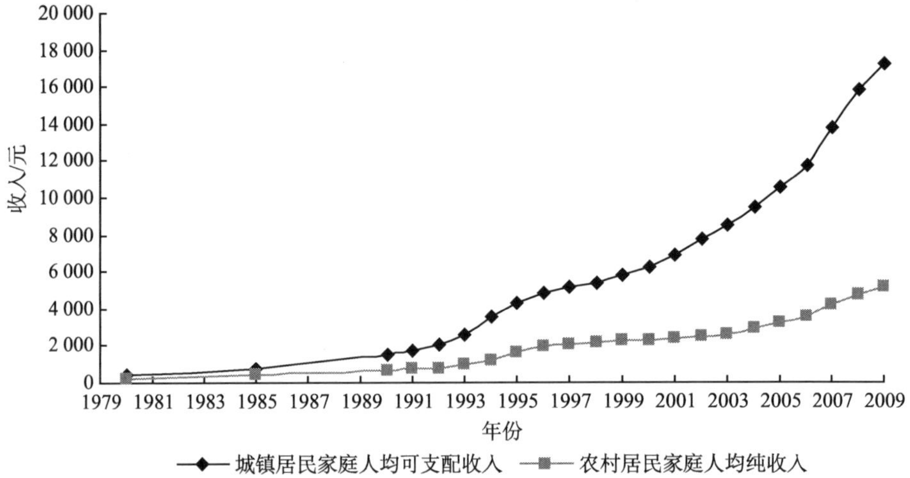

图 2-9　城乡居民人均收入对比

资料来源：根据 1980～2010 年《中国统计年鉴》整理而成

（六）城市之间的恶性竞争加剧

中国近年来城镇化进程大大加快，目前已经形成了珠江三角洲、长江三角洲和京津冀三大都市圈。但是中国区域协调的进展跟不上形势需要，由于区域协调组织发展滞后而导致的问题正在逐步显现，其直接后果是导致了城市之间的恶性竞争。在国外，区域协调组织已经成为确保城市群落（城市圈）健康发展的重要力量，但是在中国，与蓬勃发展的城镇化进程相比，区域协调组织发展却明显滞后。在中国今后的城镇化发展进程中，一定要重视建立城市群落（城市圈）共同市场，促进区域经济一体化，应对经济全球化、区域一体化的发展趋势。

二、中国特色城镇化道路面临的挑战

（一）大中小城市与小城镇协同发展的多元化战略挑战

纵观世界城市化的发展历程，我们可以发现一个规律：城市化总是随着经济的发展而发展起来的，经济规模和城市人口规模之间存在正相关的关系。中国已加入了 WTO，实行了对外开放政策，正进一步在西部地区推进西部大开发的进程，户籍制度也正在逐步改革。与此同时，中东部地区的大城市仍将继续发展，这是毋庸置疑的，而西部地区的大城市尤其是省级以上的中心城市也将最先受益从而得到优先发展。这些城市的投资环境较好，基础设施较完善，信息流动较快，技术人员和熟练劳动力较多，是地区经济发展的“增长极”。在新的形势下，中国自20世纪80年代以来一直沿用的形成于计划经济时期的“控制大城市规模”的城市发展方针也应当作相应的调整，以适应新的国际、国内政治经济形势的需要。此外中国地域辽阔，东部沿海地区、中部地区和西部地区在自然条件、社会经济发展水平和人口分布等方面都存在很大的地域差异，城镇化水平和城市发展状况也有极大的不同。在这种情况下用单一的城市发展方针来对条件和特点极不相同的地区进行统一指导、规划，显然也是不合理的。因此，中国应当根据各地区的具体情况来制定区域性的城市发展方针，以实现多元的城镇化和城市发展模式。我们必须克服在过去城镇化和城市发展过程中所存在的问题，避免急功近利的倾向，在未来中国城镇化和城市发展过程中，无论是东部沿海地区，中部地区还是西部地区，也无论是大城市、中等城市还是小城市，都应当注重城市的集约化内涵式发展和城市功能的增强，限制城市用地规模的盲目扩大，采取措施改善因城市用地规模的扩大而失去土地的农业劳动力在非农产业的就业情况，同时妥善解决在城市就业的农村流动人口的社会保障和子女入学等一系列问题（何宇鹏和张同升，2007）。

按照中国现行的城市等级划分法，城市按市区非农业人口的数量分为五等：超大城市、特大城市、大城市、中等城市和小城市。在中国城镇化进程中大力发展和完善以大城市为龙头的城镇化体系的设想，在于大城市有着许多小城镇无法比拟的优势和潜力。纵观各国的人口流动现象，人们多首选大城市而居，并不是因为他们偏爱“城市病”，而是大城市经济效益高，就业容量较大，具有从政、做工、经商、教育、科技、信息、交通、城市基础设施建设和社会交流等多种就业和选择的机会。21世纪的中国要面临经济全球化的挑战，积极发展大城市才能造就出像纽约、伦敦、东京式的国际化大都市；参与国际分工与竞争才能造就出更多像长江三角洲、珠江三角洲和环渤海地区的现代化城市群；提高中国经济的整体实力和效益才能创造更多的就业机会，取得增强城市规模效益和就业安置能力的“双赢”成效。努力提高城市间、城乡间的横向联合效率，在区域上形成以大城市为中心的“城镇化地带”，系统地发挥出城镇化区域的集聚效应，吸引更多的农村人口带动农村经济的改造和升级。当然城市规模过度膨胀也会带来额外的代价，如交通拥挤和生态恶化等。城市的发展规模应力求在效应与代价二者相抵后取得净收益的最大值，据统计，一个城市的人口达到25万才能显示出规模效应，低于这个数就存在城市资源浪费现象。然而在一个城市体系中各城市所承担的社会职能和经济职能是不相同的，而这些职能又与各城市的规模大小具有密切的关系。因此大中小城市的职能是不能互相代替的，大城市往往是较大地域范围内的政治、经济、文化、教育、科学、技术、交通运输和信息中心，是具有多种较高层次的社会和经济职能的综合性城市。尤其是人口规模200万以上的大型中心城市，它们较一般城市的聚集程度更高，辐射作用更强，在经济发展中处于领先地位，而中小城市的职能则相对比较简单而且层次较低，影响范围较小。因此，城市规模结构的合理完善和优化问题、对中小城市资源利用、环境质量集聚效应和就业容量的“四低问题”必须引起足够的重视。在自然环境重于人工环境的21世纪，为节约和有效地利用宝贵的资源，把小城镇的发展融入大城市、城市群及整个地区经济发展的大循环中，使之成为一个有机的整体，并根据各地的产业基础、经济结构、资源禀赋和地理环境等合理规划，不断完善现有小城镇的功能和发展新的小城镇，这是中国城镇化发展中的重要挑战之一。

在未来一段时间内，城市的聚集效益仍具有十分重要的作用，因此应当高度重视和充分利用大城市的聚集效益和规模效益，通过大城市的发展来带动中小城市（镇）和农村地区的发展，在经济较落后的中西部地区更应该如此。大城市的发展与中小城市的发展并不矛盾，片面强调发展大城市而忽视中小城市的发展是不正确的，但只强调发展中小城市而不重视大城市的地位和作用同样有失偏颇，无论是从国际经验还是从自身的实践来看，在21世纪，中国需要发展的是大中小城市结构合理、职能等级协调、城市整体功能可以得到最大程度发挥的城镇体系。只有坚持大中小城镇与小城镇协调发展战略，走中国特色的城镇化道路，中国城镇化滞后的问题才能够从根本上得到解决，才能逐步建立起符合中国国情的布局合理、功能齐全、各具特色、大中小城市相互协调的城镇体系，才能实现真正意义上的城镇化、实现城市和社会经济的可持续发展。

（二）城镇经济发展与人口、资源、环境相互协调的挑战

走可持续发展城镇化道路是由中国基本国情决定的。人口众多、资源相对不足、环境承载能力较弱，是中国最大的国情。如何建设可持续发展的城镇化是我们现在面临的挑战之一，可持续发展是一种新的发展思想和发展战略，它的目标是保持社会经济具有长时期持续性发展的能力，谋求经济发展与人口、资源、环境的协调，以实现经济和社会的长期可持续发展。总的来说，可持续发展的原则有以下几条。第一，可再生资源的利用率小于或等于其自然再生率。例如，对淡水、森林、草原、渔业资源的开采占用的数量不能大于它们的自然再生率。第二，不可再生资源的使用率在基本资源和技术进步的替代性基础上，实现最优。例如，石油、矿产、土地等这些不可再生的资源，我们的占用量或开采量应保持在最小的数额内。第三，废弃物的产生小于或等于环境的自然降

解率，也就是说要杜绝制造环境不能容纳的垃圾。第四，需要一个多元的、协商的社会体制，有利于社会阶层间的信息交流，以期找到更少物资消费和污染产生的循环经济型的城镇化道路。城镇可持续发展是指城镇的建设和发展一切从城乡协调发展和充分发挥城镇作用出发，以城镇人口发展和素质提高为核心，谋求城镇经济发展与资源合理利用、环境保护的良性循环，通过增强城镇经济实力，提高城镇建设质量和居民的生活质量，合理转移农村劳动力，缩小城乡差异并为农业可持续发展提供条件和可能。由于中国经济发展地区差异大，全国城镇所处发展阶段也呈现出多元化的特征，城镇发展也明确表现出地区差异大和经济发展水平多层次的特征，因此实施城镇可持续发展面临着很大的挑战（陈志刚等，2008）。

中国是世界上人口最多的国家，人口问题一直是中国的首要问题。新中国成立以后，尤其是改革开放以来党和国家十分重视控制人口增长的计划生育工作，并把计划生育和环境保护列为基本国策，在实施过程中也取得了显著成效。但由于中国人口基数大，近年来人口每年仍以1300万~1400万速度递增，其中农村人口增长更快。从农村人地矛盾日益加大、农村环境恶化加剧的现实来看，中国农村人口增长控制和计划生育工作任务更重，难度更大，而作为农村中心的小城镇首当其冲的要在计划生育、控制人口增长方面做出更多的表率，并在自身发展的基础上为转移农村剩余劳动力做更多切实可行的工作，以减轻农村资源环境的承载压力，避免农村人口的过快增长可能给资源和环境带来的更大破坏。所以在一定程度上，实现小城镇人口可持续发展比城市人口可持续发展显得更为紧迫，不仅是控制人口数量，提高人口素质也是如此。实施小城镇人口可持续发展，必须在提高人口素质中抓住发展教育这个突破口和切入点，要把实施农村九年制义务教育落实好，要办好各种职能的培训教育，同时要大力普及科技卫生文化知识。小城镇要加强建设，完善功能，增强吸纳农村剩余劳动力的能力和机制，为实现农业规模经营和农业产业化、现代化创造条件的同时还要制订和实施控制人口增长、提高人口素质、调节人口结构的人口发展规划，确保小城镇人口自然增长与机械增长同步，协调人口素质与优化人口结构相适应，提高人口素质与接纳、吸引剩余劳动力相吻合。事实上对小城镇从事非农产业的农民来说，没有一定的文化素质基础和某些技术或技能，实现这种吻合是很难的。只有充分提高人口素质才能使小城镇实现从粗放型到集约型经营方式的转变。另外，由于小城镇兼有城市功能，城镇居民中早就从事第二、第三产业的新城镇居民多数没有离开土地，但他们的收入水平比从事农业生产的农民要高，家庭养老功能弱化程度比农村要低。又由于小城镇是农村的中心，不仅地处在农村，还要带领农村。农村的老龄化问题必然要反映到小城镇建设与发展上来，农村老龄化问题的风险和难度大，也可以说是小城镇人口可持续发展中的挑战之一。

土地是城镇发展的载体，土地可持续利用是城镇可持续发展的重要内容，城镇土地利用上既要重视代内公平，更要关注代际公平，显然城镇土地可持续利用的目标是合理保护耕地，实现耕地动态平衡，而实现耕地动态平衡目标要求建设用地应该多用山坡地、劣质地，但绝对不可能不占用耕地，这里就有一个合理供地问题。可以说它是城镇土地可持续利用目标的重要内容，是每年重点城镇建设和发展中都必须面临的难题，也是农用土地配置调整优化和效率提高的实际体现。保护耕地既要保障食物生产的长期安全，又要根据城镇建设和发展需要以及市场需求为用地结构调整提供必要的土地，这是可持续发展的城镇化道路中所面临的重要挑战之一（侯伟丽，2004）。

以生态经济学原理，按照生态城镇要求，建设和发展城镇首先必须充分发挥处于主宰城镇生态系统的人的关键作用；其次要实施城镇生态环境工程，搞好城镇环境规划，提高城镇环境质量以促进城镇生态系统的良性循环；最后要理顺城镇技术经济系统，优化城镇产业布局和道路布局。这也是走可持续发展的城镇化道路中的重要挑战之一。

（三）坚持以人为本的城镇化发展理念的挑战

以人为本是城镇可持续发展的核心，按照可持续发展观念和人的价值观，以人为本就是以人的生命整体为出发点和归宿，树立尊重生命价值，爱护、关心生命的观念，将人改变周围世界的能动行为自觉纳入符合生命规律的要求中来；以人为本就是真正确保人人成为城镇可持续发展的受益者，一切为了培养人、激励人、关心人、服务人，一切为了使城镇居民得到更多的实惠，城镇可持续发展目标的制定、发展阶段和重点的确立、法律法规的出台、具体的实施都要以城镇居民的利益为出发点和归宿。以人为本要求人人必须成为城镇可持续发展的具体实施者，通过深入细致和经常的宣传、教育，不断提高对城镇可持续发展的思想认识，尤其需要强调的是以人为本要通过人自身的努力实现人与自然的和谐共处，以不断满足自身的最大需求。

在中国“十二五”规划纲要草案中关于如何推进城镇化进程做出了深刻的讨论和研究，但是始终不离主线——以人为本。明确以人为本的城镇化建设，关键在于软文化的提升和同步。要转变思路，转变方式，转变观念。要转变，就必须加快产业调整，增强城镇吸纳就业能力，城镇化不能“表面化”。城镇空间的扩张、人口的单向集中，只是城镇化的表面特征，生产方式的变更，人文的软提升才是城镇化的内在动力。

如何才能提升老百姓的生活质量，提升整体城市人群的幸福感和安全感才是关键所在。城镇要发展，完善公共服务、完善公共资源配置、构筑新型城镇体系、加强权益保护的政策措施不能少。另外，要加强城镇的软实力的增长，让一些服务和配套设施更好地服务于城镇的居民，这样才能更好地保障城镇的稳定和成长，避免大城市的过大发展和畸形发展。

以人为本的城镇化要以提高素质为基础。进城农民大多没有受过良好的初等教育和技能教育，在道德、文明、身心健康等方面的基本知识也相对欠缺。要让这些进入城镇的农民从思想观念、劳动技能、生活习惯层面达到城镇要求，必须把提高他们的基本素质作为一项基础性的工作。一方面，要针对城镇劳动力市场的需求，加强对进城农民的职业技能培训，着力提高他们的技能素质；另一方面，要根据城市现代文明的要求，培养进城农民的就业意识、保险意识、合同意识和健康生活观念，着力增强他们的城市文明意识，这也将成为中国城镇化面临的挑战之一（刘玉，2007）。

中国的城镇化还处在加速发展时期。按照城镇化的一般规律，城镇化率达到30%后开始加速，达到70%后趋于平稳，城镇化在30% ~70%为加速发展期。中国2009年城镇化率为46.59%，处在城镇化加速发展期的前半期，距离70%还有一定的差距。因此，城镇化的快速发展还将持续很长一段时间，城镇化将为中国经济的长期发展提供巨大的结构调整支持。未来中国城镇基础设施投资建设还应释放出更大的经济潜力，同时城镇化的发展也将面临更大的挑战。

第三章　典型国家城市化发展模式对中国城镇化的启示

第一节　城镇化和城市化

一、“城市化”到“城镇化”的转变

城市化或城镇化（urbanization）是指第二、第三次产业在城市集聚，农村人口不断向非农产业和城市转移，使城市数量增加、规模扩大，城市生产方式和生活方式向农村扩散、城市物质文明和精神文明向农村普及的经济、社会发展过程。“urbanization”一词一般译为“城市化”，主要用于说明国外的乡村向城市转变的过程。“urban”包含城市（city）和镇（town），由于世界上许多国家镇的人口规模比较小，有的甚至没有镇的建制，“urbanization”往往仅指人口向“city”转移和集中的过程，故称“城市化”；中国设有镇的建制，而且不少镇的人口规模与国外的小城市相当，人口不仅向“city”集聚，而且向“town”转移，这也可以看做“中国特色的城镇化”的一个特点。中国大多数学者认为中国的城市化与外国的城市化或者一般而言的城市化不同，必须注重发展小城镇。在中国，“城市化”在一段时间内解决不了大量农民的非农化问题，在承载力和吸纳力上显示出极大的缺口。“城镇化”相比而言就有更大的空间，吸纳成本也相对较低（简兴华和黄昆，2010）。为了显示这种与国外“城市化”的差别，辜胜阻（1999）把中国的“urbanization”译为“城镇化”。中国的城市化被称为城镇化，而且被官方采纳，国家的相关文献中都采用“城镇化”一词。为了反映这种复杂的情况，本文分情况既用了城市化，又用了城镇化，讲中国城市化时用“城镇化”，指国外则用“城市化”。同时必须指出的是，从上述城市化内涵和中外情况的说明中可见，城市化与城镇化实际上没有本质区别，二者基本上是一致的。

二、城镇化

城镇化可以概括为：社会生产力发展到一定程度后而引起农村的生产方式、

生活方式及居住方式向城镇转变的过程。具体表现为一个国家或者地区农业人口转化为非农业人口，农村区域不断减少，城镇区域不断增加，同时，城镇功能不断完善，居民生活质量不断提高，观念不断更新，并渗透到农村地区，引领农村居民的生活方式向城镇居民靠近，农业生产方式逐渐由小生产向社会化大生产转变。

第二节 美国城市化发展模式和主要经验

以美国为代表的城市化发展模式属于自由放任式城市化道路，即实现城市化靠充分运用市场机制“看不见的手”，引导人们由农村向城市转移。当“城市病”日趋严重之后，人口又开始自愿地向社区和小城市分散。这种模式与美国的市场经济模式即消费者导向型模式紧密相关。

美国是一个在不断移民基础上建立起来的城市化国家，其城市化进程脉络清晰完整，带有一定“原型”特征，同时又具有明显的阶段性特点，大致可分为三个阶段。第一阶段：从建国到20世纪20年代。美国19世纪初才开始工业化进程，19世纪中期起工业化进程加速，其工业发达地区也成为城市化发展最快的地区。1920年，美国近半数人口在城市居住，已进入城市时代。第二阶段：20世纪20～70年代。其中50～70年代是美国城市化进程最为迅猛的阶段，该时期城市化有两大特点：一是郊区化现象出现，郊区化在很大程度上是罗斯福新政大规模推动公共工程建设的结果，高速公路的建设带动人口从中心城市向郊区迁移，促使城市向郊区蔓延，由此出现了城市向大都市区的转化；二是城市化发展的重点逐渐转向早先经济较为落后的西部和南部，大批新的城市中心在新兴高科技行业以及国防工业的支撑下崛起。第三阶段：20世纪70年代至今。美国郊区化进程更加迅速，部分地区甚至出现逆城市化现象，即城市人口向农村迁移。伴随郊区化进程，大都市区的数量不断增加。1990年，美国人口在百万以上的大都市区数量达40个，其人口占总人口的51.5%，美国成为一个以大型都市区为主的国家（汪光焘，2002）。

美国的郊区化不是一种孤立的现象，伴随人口郊区化，先后出现了制造业、零售业、个人服务业和办公的郊区化。大量的就业岗位迁到郊区，形成现代化的中心区。中心城市由于受到了周边郊区的有力挑战，人口不断减少，而产业的转移又造成中心城市自身功能的衰落。20世纪70年代，由郊区化导致的中心城市财政危机、失业、种族骚乱和贫困等问题持续恶化，衰落的中心城市成为美国社会问题的中心，造成很大的社会压力。从80年代起，一些老工业城市针对旧城衰落采取许多振兴对策，部分城市如纽约通过现代服务业的发展或旧城的再开发，吸引中产阶级从郊区回迁中心城区，使中心城区经济重新焕发生机，这种现象被称为“再城市化”或“中产阶级化”。不过，人们对“中产阶级化”也有争议，反对者认为旧城改造往往以少数民族或低收入阶层居住区为对象，这些弱势群体成为中心城区“中产阶级化”的牺牲品。

一、美国蔓延型城市化的典型特征

与欧洲国家所经历的漫长城市化进程相比，美国的城市化进程显得迅速而激进。从1890年起，仅用了30年时间，美国城市化水平就从30%提高到了51.2%。美国城市化的特征包括：美国的城市化动力主要是内生型的；高质量城市化进程与农业现代化密切相关。城市化进程中实施的农业现代化政策使其城市化过程不断获得农村剩余人口的支持，促进了工业化进程，为城市化进程的良性发展提供了保障，城市化过程经历了由集中到分散的过程。

都市蔓延和无序扩张是美国20世纪最重要的城市地理空间变化方式。美国的蔓延型城市化是在经济高速增长和家庭所有权、政府补贴、高速公路建设、郊区基础设施的投资高速增长等因素的驱动下形成的。二战后，随着家庭汽车的普及和居民可支配收入的增长，郊外的田园生活模式逐渐由富有阶层向中产阶层延伸并随之普及。1956年至1970年早期，美国4.3万英里①的州际高速公路、快速公路以及大量的环路成为都市蔓延的关键。此外，郊区大量边缘城市的出现顺应并助长了蔓延的发展。1970年以来，在美国最大的30个中心城市中，仅11个城市人口有所增长，巴尔的摩和波士顿等中心城市在都市地区人口增长的情况下城市人口还有所减少。Douglas Porter 指出，1977～1997年美国39个人口最稠密的大都市地区中，中心城市人口增长不到100万，而郊区增长3000万。现在4/5的美国人生活在273个大都市地区内（每个大都市地区拥有一个至少5万人的中心城市）。与之相对应，乡村地区尤其是大都市边缘地带人口的绝对数量和相对数量都呈现出快速增长的趋势。

都市蔓延形成了分散扩张的城市空间形态，原来城市与乡村各处一方的平衡格局被打破，城市建设用地快速向郊外纵深农业地区渗透，造成了城乡在经济、社会等方面的冲突。郊区的发展占用了大量的土地，包括森林、湿地、野外游乐场所与农田。由于基础设施的大量投资和重复建设，1950～2000年，美国城市用地从5.9万平方公里增加到23.9万平方公里，增加面积相当于1950年城市用地的3倍，快于全国人口和城市人口的增长（表3-1）。美国总人口和城市人口分别只比1950年增加了86%和116%，而城市用地占全国土地面积的比重却由1950年的0.65%上升到2000年的2.6%，增长的大部分是郊区用地。50

① 1英里=1.609344千米。

年间，农业用地共减少了104.6万平方公里。城市的过分蔓延加大了城市基础设施的配套成本，使聚集经济效益下降，并促使中心城市衰退。20世纪90年代中后期以来，城市蔓延及其引发的社会经济影响逐步得到关注，并开始反思其城市化模式，提出了一系列对策，主要包括交通导向型开发模式、城市增长边界、棕地再开发等，但目前的收效还不明显（王军，2009）。

表3-1 1950～2000年美国城市用地、农业和其他用地的变化

年份	城市用地/万平方公里	农业用地/万平方公里	其他农村用地/万平方公里	人口/万人	城市人口/万人	城市化率/%
1950	5.9	486.2	423.3	15 132	10 124	66.9
1960	10.4	475.6	429.5	17 932	13 030	72.7
1970	14.0	445.8	455.7	20 330	15 465	76.1
1980	19.1	420.2	476.1	22 654	16 990	75.0
1990	22.6	399.2	493.7	24 872	19 169	77.1
2000	23.9	381.6	510.0	28 142	21 868	77.7
1950～2000增加数	18.0	-104.6	86.7	13 010	11 744	10.8

资料来源：Estimated from US Census Bureau and US Department of Agriculture data；The Statistical Abstract of United States，2002；援引自王军，2009

二、美国城市化发展模式与中国城镇化的比较及其启示

（一）人口总量差异

由于人口基数大，中国的城镇化水平每提高一步，由农村进入城镇的居民数量都是巨大的，将给就业岗位、设施供给等方面的配套设施带来巨大的压力。中国城镇化水平每年提高1个百分点，全国每年增加城镇居民数达1300多万，而美国在1980～1990年，城市化水平提高了1.3个百分点，城市只新增200万人口。在庞大的人口基数下，中国城镇化需解决的问题要复杂得多。正如在第一章表1-1分析的一样，中国人口分别是美国、英国和日本的4.438倍、22.321倍、10.877倍，这意味着当中国城镇化率提高1%时，所转移的人口数量可以使美国城市化率提高4.438%，日本城市化率提高10.877%，英国城市化率甚至提高22.321%。人口基数大的国情使中国在城镇化的进程中农村人口转移的压力非常巨大，通过数据可以看出，中国与美英日等国家相比，城镇化进程中有更大的人口转移压力。中国每提高1%的城镇化率，转移人口1370.5万，即需要安排城镇就业岗位1370.5万个。

（二）资源条件差异

美国是一个土地大国，人少地多，资源丰富。中国是一个资源短缺的国家，

尤其是水资源、耕地资源人均占有量小，生态环境脆弱区多，对中国城镇化进程具有明显约束作用。水资源短缺，且水资源分布严重不平衡，全国多年平均水资源总量为28 124亿立方米，人均2340立方米，仅为世界平均值的1/4；土地资源紧张，人均土地和人均农业用地仅分别为美国的22.3%和7.3%，同时还存在着土地资源分布不平衡，尤其是与水资源在空间分布上不匹配的问题。美国在1950~2000年的50年时间内因为城市蔓延等因素就造成农业用地共计减少了104.6万平方公里，而仅这部分减少的农业用地就相当于中国目前耕地总量的80.4%（白国强，2004）。如表3-2所示，美国的人均土地达到48.8亩/人，是中国的4.48倍；人均农业用地是20.3亩/人，而中国仅仅为1.48亩，美国约是中国的13.72倍；美国人均城镇用地也约是中国的10.38倍。如果按照美国的发展方式，中国达到美国的人均城镇面积，那么中国城镇面积将扩大10倍，这对于中国有限的面积来说是难以承受的。

表3-2 中国与美国人口与土地资源比较（2008年）

国家	人口密度/（人/平方公里）	人均土地/（亩/人）	人均农业用地/（亩/人）	农业用地比重/%	人均城镇用地/（平方米/人）	城镇化率/%
美国	33.2	48.8	20.3	41.7	1095.2	77.7
中国	142	10.9	1.48	13.5	105.5	44.9
倍率（美国/中国）	0.23	4.48	13.72	—	10.38	—

资料来源：世界银行WDI数据库，《国际统计年鉴》，2010中国统计网，http：//www.stats.gov.cn/tjsj/2008/inde xch.htm［2011-10-15］

（三）社会制度和价值理念因素

政府干预程度的差异对城镇化发展有较大的影响。中国城镇化过程是政府调控与市场相结合，对人口和城镇的空间布局采取一系列强有力的政策措施，对城镇化发展起着较大的作用。美国作为一个地方自治的纯市场化国家，城市的发展更多地靠市场的力量来配置。还有价值理念的差异，传统上所推崇的“美国梦”，以每个家庭都有独立花园住宅及小汽车为目标，这种生活方式和城市蔓延有着直接关系。

总的来说，美国的蔓延型城市化，既有其自身的历史和物质原因，也有着深刻的社会制度和价值文化方面的根源。随着中国城镇化的快速发展，在美国城市化过程中出现的郊区化现象在中国个别地区已经显现，中国应当吸取美国蔓延型城市化的教训，在城市发展中控制城市低密度无序扩张。在刚性约束条件下，人口、资源、环境条件决定了中国只能走以城市群为主体形态的集中型城镇化模式。

第三节 英国城市化发展模式和主要经验

英国是西欧国家城市化的典型代表，其城市化发展是典型的工业主导下的同步、集中型城市化模式。英国城市化经历了一个漫长的发展期，城市化率从1801年的32%到1999年的83%就用了接近200年的时间。

从18世纪中后期到19世纪中期的近100年的时间里，英国城市人口比例从20%提升到51%，从而使英国成为世界上第一个高度城市化的国家，实现了城市化与农村现代化的同步发展。1760年英国工业革命开始后，以蒸汽机为动力的农业机械化设备的出现进一步推进了农业技术革命，促进了英国农业生产力的发展。18世纪中期的英国农村出现了大批剩余劳动力并向城市转移，英国的城市化进程由此加快。“圈地运动”则引发了农业生产组织方式的改变，大农场的建立、农业生产的规模化进一步提高了农畜产品的生产效率，并释放出大量的农村剩余劳动力，满足了毛纺织工业对原料和劳动力的双向需求。而城市工业化的推进带动了农业生产工具和农民生活质量的改善，促进了农村现代化。

英国是第一个实现城市化的国家，也是第一个面临城市人口急剧膨胀、住房短缺、贫民窟密布、公共卫生设施匮乏、环境污染、犯罪率居高不下等“城市病”的国家。从19世纪30年代开始，英国政府开始关注这些问题，并设置了济贫法委员会、工厂视察员办公室、卫生总局、地方政府委员会等机构，专职负责解决上述问题。1868年、1875年先后两次颁布了《工人住宅法》，解决贫民窟问题，拆毁贫民窟后，由政府兴建了商店、公园、仓库、车站和剧院等设施。此外，通过制定并颁布《十小时工作日法案》、《雇主责任法》等，改善了工人阶级状况。到20世纪初英国基本解决了“城市病”问题。

一、英国城市化的典型特征

（一）城市化发展速度快，城市化率高

英国用了近100年时间就实现了城市化，成为世界上第一个实现城市化的国家。城市化是伴随着工业化推进的，工业革命起源于英国，在19世纪，英国领先其他国家进入工业革命，大量的农村人口聚集到城市从事工业生产，工业化促进了英国的人口聚集，推动了英国城市化发展。在1840年，中国还处于鸦片战争时期，清政府羸弱，资本主义、工业化等尚未在中国萌芽的时候，英国城市化率已经达到48.3%，如表3-3所示。到1901年，英国的城市化率达到78.0%，已完成了城市化发展，直到2009年，英国城市化率为90%（2.1.2节表2-13）。近110年，城市化率才增长12%，表明英国早已进入城市化稳定阶段。

表 3-3 英国城市化进程（1801～1901 年）

项目	1801 年	1841 年	1851 年	1861 年	1871 年	1881 年	1891 年	1901 年
城市化率/%	33.8	48.3	54.0	58.7	65.2	70.0	74.1	78.0

资料来源：戴为民，2007

（二）城市化与工业化、人口流动同步进行

英国工业革命从根本上动摇了传统的物质生产结构。这场工业革命在城市中发生，因而城市被称为工业革命的摇篮，反过来，在城市发生的工业革命又极大地促进了城市的发展。工业化强化了地域分工，促使工业在地域上集中，并促进了商品交换，出现了一大批以工业和商业经济职能为主的新城市。所以在英国，工业化过程也就是城市化过程，两者互为因果、并行发展。

工业革命开始后，由于资源布局的影响，英国经济中心由南向北转移，新的工业城市在北部和西部兴起，人口也发生了相应的流动。英国的人口流动主要有三种形式。一是地区间人口流动。这主要是因为工业的发展吸引了大量的劳动力，使人口不断地向工商业城市集中。二是农村劳动力向城市短距离和波浪式地流动。这种人口流动在工业化初期尤为突出，即使到了铁路时代，远距离迁移逐渐增多，特别是向大城市迁移，但短距离流动仍是主要形式。三是农村剩余劳动力向国外流动。英国农村剩余劳动力除了流向本国非农产业外，还有相当大一部分流向国外，特别是美国。这样，英国的农村剩余劳动力不仅为本国的城市化提供了前提，也加速了他国的城市化。

（三）城市网络系统形成较早，并确立了区域城市化和城市群的发展态势

英国国土面积小，河流和运河纵横，公路和铁路密如蛛网，便利的交通把全国大中小各类城市联合起来。某一地区城市发展的相对集中，形成城市密集性地区，由于各区域间具有不同的地理、历史、经济、文化和政治背景，因而呈现出有差异的区域性发展态势，即区域城市化。农村人口的大量转移，使城市由小变大，由少变多，促使新城市诞生，导致城市群出现（表 3-4）。

表 3-4 英国主要大城市人口的增长（1801～1851 年）（单位：千人）

城市	1801 年	1811 年	1821 年	1831 年	1841 年	1851 年
大伦敦	1117	1327	1600	1907	2239	2635
伯明翰	71	83	102	144	183	233
曼彻斯特	75	89	126	132	235	303
利物浦	82	104	138	202	285	376
格拉斯哥	77	101	147	202	275	343
布拉德福德	13	16	26	44	67	104
利兹	53	63	84	123	152	172
谢菲尔德	46	53	65	92	111	135

资料来源：姜斌和李雪铭，2007

（四）以牺牲农业为代价

与欧洲其他大国相比，英国农业过早衰退，农业占国民收入总的比例不高。随着城市化的发展，由于英国农业生产量的停滞不前，英国消费的粮食、肉类和农业原料越来越多地靠国外提供。1852～1859年，英国国内小麦消费量的26.5%靠进口供应；1868～1875年，进口供应的比重增至48%以上；1910年，粮食自给率只有35.6%，棉花全部靠进口；英国以前是大量出口羊毛的国家，而在1850～1854年，平均每年进口羊毛达4322.08万千克，到1870～1874年，更增至13 937.8万千克。

（五）城市化初始阶段所需要的资金，主要依靠对其他农业国的掠夺

例如，东印度公司在印度经常采用掠夺手段获得相当于商品价值20倍的暴利。1757～1815年，英国仅从印度掠夺的财富就达10亿英镑；18世纪80年代，利物浦每年从奴隶贸易中获得的纯利高达30万英镑。

二、英国城市化发展模式与中国城镇化的比较及其启示

从人口和土地等资源的国情上来看，中国与西欧国家有很大的相似性：人口密度高，土地资源紧张。但从表3-5可以看出，尽管英国、荷兰和法国三个国家的人口密度都很高，荷兰甚至是中国的2倍以上，但三个国家的人均农业用地面积都远超过中国。一方面是由于国土构成上存在差异，西欧国家的土地构成以平原为主，可利用率高，中国的土地构成复杂，不适宜利用的土地比重过高。另一方面，在土地资源的压力下，西欧国家在城市化后期都非常重视农业空间的保护，农业用地在总国土面积当中所占的比重都非常高。经过1976～1991年的发展，三个国家的农田占全国土地的比例几乎没有大的变化，说明城市扩展的同时农田总量基本没有缩减，这主要是由于大多数扩张发生在森林草场，较少占用开垦了的农田（戴为民，2007）。

表3-5 中国与部分西欧国家人口与土地资源比较

国家	人口密度/（人/平方公里）	1991年人均土地/亩	人均农业用地/（亩/人）	1976年耕地比重/%	1991年耕地比重/%	城市（镇）化率/%
英国	240.0	6.2	4.72	75.8	75.7	87.7（1981年）
荷兰	381.0	3.9	2.05	56.1	52.3	89.0（1993年）
法国	106.0	14.2	8.48	58.5	59.9	74.0（1993年）
中国	137.6	10.9	1.48	—	13.5（2007年）	44.9（2007年）

资料来源：姜斌和李雪铭，2007

与西欧国家的早期城市化相比，中国城镇化最大的不同在于所面临的全球

环境的差异。西欧的城市化是在工业革命和全球殖民主义的条件下发展的，其城市化道路建立在对全球资源环境的掠夺基础之上，其早期的发展也是“高投入、高消耗、高污染”的粗放发展模式，忽视资源环境成本而追求经济增长的最大化。但当这种城市化发展带来了较为严重的环境、资源问题后，他们又凭借工业化带来的资本积累进行治理，或借助其跨国投资优势将“污染工业”转移至发展中国家。

当前，全球城市化所处的背景已经发生重大变化，中国不可能再沿袭西欧国家早期的城市化道路，先污染再治理的模式在中国这样一个人口大国是不现实的，也是难以持续的。但西欧国家采取的集中型城市化道路，以及在城市化过程中对本国土地资源的保护等措施是值得我们借鉴和学习的。作为一个发展中国家，要应对资源环境的刚性约束，中国必须转变经济发展模式，走出一条既能推进经济发展，又能实现保护资源环境、符合可持续发展战略要求的城镇化道路。

第四节 德国城市化发展模式和主要经验

德国是高度发达的工业国家，经济实力居欧洲首位，1997 年 GNP 为 23 195 亿美元，仅次于美国和日本，为世界第三大经济强国。德国位于欧洲中部，面积为 357 020. 22 平方公里，有 8226. 4 万人口（2009 年年底），其中城市人口比重为 87%，城市化水平高，大城市数量少，中小城市高度繁荣。德国是一个后起的资本主义国家，国民经济虽然因为第一、第二次世界大战战败跌入低谷，但在战后能够迅速崛起，创造世界经济奇迹，其中原因值得我们深思（张文祥，1998）。

一、德国城市化的典型特征

（一）德国模式属于紧凑型城市化模式

紧凑型城市化是区别于高度集中的特大城市化以及过分分散的中小城市化的一种模式，该模式试图建立城市结构相对集中、土地资源集约利用、城市分布有序的中小城市化。欧洲部分国家土地资源数量在日本与美国之间，城市以中小城市为主，走的就是紧凑型城市化模式，尤以德国最为著名。2001 年，德国的非农业就业人口高达 96%，城市化水平高达 95% 以上。德国的小城市战略促进了城市化的快速发展。德国紧凑的中小城市模式在避免城市过度扩张、大城市病泛滥及土地的低效利用等方面取得了重要成果，对于我们具有一定的借鉴意义。但这种城市化模式在推进过程中也产生了一些问题。德国以注重公平、均衡、民主著称，这些观念深刻影响到其法律制定和行政执行，但是容易遇到过度强调民主和公平而导致效率低下、成本上升的问题。同时，德国强调公平与共同富裕，数量众多的中小城市平等享受产业政策优惠和投资，造成全国投资分散，投资效益不高，产业布局不集中，难以形成大规模的产业集群，竞争力得不到提升等问题。但城市化的速度快、水平高，整体注重协调发展，发达的区域交通，良好的供电、供水等基础设施为城市均衡发展创造了条件。

（二）德国城市化发展的进程及特点

德国城市化的进程分为以下阶段。①1815～1840年是城市化兴起的准备阶段；②1840～1871年是德国城市化迅速发展的阶段；③1871年帝国建立至第一次世界大战之前是德国城市化的第三阶段；④1914～1949年是德国城市化发展的起伏阶段；⑤1949～1990年德国实现统一的时间里，德国城市化迅速发展阶段，这期间德国国民经济进入“高速发展”时期，城市化水平也得以飞速发展（表3-6）。因此这一阶段是德国城市化的飞速发展时期。经济上已经有了很大的发展，同时特别注重城镇的整体规划，其中很重要的表现是使城市中心区的职能更加适应新形势的需要。德国城市的中心功能的变化，促使城市总面积扩大，原来住在中心区的居民纷纷迁居到其他区域，包括城市郊区和新兴的卫星城。例如在杜塞多夫市和不莱梅市，都有许多人迁居到卫星城。卫星城的增加与完善，可以看做新一轮的城市化热潮。⑥1990年10月东德和西德实现了统一，德国的负担也从此加重，并且多方面的发展也处于摸索之中，德国的经济并没有明显的变化，1998年的城市化水平与1988年的城市化水平86%相比仅增加了一个百分点；2002年德国的城市化水平达到了87.9%。

表3-6 德国1950～1988年城市人口占全部人口的比重变化

国家	1950	1960	1970	1980	1981	1982	1983	1984	1985	1988
德国	70.9	76.4	82.2	84.7	85	85	86	86	86	86

资料来源：《世界人口手册》1984年版；1982、1983、1984、1985、1986、1987、1988、1998、1999、2000年《世界发展报告》

二、德国城市化发展模式与中国城镇化的比较及其启示

通过对德国城市化的分析，我们可以得出：德国城市化发展的经验对于中国城镇化的发展，有很好的启示作用。主要有以下三点。

（一）注重大中小城市协调发展

德国城市发展遵循一条规则：既要考虑市场竞争的原则，也要顾及社会公

共利益的需要。德国由联邦、联邦州、地方政府（市县、社区）三级政府构架。宪法规定由联邦、州和地方乡镇三级共同承担城市建设发展的任务，注重城市的统一规划和协调发展。德国的城市发展，是以中心城市为依托，建构大中小城市协调发展的合理体系，从而避免了“城市病”的出现，使城市与自然和谐共处。同时也充分发挥了中心城市的经济文化辐射与集聚效应，形成雁阵式的发展。城市化过程中，各类城市相对协调发展，布局较为合理。大城市人口增长很快，小城市也不落后。

因此在中国城镇化进程中，应该根据实际情况，尤其注意城市与城市之间协调发展。城镇化是一个经济布局、就业岗位和人口居住空间三位一体的问题，要根据不同区域的资源和环境承载能力及现有发展水平，具体地确定城镇化推进的具体区域、发展方针和城市规模的大小。在中国人口稠密、经济发达的地区，可以学习德国的经验，注重发展中小城市，加强城市之间的交通网络建设，使数量众多、相距不远的小城市构成联系紧密、相互促进的城市群落，建构城乡一体的城镇体系。在城镇化水平较低、人口相对分散、城镇密度偏低、经济相对落后的地区要重点发展大中城市，积聚人气，形成中心城市，强化大城市的辐射带动作用，实施相对大城市化的战略（张文祥，1998）。

（二）对城市化发展实质的深度认识

城市化的实质在于现代化，即在于社会生产方式、生活方式、价值观念的现代化，而不仅仅是人口在地域空间单纯的移动问题，也不仅仅是居住区向城市的汇集，更重要的是乡村传统封闭的文化向城市现代开放的文化的转变和人们的生产方式、生活方式向城市的存在方式和运行方式的发展。

德国城市化过程既有大量农业人口向城市集聚的过程，也有很多就地转化的城市化过程。由于拥有十分发达的公路交通网络和便捷的城乡公交系统，许多人居住、生活在小城市，而工作在其他地方，因而形成“分散化的集中型”的城市布局，大大减少了人口大量转移和高度集聚对中心城市形成的压力。生产方式的转变带来生活方式的转变，目前，居住在小城市中的居民与大城市的生活无异，同样，生活在小镇上的农民与城市居民并无二致。一位教授在课堂上说：当时他出生的小镇，以前大部分是农民，而现在 1000 户居民中，只有 4 户是农民。在施瓦本哈尔县的一个农业合作社中，其农家的生活已与城市居民一样，生产方式也转变为大生产的农业化。

因此我们应该充分认识到城市化发展的实质内容，不仅仅是人口从农村向城市的移动，最根本的是城市建设要重内质，不要一味追求规模。德国的城市化建设，其规划和产业政策的重点均以中小城市为主，适应市场经济规律，实现了城乡协调发展，占其城市总量 90% 以上的中小城市，虽然规模不大，但功能突出、基础设施齐全，且很现代化。我们不能片面地把城市化理解为建高楼大厦和标志性建筑物，城市化的真实内涵应当是人民生活质量、生存环境的实质性提高和城乡经济的协调发展。

（三）加强市民对城市规划建设的参与

德国在城市发展过程中，注重城市建设中的公众参与。公民参与城市规划的根本目的一方面是为了确保公民的合法权利，另一方面则是最大限度地增强城市规划方案的科学性、合理性、可操作性。公民参与城市建设，通过规划城市的再开发，消除原有城市的缺陷，对城市的良性发展起到了不可替代的重要推动作用，不仅促进了城市物质文明的建设，而且在科学完善的方法指导下，德国的城市规划与城市建设兼顾到了社会效率与公平，为城市的长久发展奠定了基础。因此，我们也应注重公民参与城镇建设与规划。对于战略上的城镇整体规划，应该由决策者、专业部门、专业学者来共同制订；对于贴近市民的详细规划，要注重听取群众的意见，让群众充分地参与其中，让群众参与规划，参与监督，参与管理。

综上，德国城市化发展的经验值得我们借鉴，同时德国城市化中产生的问题，我们也需认真思考，避免产生同样的问题。总体上，中国目前处于城镇化加速发展阶段，但是城镇化水平地区间差距很大，发展不均衡。中国城镇化、城市现代化水平与发达国家的差距，以及省内发展水平的不平衡，决定了我们决不能照搬国外的经验。中国城镇化发展必须依据中国的国情，借鉴先进国家的经验，总结他国的教训，通过自身的努力，使中国城镇化发展更加顺畅，更加稳健，更加迅速。

第五节　日本城市化发展模式和主要经验

日本是一个城市高度发达的国家，其城市化水平在亚洲国家中处于领先地位，可以与西方发达国家相媲美。日本高度发达的城市化水平对当代中国的城镇化也有着重要的启示。当代中国正处于经济飞速发展时期，在城镇化发展中日本的很多经验教训值得总结和借鉴。

一、日本城市化的典型特征

（一）日本城市化进程

日本在第二次世界大战后的 30 年左右的时间内完成了欧美发达国家用了 100 多年时间才完成的城市化进程。20 世纪初日本城市化率为 12%，1955 年城市化率上升到 56%，1975 为 76%，1997 年为 79%。日本的城市化起步于 20 世纪 20 年代，发展于第二次世界大战后高速增长时期，此后进入成熟阶段，经历了“分散—集中—分散—再集中”的标准 S 形曲线过程。我们可以把日本的城市化进程划分为四个阶段：战前阶段，大多数日本人都居住在农村，以种地为生；战时阶段，战争使日本城市人口增加，日本走上城市化的道路；战后阶段，日本成为城市人口占主导的国家；经济恢复发展阶段，大城市的人口达到饱和，人们开始转移到三大都市周边的区域性城市中去，由此，三大都市圈就开始逐渐形成。

（二）日本城市化进程的特点

日本城市化进程中有以下几个特点。

第一，经济增长方式决定了超高度集中的城市发展模式。日本走了一条大城市主导型的城市化道路。在城市化进程中首先是少数中心城市获得了优先的集中发展，这些城市在各个领域都发挥着重要的作用。以东京为例，大东京都市圈内政治、经济、商业、金融和媒体机构大量集中，大公司总部基地云集于此。事实上，日本的这种发展模式是由经济增长方式决定的，因此，经济活动的区域布局必然选择空间压缩式的格局，在城市化进程中就表现为超高度的集中发展模式。

第二，在高度集聚的城市化后出现了郊区城市化与市中心的再城市化现象。工业化带来了人口的大转移，也带来了城市人口的过分集中。然而城市总是有一定的容纳限度的。因此随着交通的迅速发展以及交通手段的多样化，城市化进入全方位的郊区城市化阶段，最典型的就是核心城市的衰落，即城市的空洞化，这给地区的税收、文化娱乐生活以及公共服务设施等带来了众多问题，这样，各大都市的中心区又开始了再城市化运动。

第三，先片面发展经济而后再综合治理。自明治维新后，日本走上了一条片面发展工业而忽视市民生活环境的畸形发展道路，由此带来了环境污染，造成了公害病、交通拥挤等问题。20 世纪 70 年代，日本政府开始着手治理这些城市问题，经过近 30 年的努力，这些问题已经得到了基本解决，但是治理前所遭受的损失和治理所付出的代价却是惊人的。

第四，自上而下的城市发展道路。日本城市的发展与欧美城市发展最不同的一点在于城市不是由商品经济发展的需要自然促成的，而是出于政治上的考虑，即在统治者的推动下形成。在日本的城市中很少有凭借市民的热情造就的城市，即日本是依靠政府的行政权力发展城市的。

（三）日本城市发展的动力机制

日本城市化以非均衡发展模式为主，即选择有发展潜力的城市和地区作为突破口，进行密集投资，进而促进周围地区的快速发展（沈悦，2004）。

日本走的是混合型城市化模式，以制造业产生与发展为开端的工业化是日本城市化的最初动力。第三产业特别是信息产业向中心城市集聚导致了城市的再度膨胀，使日本步入所谓“再城市化”阶段。作为依托于第二产业发展的第三产业，反作用于前者，成为带动城市发展与城市化水平不断提高的加速力。进入20世纪70年代后，第三产业取代第二产业成为城市化水平进一步提高的主要动力。

（1）日本城市化的公共投资与财政金融政策支持系统。日本政府扩大公共投资在城市发展中起到了重要作用。日本政府积极运用财政金融政策推动城市发展。一是通过历年的财政投资贷款，推动城市建设。据统计，1953～2000年，日本的财政投资贷款规模已由38亿日元增至374 660亿日元，48年内增加约9858倍。这些财政投资贷款用于住宅建设、市政建设和市区的再开发等事业，对城市发展起了积极的推进作用。二是采取财政补贴等优惠措施，促进新兴产业城市的开发。三是设置专门的金融机构，对一些边远地区的城市发展提供贷款支持。

（2）日本城市化的交通现代化支持系统。在日本城市迅速发展与壮大过程中，交通发展起到了决定性的作用。日本后来的新干线与全国高速公路网的开通，既强化了城市间的联系，也带动了地区工业与经济的发展。交通系统的发展，使城市容量扩大、城市间的迅速交流得以实现，最终改变了城市的社会、经济和空间结构。

（3）日本城市化的外部支持系统。外资及技术的引进加快了日本城市化的进程。全球化浪潮下，日本承办了一个个国际性的会议和活动，成为日本城市化的强劲动力。例如，1964年日本东京承办第十八届奥运会，日本政府倾其国力扩建了城市，改进了交通网点，兴建了基础设施，将东京建设成为世界级的都市。又如20世纪70年代大阪世博会的召开对关西地区的城市发展起到了积极的作用。

二、日本城市化发展模式与中国城镇化的比较及其启示

以上对日本的城市化进程、城市化进程的特点以及城市发展的动力机制进行了分析，实际上日本的城市化依然存在着许多的问题，这些经验和教训对中国目前的城镇经济发展和城镇化进程等有很重要的启示。总结起来可以概括为以下几个方面。

第一，在城镇发展中要注意城镇的定位。中国正处于经济的飞速发展时期，但还是存在着环境污染、住房、失业等问题，这说明经济增长不可能解决城镇

的所有问题，也不等于城镇的健康发展。因此，城镇的定位应当首先立足于居民的安居乐业，通过城镇的整合机制来处理好经济发展和城镇发展的关系，形成城镇发展方向的共识。

第二，防止城镇化过程中的“马太效应”。日本的城市化进程中一个重大问题就是城市结构呈现出不平衡发展的局面。随着东京大都市圈的不断发展，其获得的资源越来越多，而农村和中小城市获得的资源则不断减少，造成边远地区竞争力的不断下降。中国的城镇发展必须防止这种局面的出现，进一步加大中小城市的城镇化力度，以分担大城市过于集中的各种功能，促进城市间的均衡发展。

第三，大力促进城镇公共交通网络的发展。从日本的经验来看，在城市中普及私家汽车的做法并不是明智之举。据统计，1990 年作为上下班交通手段的私家汽车利用率在东京、大阪、名古屋等城市分别只有 7%、12% 和 29%，在城市中心区域利用率就更低，而且城市越大，私家汽车的利用率就越低。中国的大城市也面临着城市交通方式的选择问题，实践表明，盲目修建更多的高架和环路并不是最理想的解决方案，城市交通问题的根本解决方法在于开发公共交通工具，尤其是轨道交通。

第四，土地的合理利用。相对日本来说中国的土地不存在私有制的问题，但是同样面临着房地产价格飞速上涨的压力，存在土地的不合理利用现象。因此，各级政府必须对土地用途进行严格的控制，采取各种强有力的措施防止局部房地产过热现象的出现，促进土地的合理利用。

第五，处理好城镇化与农村发展的关系。日本在城市化的中期，农业资源大量流向城市，农业生产出现了一定程度的萎缩。我们要吸取这一教训，协调好城镇化与农业发展的关系，确保农业用地和农业生产的发展，促进农业生产的现代化和城镇化的发展。

第六，统筹规划，走可持续发展的城镇化道路。日本在城市化过程中，基本上是“先发展，后治理”，从而酿成了众多严重的城市问题。中国的城镇化正处于加速发展时期，必须吸取这些教训，做到统筹安排，走可持续发展的城镇化道路（张杨等，2009）。

第六节　韩国城市化发展模式和主要经验

韩国是中国的近邻，第二次世界大战以后，其经济得到了飞速的发展，城市化也取得了令人刮目的发展。对韩国城市化进程的研究也取得了瞩目的成就，如高贤锡的《关于韩国城市化特性研究》、孙颖的《面向全球一体化的韩国空间政策》以及赵利济等的《韩国经济腾飞的政策剖析》等，这些论著对韩国的城市化发展从政策等角度进行了卓有成效的研究。在这些研究的基础上，我们可以从城市发展的动力机制和整合机制的角度分析韩国城市化过程中的经验教训，以促进中国城镇化发展。

一、韩国城市化的典型特征

（一）韩国城市化进程

第一阶段：城市化史前阶段（1876～1947年）。据统计，韩国1944年的城市化率仅为13%，而美国在1940年，城市化率已为56%。所以，当时的韩国还是典型的农业经济社会，谈不上城市化。第二阶段：城市化起步阶段（1948～1960年）。李承晚政府时期，城市人口有了大幅度的增长，尽管政府采取了一些限制措施，但是韩国城市人口依然增长很快。第三阶段：城市化加速发展时期（1961～1987年）。这时期又分为两个阶段：前一阶段为朴正熙政府时期（1961～1979年），这是韩国经济政策由发展轻工业向发展重工业转变的时期；后一阶段是全斗焕政府时期（1980～1987年），据统计，截至1985年，韩国的城市化率已达到了77.3%。第四阶段：城市化平稳发展时期（1988年至今）。1991年，韩国农业在GNP中的比重只占8%，从过去的农业占统治地位的“70%”年代（国土的70%为山地，国民的70%是农民）过渡到非农业部门产值占GNP的90%以上的工业化国家时代。到1990年，韩国城市化率已达82.7%，进入了高度城市化时代（吴伟等，2009）。

（二）韩国城市化发展的动力

城市化的快速发展，需要一定的外部条件和内在因素的推动。从宏观角度讲，韩国城市化是在市场和政府的共同作用下飞速发展的。经济规律首先对城市化起决定作用，基础设施则影响了城市的体系结构，政府的政策既作用于经济发展，又作用于城市化的进程。

（三）韩国城市化快速发展动力机制

经济活动方式对城市化模式有决定性作用。韩国用了30年左右的时间完成了城市化的高速发展，这种高速发展是和工业化进程及经济的高速增长相一致的。这种高效的经济增长方式，必然要求优化配置资源，实现生产要素按照市场规则自由流动，同时也促使企业在生产布局、劳动力的就业结构等方面发生根本性的变化。高度集中的工业布局有利于发挥集聚效应，也要求生产要素向城市高度集中。韩国政府实行的外向型经济发展战略，决定了工业及人口向沿海港口城市集中。与欧美国家相比，韩国的经济增长是时间上“压缩型”的，即在相对短的时间内完成同样的工业化过程，这种时间上的压缩性直接导致了空间上的压缩性。为了在尽可能短的时间内获得尽可能快的经济增长，必然要以经济效率为首要原则来衡量经济活动的区位选择，而空间集中式的格局可以获得很高的规模效益，从而决定了城市发展空间的高度集中模式。另外，外向型的经济战略又决定了产业活动向沿海港口城市高度集聚。因而，韩国的城市发展均体现出既迅猛又集中的特点。

发展中小城市基础设施也起着重要作用。进入20世纪80年代，以汉城（现为首尔）为中心的首都圈出现了人口分散。首都圈边缘地区迅速增长，吸纳了大量从饱和的中心城区分散出来的人口和经济活动。1990年，汉城区人口净迁出9.1万人。为遏制首都人口过度集中，实现经济社会均衡发展，韩国早在70年代初即制定了“建设卫星城市，积极分散人口”的方针。当时制订了第一个国土综合开发计划（1972~1981年）：在汉城周边地区建设10座卫星城市，改善周边地区的城市基础设施。80年代初韩国又制订了第二个国土综合开发计划（1982~1991年）：在继续推进卫星城计划的同时，进一步加强地方据点城市基础设施的建设，积极诱导人口逐渐向地方分散。仅1993年，汉城迁出人口就达到79万人。由此可见，无论在城市集聚还是分散时期，先进的基础设施都是推动城市化快速发展的重要力量。

韩国政府与韩国的政治制度对城市化模式具有引导作用。第一，韩国虽然是市场经济型国家，但政府在经济活动中的作用始终左右着发展的时空结构，区域经济开发和规划很大程度上是受行政计划控制的。第二，在韩国政治制度中，中央集权的特征比较明显，这也是城市高度集中发展的主要因素。作为这种制度的象征，国家的首都在全国经济、政治、文化生活中发挥着卓越的作用，在城市体系中居于突出的地位。这在一定程度上削弱了一般城市的竞争能力，从而制约着全国城市的体系结构（吴伟等，2009）。

二、韩国城市化发展模式与中国城镇化的比较及其启示

韩国用了40多年的时间，从一个贫穷落后的农业社会发展成一个富裕先进的城市社会，取得了很大的成绩，但是也还存在着不少问题。韩国在城市化的过程中，既有经验也有教训，至少有以下几个方面值得我们借鉴。

（一）加强城市规划，有步骤地发展新城市与中小城市

韩国为了解决大城市的人口聚集问题而建设了不少应急型新城市。但这些应急型城市因为其超短期性且没有进行长远的规划，出现了一系列的问题。这些应急型城市因为建立在首都圈及京釜轴周边，大量就业机会就涌向这些

新城市，随之而来的还有交通问题，这些新城市都有通向大城市的交通设施，如高速公路和地铁，而中小城市却没有这样良好的基础设施，大量人口迁往新城市，妨碍了中小城市的发展，社会矛盾也因此激增。同时，应急型城市也面临着居住环境日益恶化，城市开发过度引起“过密居住”，绿地空间及文化休闲空间不足等问题。

因此，以韩国为鉴，中国现在正在落实西部大开发等城镇发展战略，应该对中国中小城市的发展和新城市的建设做长远的规划，制定和完善各种政策及措施，使大城市周边的新城市与中小城市得到均衡发展。

（二）加紧完善老城区和中小城市基础设施

韩国高水平的交通、通信基础设施大多分布在大城市及其周边的新城市，而中小城市的基础设施则水准较低。大城市中心城区与新城市占据着大多数高水平的基础设施资源，使得大量的人口涌向这些城市，而老城区及中小城市得不到有利的发展。而中国大城市的老城区及中小城市的基础设施也存在着同样的问题，由于得不到有效的整治，严重地阻碍了它们的发展。中国应加紧完善老城区和中小城市的基础设施。

（三）适当加强政府政策引导和行政的干预

如前所述，韩国是市场经济型国家，但政府在经济活动中的作用始终左右着发展的时空结构，区域经济开发和规划很大程度上是受行政计划控制的。改革开放以来，中国实行的是市场经济制度，这种经济制度使中国在这 20 多年中取得了快速的发展。但在城镇化发展过程中，却也出现了不少城市问题，如交通堵塞、环境污染、房价高涨、各自为政等，造成大量的物资资源和人力资源的浪费。因此，在城镇化进程中，在坚持有地方特色和市场经济的基础上，在城镇规划方面、基础设施建设方面等，有必要提倡适当加强政府政策引导和行政干预，加强一盘棋的思想，以便更有效地推进有中国特色的社会主义城镇化道路。

第七节　拉美国家城市化发展模式和主要经验

拉美的现代城市化进程始于 19 世纪末期，属于过度城市化。过度城市化是指城市化速度超过工业化速度，城市化水平与经济发展水平严重脱节的城市化模式。这种城市化不是建立在工农业充分发展的基础上，而是城市人口过度增长，城市却不能为其提供必要的就业机会和生活条件，从而导致一系列严重的“城市病”，危害经济和社会的健康发展。

1900 年，整个拉美地区城市化率为 25%，到 20 世纪 30 年代，大多数拉美国家先后进入工业化发展阶段，城市化进程也开始加速，1945 年城市化率达到 39%。20 世纪 50 年代，一些拉美国家推行“进口替代”战略，伴随着工业以及服务业的迅速发展，农村剩余劳动力涌入城市，形成以中心城市为核心的大都市区。但自 60 年代之后，由于遭受严重的经济衰退，加上政府不重视农业，大量破产农民涌入城市，该地区城市人口由 5400 万迅速增加到 1990 年的 3.14 亿，占总人口比例的 71.4%，阿根廷、智利和乌拉圭等国的城市化率甚至超过 80%。

虽然从人口城市化水平来看，拉美地区同西方发达国家相差不大，但拉美的经济发展水平却远远低于后者。总体而言，拉美的城市化是建立在农村经济持续恶化、普通农民大量破产基础之上的。这里的农村大庄园制度导致土地兼并现象十分严重，大量农民在破产并丧失发展空间后，不得不进入城市寻找新的生存机会。但由于拉美主要国家自 20 世纪 60 年代之后，工业和整个经济的增长缓慢，甚至不时爆发经济危机，城市就业机会严重不足；而农民缺乏工业技能，加上工业化水平提高对劳动力的需求相对减少，导致大多数新进城市者为了生计只能从事一些属于第三产业的非正规就业行业，如饮食、家政服务、沿街销售等。这种没有以经济同步发展作为基础的城市化，必然导致城市“病态”发展，人口拥挤、住房短缺、贫富悬殊、毒品及暴力犯罪、环境污染等问题接踵而来。因此，拉美的城市化被称为“过度城市化”（宁越敏和李健，2005）。

一、拉美国家城市化的典型特征

拉美国家的城市化是在外来资本主导下的发展，以墨西哥城、里约热内卢以及布宜诺斯艾利斯等为代表，其基本特征为以下几点。

第一，工业化发展滞后于城市化，工业化对城市化进程的推动力不足。到 2000 年，拉美城市人口的比重已占地区总人口的 78%，但工业人口的比重却不超过 35%。

第二，严重的两极分化。贫困人口占到总人口的 40% 以上，其中 60% 以上居住在城市特别是超大城市中。城市中既有先进的科学技术、现代化的产业、高档住宅和相应的现代化设施，同时也存在着原始手工作坊式的生产、缺少最基本公共设施的贫民居住区、被边缘化到城乡结合部的大量贫民窟。

第三，城市资源与环境承载力达到极限，造成严重的社会问题。教育、卫生、文化等资源主要被富人占有，穷人很少能享受这个时代的文明生活。

二、拉美国家城市化发展模式与中国城镇化的比较及其启示

与拉美的过度城市化相比，中国的城镇化在与工业化的关系、城镇化道路

选择和城乡关系等方面有着显著差别。

第一，城市化与工业化的关系。拉美是超前于工业化发展的城市化，而中国的城镇化与工业化发展也不是完全匹配的，城镇化发展在一定程度上要滞后于工业化，存在着一定量的“隐性”城镇化现象。

第二，城市化道路的选择。拉美的城市化一直以特大城市为主，中国的城镇化在经过以小城镇主导的阶段后，目前走的是以大带小，大中小城市和小城镇协调发展的城镇化道路。

第三，城乡关系。拉美国家的城市化建立在剥夺农民、割裂城乡联系的基础上。中国的城乡关系也存在着二元结构，过去也是通过牺牲农村和农业来完成工业化和城镇发展的原始积累，后来随着一系列问题的出现，逐步认识到城乡关系的协调是城镇化能够健康运行的基础，目前这种局面正在逐步扭转，逐步转变为城乡统筹发展的城镇化（王梦奎等，2004）。表3-7是拉美国家的城市化与中国城镇化的比较。

表3-7 拉美国家的城市化与中国城镇化的比较

国家	与工业化的关系	城市化道路	城乡关系
拉美国家	超前于工业化，与经济发展水平严重脱节	超大城市化	城乡完全割裂
中国	略为滞后于工业化	以大带小，大中小城市和小城镇协调发展	逐步走向城乡统筹发展

资料来源：戴为民，2007

第八节 巴西城市化发展模式和主要经验

一、巴西城市化的典型特征

（一）巴西城市化历程

1. 19世纪以前巴西城市化的雏形阶段

1500年4月22日，葡萄牙航海家卡布拉尔发现巴西，16世纪30年代，巴西沦为葡萄牙殖民地。巴西最早的城市所承担的职能主要是商品的集散，因此城市不仅要位于农作物产区，还要便于与港口联系，兼顾保卫海岸安全的军事功能。18世纪时，大批采金者和黑奴涌入内地矿区，内地城市从此诞生并开始发展。例如，戈亚斯城原名叫比拉沃阿，直至1935年之前，是戈亚斯州的首府。另外，欧鲁普雷图（原名维拉里卡）、马托格罗索州的库亚巴，以及圣保罗州的坎皮纳斯等，都是在18世纪矿业兴起的时代建立的内地城市。可以说，这一时期国家出口导向和趋于分散经济的城市化表现出来的是低水平的城市首位度。

2. 19世纪巴西城市化的发展进程

1807年，拿破仑入侵葡萄牙，1808年，葡萄牙王室迁到巴西里约热内卢，巴西成了葡萄牙帝国的中心，城市的职能以政治权力中心为主。19世纪中叶之后，咖啡经济的繁荣和铁路的修建，使城市化得到了强有力的推动和强大的物资支撑，如1832～1896年兴起的阿拉拉夸镇、里贝朗普雷图、包鲁等。这一时期，城市化表现为传统城市的扩展及其贸易与政治作用的加强。19世纪后期，大规模欧洲移民的进入促进了巴西城市化的发展。这些城市中移民一般占全城人口的30%～50%，他们控制了零售业和一些工业（如建筑业），并推动了面向地方市场的消费品生产。总的来说，20世纪之前巴西的城市化是没有工业化的传统城市的扩展。

3. 20世纪巴西城市化的快速发展

20世纪30年代，巴西工业化的开始促进了中心城市的发展。20世纪50～70年代的30年间，城市化飞速发展，形成了一定的城市规模体系。20世纪70年代中期之后，政府的干预引起了区域的收敛，工业集中和城市化之间的相关性降低了。总之，20世纪后，巴西城市化的主要动因是工业化，工业化的发展带动了城市化的步伐，工业化与城市化互相影响，互相促进。在这一时期，城市不再是传统城市的延伸，而是工业生产的中心，重要的新的经济增长点。

（二）巴西城市化过程中的主要问题

第一，城市化过程中区域经济差异明显。巴西城市主要集中在东南部的沿海地区，区域城市化水平差异很大。虽然政府在20世纪70年代后采取了一系列的经济一体化政策，但是仍然没有改变这种局面。1940～1980年，人口超过2万人的城市中，城市人口在东南部的份额由64%降低到59%，北部由3%增加到4%，东北部由21%下降到19%，南部由12%上升到13%，中西部由零上升到5%。

第二，过度城市化问题。过度城市化带来的首先是城市人口的过度膨胀，1950～1970年，城市人口以每年大约5%的速度增长，乡村的人口增长还不到2%。1970年之后，城市人口的增长有所下降，但仍然大于2%，而乡村人口却呈现出负增长。其次是城市失业问题严重，在巴西城市化进程中，城市经济发展所创造的就业机会远远满足不了不断扩张的城市人口的就业需求。再次是收入分配两极分化。最后是城市环境恶化，由于城市规划的滞后和人口的迅速膨胀，城市环境遭到严重破坏，现在的圣保罗已成为世界第四大受污染严重的城市。

第三，贫民窟问题突出。巴西形成贫民窟的主要原因有以下几个方面：一是土地占有严重不平等，大量农民没有土地；二是过度城市化带来的是城市人口的急剧膨胀，农村人口大量转移进城市；三是城市规划、建房用地、基础设施、社区发展没有考虑低收入人群的要求；四是公共政策不够完善，如巴西的税收体制是根据各州工资标准确定税收，按税收贡献向各地返回，使地区差距拉大。

二、巴西城市化发展模式与中国城镇化的比较及其启示

（一）大力推进城市化的同时要注重城乡统筹发展

城市化是伴随着工业化和经济发展而出现的一种现象，它给人们的生活、工作、休闲等带来了便利，也为国家经济的发展提供了必要的支撑。中国的城镇化水平自改革开放以来取得了显著的成绩，城镇化水平有了很大提高，初步形成了大中小城市有机结合的城镇体系。1978 年年底，中国城镇人口17 245万人，占总人口的 17.92%，城镇化率不到 18%。经过 22 年的城镇化进程，2000 年 11 月第五次全国人口普查显示，全国城镇人口达到 45 594 万人，占总人口的 36.09%。到 2003 年年底，全国城镇人口达 52 376 万人，国家城镇化率已达 40.53%。全国设市城镇 660 多个，城镇人口达 3.8 亿人，建制镇为 20 600 个，其中县城 1660 个，非农业人口约 1.5 亿人。目前中国正进入城镇化快速发展时期，中国快速城镇化的趋向将持续 15 ~ 20 年的时间，“十二五”时期（2011 ~ 2015 年），中国城镇化水平将跨越 50%，进入城市社会，与发达国家的城市化水平差距将进一步缩小。

在快速推进城镇化的过程中要注重城乡统筹发展。巴西在城市化过程中片面强调了城市的扩张而忽略了农村的发展，导致了城乡之间的巨大差距，形成明显的二元经济结构。从国际上看，城市化水平高的国家农业也相应较为发达（如美国），农业部门生产率的提高是城市化顺利进行的基础。因此，中国应该吸取巴西城市化的经验教训，通过改善农业的生产条件和农村的生活环境，提高农民的收入水平和社会福利水平，消除城乡经济机会的不平等现象，实现城乡协调和可持续发展。

（二）合理把握城市化进度，坚持大中小城市和小城镇协调发展

就城市化水平而言，巴西属于高度城市化国家，城市化水平同发达国家之间的差距已经很小。而就工业化水平和社会经济发展水平而言，巴西则远远落

后于发达国家。因此，巴西城市化相对于工业化和整个社会经济发展水平而言是过度的。由于人口过多集中在圣保罗、里约热内卢等少数大城市，巴西产生了严重的城市问题（如贫民窟、环境恶化等）。巴西人口研究协会主席乔治·马丁曾指出，广大发展中国家必须从巴西城市化进程中吸取的教训之一是要避免外来人口过于集中。因为外来人口过于集中而使大城市出现“贫民窟”，是巴西在城市化过程中经历的最惨痛教训。

与巴西不同，中国的城镇化滞后于工业化，现在正处在城镇化加速阶段。吸取巴西的经验教训，中国应该加快小城镇的发展，积极发挥大城市的作用。大城市可以以其大规模和高能量带动较大的区域协调运转；小城镇是基础，它们接近农村，有利于接纳城市的能量向乡村辐射，也利于集中乡村的要素向城市输送；中等城市是纽带，起着承上启下的作用。目前，中国的大中小城市的发展严重失衡。国外有人形象地说，中国的大城市像欧洲，小城镇和农村像非洲。中国第六次人口普查数据显示，居住在乡村的人口为674 149 546 人，占全国总人口的50.32%，这些人不可能全部进入大城市，否则，会引发大城市人口过度膨胀而带来“城市病”。由此可见，中小城市和小城镇是中国当前城镇化过程中的薄弱环节。大中小城市的协调发展不仅能够在一定程度上防止城镇人口的膨胀，同时，还能促进落后地区的城镇化发展，缩小区际的城镇化水平差距。

（三）加快制度创新，改善农村人口迁入城镇生活状况

城镇化作为伴随社会经济增长和结构变迁而出现的社会现象，与制度安排及其变迁密切相关。在现代市场经济条件下，市场主导的城镇化在怎样的体制框架中运行，直接影响着城镇化的进程。在中国当前的形势下，要加快农村人口向城镇的转移，加快中西部地区的城镇化进程；要进行户籍制度的创新，放宽农民进城定居的条件，打破城乡分割的户籍管理制度，逐步向城乡一元化的户籍管理制度过度；改革现行的土地制度，完善土地的征用和使用制度以及完善社会保障制度。当前由于附着了太多利益的户籍制度仍在发挥作用，没有城镇户口就不能平等享受养老保险、医疗保险、失业保险等社会保障待遇，这些结构性的制度安排使农民工处于城镇社会的底层而成为边缘群体，也正是这种边缘性的社会地位使其难以享受社会保障权益。虽然中国在1998 年就颁布了城镇职工养老、医疗保险的相关法律，但关于农民工的社会保障问题却没有相应的立法。由于缺乏相应的法律保障，他们的社会保障待遇难以得到强制性实现。而且农民工自身社会保障意识较差，对于用人单位和自身参保持无所谓态度，这些观念客观上阻碍了农民工社会保障制度问题的解决。除此之外，近几年国家和政府集中精力与财力加强城镇社会保障改革与建设，以确保经济体制改革的顺利进行，但城镇职工养老保险、失业保险等仍旧陷入资金困境。当城镇社

会保障制度运行受到资金限制时，若再将庞大的农民工群体考虑在制度范围内，必然要面临更为严重的资金困难。但是，城镇化是一个国家工业化进程中，人口、资本不断从农村向城镇集中的过程，种种原因使农民工至今尚未纳入城镇社会保障体系之中，加上其他因素，农民工仍然处于流动状态，从而严重阻碍了中国城镇化水平的进一步提高。因此，提高城镇化水平最重要的实际措施之一就是建立面向农民工的社会保障制度，使其能够平等地享受到医疗、教育、养老等方面的社会保障待遇，真正从农村进入城镇（李瑞林和李正升，2006）。

第九节 典型国家城市化的经验教训对中国的启示

一、典型国家城市化的主要经验

（一）在强调市场作用的同时，要充分发挥政府的宏观调控作用

发达国家城市化的历史表明，城市化是市场和政府共同作用的结果。充分发挥市场作用绝不意味着政府的不作为和完全退出，因为市场调节本身存在着盲目性和滞后性，导致市场失灵的现象时有发生。一些国家存在的种种“城市病”就是市场失灵的突出表现。同时，城市发展本身在一定程度上就意味着公共基础设施建设的增加、完善和扩大，这需要政府从中进行合理的组织、规划与引导。因此，城市化进程绝不能单纯地依靠市场调节，政府必须辅之以科学有效的宏观调控。

美国和日本虽然都是市场经济国家，但在整个城市化过程中从国土利用规划、工业发展规划等的制订，到规划的贯彻执行等，都可以见到政府在城市发展中的作用和影响。

美国政府对城市化的大规模直接干预主要表现在罗斯福新政期间和新政之后，主要是通过以工代赈、干预城市化、建立政府专门机构——公共工程局、实现再城市化、兴建基础设施促进区域城市化等方式来实现的。在新政期间，中央和地方政府拿出了 132 亿美元，用以工代赈的方式利用大批廉价劳动力，大规模建设城市公益福利设施和许多私人资本不愿资助的具有远期效益的工程项目。1933 年 6 月成立的公共工程局和 1935 年 5 月成立的工程进展署，则开展了许多大型的、永久性的基础设施建设，包括公路、给水和排水系统、煤气厂、发电站、学校、法庭、县政府办公大楼、医院、监狱、水坝、运河大堤和防洪工程、桥梁、高架路、船坞、隧道、水利和灌溉工程的建筑以及开垦荒地。据统计，仅工程进展署就建设了 12.2 万幢公用房屋，66.4 万英里公路，7.7 万座桥梁，285 个机场，1600 所学校，2 万个体育馆、美术馆和医院，开辟了 20 万

英亩①国有公园，以及许多游乐场所、水库和遍布全国的几十万个厕所，极大地改善了城市基础设施和生态环境。1933～1939年，公共工程局帮助建设了美国新教育设施的70%，县政府办公大楼、市政厅和污水处理厂的65%，医院和公共卫生设施的35%，公路、桥梁、地铁等公共交通设施的10%。

日本政府对城市化的干预主要表现在国土开发和城市发展规划两个方面。在国土开发方面，二战后日本开始了大规模的国土整治计划，对国土开发利用进行全面规划，以提高土地资源的利用效率和合理安排产业布局，保障城市化的有序、高效进行。先后制定并实施的有关国土开发与城市发展的法律，共分为9大类，近220件。设置了专门负责国土整治的机构——国土厅，制定了被称为“国土开发宪法”的《国土综合开发法》。后来，为保证《国土综合开发法》的顺利实施，日本政府又根据各地的特殊条件，分别制定了《北海道开发法》、《东北开发促进法》、《九州地方开发促进法》、《四国地方开发促进法》等一系列法律法规。在城市发展规划方面，日本政府先后制订了多层次、多种类型的城市发展计划，以确保政府规划乃至城市化进程的顺利实施。城市发展计划分为全国计划、大城市圈发展计划和地方城市开发计划等三大类14小类，共有200余项计划，如《全国综合开发计划》、《国土利用计划》、《大都市圈整备计划》及《地方城市开发建设计划》等，明确提出了城市发展的方向、目标和主要内容。

（二）根据国情特点选择适合本国的城市化道路

英国、美国、德国、日本等发达国家城市化发展的实践表明：任何一个国家城市化发展模式的选择都是本国政治、经济、文化和社会发展水平等多种因素综合作用的结果，其城市化的发展必须要根据本国的国情特点选择适合本国的发展道路。

在城市化发展模式和发展道路的选择上，首先必须要正确认识本国在世界城市化进程中所处的历史地位和国别特点，从而准确、合理地确定城市化发展战略；其次必须要从国家的人口状况和经济社会发展实际出发，正确分析城市化发展所面临的阶段性特征和区域发展实际情况，做到统筹兼顾、适当安排，使国家的城市化进程与经济社会发展实际相符合，与人民生活水平相适应。

在城市化发展中，城市不是越大越好、越集中越好、越多越好。城市过少、过大、过于集中，容易产生“城市病”；城市过多、过小、过于分散，就会影响集聚效益和规模效益。因此，城市发展布局必须坚持集中与分散相结合的原则，大中小城市结构适当、搭配合理。只有这样，才能在经济社会发展的基础上不

① 1英亩=0.404 856公顷。

断推进城市化进程。

（三）城市化要建立在产业发展的基础上

产业革命和现代大工业是城市化的动力源和物质技术前提，只有产业发展到一定程度，才可以吸纳大量劳动力，才会吸引人口在城市集聚，才能推进城市化。

总的来说，没有工业化就没有城市化，但工业化发展到一定阶段以后，对城市化的促进作用渐趋减弱，而服务业等第三产业的兴起，将会继续推动城市化向纵深发展。工业化是城市化的核心动力，但城市化发展的后续拉动力，则主要来自于第三产业。如果说工业化发展带来的是城市化外延式的、量的扩张，即城市规模的扩大和城市数量的增多，那么第三产业发展所带来的则是城市化内涵型的、质的发展，即城市软硬件设施的完善、城市功能的健全和人民生活水平的提高。

美国、日本等发达国家在工业化过程中，除重视工业产业的发展和升级换代外，也非常重视服务业等第三产业的发展。其第三产业就业从工业化较早阶段开始就呈现出与第二产业同步增长或比第二产业就业优先增长的趋势。在城市化初期，第三产业在城市化发展中所担负的主要是工业化的辅助和补充作用；当工业化的分工和集聚达到一定程度后，尤其是工业化的中后期，社会上的企业与个人对第三产业开始有越来越大的需求，企业社会化大生产要求城市提供更多更好的生产性配套服务，如通信、电子、科技等，而人民生活水平的提高则要求城市生活、娱乐、休闲设施的完善，要求城市提供更多的消费性配套服务，这些都极大地推动和促进了第三产业的发展、壮大。而第三产业的发展和壮大在强化了城市对农村剩余劳动力吸引力的同时，也为他们提供了更多的就业机会，从而进一步加速了农村剩余劳动力的转移，并引导他们走进城市，加速了城市化，由此第三产业也就成为城市化向纵深、更高质量发展的主导产业和强劲的后续动力。

（四）城乡一体化协调发展

一个国家在实施城市化发展过程中，首先必须合理确定和正确处理城市发展与乡村发展之间的关系。实践证明，当城乡之间能够协调发展、实现了一体化发展时，就会促进和推动城市化的良性、纵深发展，反之最终则必然阻碍和延缓城市化的发展。

在此，发达国家在城市化发展中所采取的城乡一体化的发展战略和发展模式为我们提供了可供借鉴的经验。美国在推进城市化过程中建立起了以“国际性大都市—全国性中心城市—区域性中心城市—小城市和中心镇等”为主体构成的多层次的城乡协调发展体系。依托大城市的辐射影响和带动作用，着力发展众多的小城市和中心镇，逐步形成大规模的城市连绵群，从而完全打破了区域间的封闭和阻隔状态，突破了原有城乡界限，使得城市与郊区、城市与乡村的差异逐渐消失。在全国 50 个州，3043 个县（郡），35 153 个市、镇（村），基本实现了城乡一体化发展的格局。

与美国所采取的发展模式不同，日本是一方面通过制定相关的产业支持和鼓励政策推动和引导城市工业逐渐向农村区域扩散，从而在农村一定区域内形成新的产业集聚，带动城乡经济与社会结构的加速融合与发展，建设新城，从而实现农村村民的就近就地转移和就地城市化；另一方面把处于同一地域空间的城市和农村作为统一的整体，由中央政府和地方政府统一规划管理，并适时根据实际需要，进行统一调整。同时，各城市的城市建设规划也不再仅仅局限于城市内，而是扩展到周围的农村地带。

二、典型国家城市化的主要教训

（一）缺乏有效发展规划，影响城市化健康发展

在城市化进程中，搞好城市发展规划是至关重要的。大到一个国家，小到一个城市，好的城市发展战略和发展规划不仅能起到事半功倍，促进城市化健康、协调、快速发展的效果，而且能够有效节约城市用地，避免重复建设，提高资金利用率，防止产业结构雷同，制止和减少环境污染和生态破坏。

美国、日本作为高度城市化和现代化的发达国家，它们的城市发展规划所走过的路，所经历的主要教训，对于城镇化快速发展中的中国，在今后的城市发展战略和发展规划，尤其是大城市的发展战略和发展规划方面无疑提供了非常宝贵的经验和启示。美国国土辽阔，人均土地占有面积是中国的 4 倍多，丰裕的土地资源导致了美国在很长时期内对其城市发展缺乏有效规划，采取了一种自由“蔓延式”的城市发展模式（urban sprawl）。蔓延式的城市发展模式是指在服务和城市就业核心区以外的一种低密度、青蛙跳跃式的空间发展模式。这种模式将居住与就业、购物、娱乐、教育等分离，因而要求通过小汽车来实现空间移动。从社会经济的可持续发展的角度而言，蔓延式的城市发展是一种不负责任的城市发展模式，它会带走内城社区的税基、破坏农地和空地，增加城市成本（交通和环境）；同时，蔓延式的城市发展也是一种低效的城市发展模式，短期看来它可以实现城市化水平的快速提高，但从长期来看它必将给城市的可持续发展造成巨大的压力。第一，造成了土地浪费和大量农田、湿地和森林的毁坏。在1982 ~ 1992 年，美国全国平均每小时失去农地 45. 7 英亩，每年失去农地约 40 万亩。尽管美国的城市人口不多，但是城市面积却很大，并且其城

市化所占土地增幅大大高于其人口的增长速度。例如，芝加哥 1985 ~ 2000 年的 15 年间城市用地扩大了 40%，而城市人口只从 270 万增加到 290 万，仅仅增长 7.4%。第二，加剧了城市空心化。从 1970 年起，美国郊区人口就超过了中心城区人口。许多城市老城区破败，设施得不到更新，商业服务、文化教育、休闲娱乐的优势得不到很好发挥，市中心经济空洞化，呈现出颓败的景象。在 20 世纪后期出现的这种“蔓延式”的城市发展模式，是美国在其城市化进入加速发展期以后缺乏有效规划的一种集中体现。

当前，中国正处在城镇化加速发展期，也同样存在着对城市发展缺乏有效的规划和治理以及摊大饼式的无序发展等问题。我们必须从美国这种“蔓延式”的城市化发展中汲取经验和教训。最根本的是要立足于中国的现实国情和发展实际，明确思路，开阔视野，借鉴先进经验，吸取惨痛教训，把理论与实践、共性问题与个性问题紧密结合起来，设计好、制订好、管理好中国的城市发展。

（二）防止城市病

城市化在为经济社会发展、人类进步做出重大贡献的同时，也给人类社会带来了许多问题与挑战，其中最为突出的就是城市病。对城市病问题，不同的专家、学者有不同的观点和看法，但一般认为，所谓城市病是指在城市发展过程中，伴随着人口和生产集聚程度的提高而出现的城市基础设施、自然资源、生态环境等与城市发展不相协调的一系列问题。

英国是世界城市化的肇始国，不仅首先开始和实现了城市化，同时也是世界上第一个受到城市病影响和较为成功地治理城市病的国家。由于英国一味追求工业的发展和财富的积累，忽视人口、资源与环境的协调发展，因此在城市化发展的后期，英国原来隐性存在的城市病，逐渐地显现出来。

1. 人口膨胀，住房短缺

伦敦在 1801 年只有大约 100 万人口，主要集中在距离市中心大约 3.2 公里半径的范围内；到了 1851 年人口增长了 1 倍，达到了 200 万，但半径只扩展了 1.6 公里，城市人口密度极高。并且，人口密度的增长导致了城市住房短缺，居住条件恶化，形成了众多的贫民窟。其中，在伦敦仅万人聚居的贫民窟就有 20 个以上；曼彻斯特市内有 2 万人居住在地下室里，占工人总数的 12%；在利物浦每 6 人中就有 1 人住在地窖里，百姓的平均寿命仅为 29 岁。

2. 环境污染，生态恶化

1952 年 12 月 5 ~ 9 日伦敦发生了震惊世界的烟雾事件——一次严重的空气污染事件，这次事件造成多达 12 000 人因为空气污染而死亡。据史料记载，12

月5~8日的4天里，伦敦市死亡人数达4000人。根据事后统计，在发生烟雾事件的一周中，48岁以上人群死亡率为平时的3倍；1岁以下人群的死亡率为平时的2倍。一周内，伦敦市因支气管炎死亡704人，因冠心病死亡281人，因心脏衰竭死亡244人，因结核病死亡77人，分别为前一周的9.5倍、2.4倍、2.8倍和5.5倍，此外肺炎、肺癌、流行性感冒等呼吸系统疾病的发病率也有显著增加。12月9日之后，由于天气变化，毒雾逐渐消散，但在此之后的两个月内，又有近8000人因为烟雾事件而死于呼吸系统疾病。此后的1956年、1957年和1962年又连续发生了多达12次严重的烟雾事件。

3. 交通拥挤，出行困难

据统计，英国在1920年只有18.7万辆私人小汽车，1939年则猛增到203.4万辆，1950年为230万辆，1960年为550辆，1973年则达到了1350万辆，1920~1973年的半个世纪内私人汽车拥有量比原来翻了72倍，迅猛的发展，使得城市交通不堪重负。与英国同为发达国家的美国，约有2.9亿人口，其机动车拥有量约为1.8亿辆，汽车的普及虽然带来了便利，但也使交通堵塞成为美国城市的一大顽症。据美国交通部门统计，美国城市因堵车使人们每月在公路上多停留36个小时。

4. 道德沦丧，犯罪率高

正如1835年托克维克论及曼彻斯特市时所说，“从这污秽的阴沟里流出人类最伟大的工业溪流，肥沃了整个世界；从这肮脏的下水道中流出了纯正的金子。人性在这里获得了最为充分的发展，也达到了最为野蛮的状态，文明在这创造了奇迹，而文明人在这儿却几乎变成了野蛮人”。据统计，1819年苏格兰因刑事罪被捕的案件只有89件，而1837年则达到了3176件，1842年更是高达4189件。

中国在城镇化进程中，虽然由于城乡二元结构的限制尚未出现严重的城市病，但随着城乡一体化的推进及原有城乡壁垒的消除，城市问题也必然日益突出。如何妥善解决这些问题，避免重复走发达国家走过的老路，是摆在我们面前的一项十分重要而紧迫的任务。造成城市病的主要原因是城市发展缺乏合理规划和有效的城市管理，因此防止城市病也必须以此为切入点。最根本最可行的路径，就是要以科学的城市规划预防“城市病”，以科学的城市管理医治“城市病”。

总体而言，城镇化的快速推进伴生的各种经济社会问题是难以避免的，如农村发展滞后、城镇住宅和基础设施供应短缺等。为使城镇化进程得以稳妥进行，我们国家应采取多种措施来预防此类问题。

（三）协调城市与农村的发展关系

从许多发展中国家包括拉美国家的城市化进程来看，政府往往更加重视城市的发展，而忽略了作为社会另一部分的农村的发展。发展政策的倾斜，使得大部分农村地区相对处于贫困状态，各项基础设施的建设严重不足。当农民在农村没有出路的时候，唯一的出路就是进城。但由于城市不能提供更多的就业机会，城镇贫困、失业、犯罪、环境恶化等问题就不可避免地暴发了。

日本在处理城市与农村发展关系方面较为成功。日本政府比较注意农村、农业的发展问题，制定了大量法律促进农村发展，如为扶持山区农村及人口稀疏地区的经济发展，制定了《过疏地域对策特别措施法》、《山区振兴法》等；为促进农村工商业的发展，制定《向农村地区引入工业促进法》、《关于促进地方中心及小都市地区建设及产业业务设施重新布局的法律》等。同时，日本政府也比较重视对农村、农业的多样化投资。中央政府主要对建设项目进行财政拨款及贷款，地方政府除财政拨款外还可发行地方债券进行农村公共设施建设。农村基础设施的改善，加强了城市间、城乡间的联系，为实现城乡一体化提供了可能，而农村发展也为城市产业和人口的扩散开辟了道路。由此，日本农村发生了很大的变化，农业不再是农村的支配产业，到 1980 年农村从事第三产业的比例高达 42%，小城市得到了较快发展（曾艳红，1998）。

（四）改善城市居住状况，防止产生贫民区

在城市化的高速发展阶段，城市人口的迅速增长必然导致住宅和基础设施供应短缺，而财富分配不均使得问题更加严重。早在 19 世纪，欧洲国家的城市中就普遍存在贫民区现象。为解决城市贫民问题，西方国家曾采取多种措施。例如，早期解决住房的措施主要是兴建工人居住区，其后欧美各国开始制定更为完善的针对城市贫困者的住房政策。美国自 20 世纪 30 年代开始注重政府的宏观经济调控，其中由联邦政府发起的“新政”和“城市更新”两项运动的一个重要内容，就是要解决城市下层居民住房问题进而治理中心城市。从“新政”来看，涉及城市的政策除进行以工代赈的大型社会工程建设外，还推出两项直接影响城市生活的重大举措。一是拟定“绿带建镇计划”，在郊区选择廉价土地，建造新社区供城市贫民区居民迁居，再将原贫民区清除，改建为公园等公用设施和绿带。二是创建两个新的政府机构，即房主贷款公司和联邦住房管理署。前者主要为城市居民提供住房贷款，消除住户因付不起分期贷款而被取消住房抵押权的现象；后者是联邦政府干预乃至管理城市住房的常设机构。这两项运动对解决美国城市住房紧张以及增加就业等，都起到了积极的作用。

相对来说，发展中国家城市贫民区问题更为严重，而韩国解决该问题的经验较为成功。1960～1990年是韩国城市化高速增长期，城市化水平年均上升1个百分点，但同时农村人口大量进城导致城市贫民区的出现。韩国政府先后采取清理工程、有选择合法化以及自我发展工程等措施，处理城市低收入者居住区、非法聚集居住区的问题。1983年引入了联合重建计划，制定最低住房标准，承认居民在社区及社区发展中的民主权利，鼓励居民参与社区建设，同时还鼓励非政府组织、房地产开发商参与社区建设，通过政府引导、组织各方参与社区建设，实施有效的市政管理，使国家、社区以及社区居民、企业等多方受益。

第四章　中国特色城镇化道路的总体思路与原则

第一节　中国特色城镇化道路的总体思路

中国特色城镇化道路的总体思路从长期来看依然需要走以科学发展观为指导的路线，即通过全面建设小康社会，走集约、和谐、跨越式的发展道路，工业化和城镇化相协调、城镇化速度和质量相统一，把完善体制机制作为城镇化的动力和保障，充分发挥大中城市的辐射带动作用，协调推进大中小城市和小城镇发展，着力提高城镇化质量，着力优化城镇空间布局，促进城镇可持续发展，着力推进城乡一体化，把城镇化的水平和质量不断推向新的更高台阶。

一、建立开放、流动、有序的城镇发展体系

从战略层面上看，中国的城镇化必须建立具有较高现代化水平的资源节约、布局合理的大中小城市协调发展的城市体系；构建“县城、中心镇、乡集镇”等多层次的农村城镇体系、大中城市与小城镇组成的城镇体系或网络结构。发展大城市应避免高度城市化、高速城市化和像美国那样的蔓延型郊区化，应发展城市群，构筑城市群以实现大城市规模的极大拓展，培育城市圈以实现中小城市功能的强势联合，打造城市带以实现小城镇产业的特色集聚，形成由中心城市、大中小城市、乡镇和农村组成的城镇群体系。坚持走城镇化的可持续发展道路，建立开放、流动、有序的城镇发展体系，有效提高中国城镇化的进程。

新时期中国城镇化的总体布局是积极培育辐射全国的十大城市群，以城市群作为基本单元，实现龙头型大城市、中小城市与小城镇分工协作与互动双赢，充分发挥大城市的核心地位、中小城市的主体作用以及小城镇联动城乡的特殊功能。城市群作为推进中国城镇化进程的主体形态，能突破大城市痼疾与中小城市尤其是小城镇集聚效应弱的弊端，融合“有分散的集中”与“有集中的分散”两种空间分布格局，是实现中国城镇体系协调发展的主要承载方式。

（一）有重点地发展联动城乡的特色小城镇

小城镇是中国城镇体系的重要组成部分。未来 10 年，小城镇发展的总体思

路是通过试点政策，发展一批经济实力强、发展机制活、联动城乡统筹、吸纳农民就业的特色小城镇，小城镇总数控制在 1 万左右，每个小城镇人口规模在 3 万以上。东部地区在大城市与城市群带动下发展一批产业支撑能力较强、公共服务较好、与大中城市形成合理分工的重点小城镇，有条件的小城镇通过行政制度改革发展成为具有活力的中小城市。中西部地区针对小城镇发展的区位条件、发展基础与政策约束等方面的劣势，发展的总体方针是推进“合乡并镇”，有选择地发展一批有潜力的小城镇作为担负农村公共服务的载体与联动城乡统筹发展的节点。

（二）积极发展主体功能完善的中小城市

中小城市是中国城镇体系的主体，其数量占全国城市总数的 78.63%，其城市人口占全国设市城市总人口的 55.31%，其中 73% 的中小城市分布在内地。今后，应鼓励和支持中小城市和小城镇扩容，重点解决中小城市集聚效应不强、就业岗位不足、公共服务难等问题，不断增强中小城市对农民工大规模市民化的吸引力。未来 10 年，中小城市发展的总体思路是积极发展一批城市主体功能完善、承载农民工市民化能力强、与城市群协调发展的中小城市。中小城市是扩大内需、加快农民工市民化的主要载体，也是参与城市群产业分工、承担大城市功能疏散的主要载体。对于具备条件的中等城市，应鼓励其发展成为具有较大辐射能力的大城市。在中西部地区要将中小城市发展成为能带动地方经济发展、具有较强要素聚集效应的增长极。

（三）着力打造高端形态的龙头型大城市

大城市是中国城镇化发展的核心。未来 10 年，大城市崛起的总体思路是着力打造高端形态的龙头型大城市。根据联合国人居署的预测，上海、北京、广州、深圳在未来 10 年将进一步发展成为超巨型城市，天津、武汉、重庆、沈阳将发展成为巨型城市，南京、济南、青岛、哈尔滨、成都、西安、长春、大连、杭州将发展成为特大城市，100 万～300 万人口的大城市将达到 40 个以上。针对大城市的发展趋势，应引导上海、香港、北京向城市的高端形态——世界城市发展，引导深圳、珠海、青岛、大连等若干有潜力的大城市作为中国参与经济全球化的第二梯队，并将其培育成为具有国际影响力与知名度的国际化大都市，积极发展一批区域性中心城市。通过大城市的跨越发展推动中国城市体系向高端形态迈进，实现区域产业结构优化调整，带动地区以至国家竞争力的提升。

（四）培育辐射全国的十大重点城市群

未来 10 年，通过积极培育辐射全国的十大重点城市群，实现全国区域的城市空间结构重组，其中重点是中西部地区。中西部地区城市体系以中小城市为主，大城市发育不足，城市群的发展处于雏形阶段。与此同时，中西部地区是未来10年加快人口城镇化、加速农民工市民化的突破口。因此，中西部地区城镇化的重点是进一步发展壮大中小城市、积极培育大城市，依托区域交通的完善、产业结构的升级实现城市空间的结构重组。重点培育和发展的十大城市群分别是：辽中南城市群、山东半岛城市群、海峡西岸城市群、江汉平原城市群、湘中地区城市群、中原地区城市群、松嫩平原城市群、四川盆地城市群、三峡地区城市群和关中地区城市群（马晓河和胡拥军，2010）。

二、促进工业化与城镇化互动发展

以工业化支撑城镇化，通过城镇化来组织并提升工业化，建立起农村工业化和城镇化互动发展的新机制。坚持工业化和城镇化相协调，使工业化的速度和城镇化的速度相匹配。经验和理论分析均表明：城镇化过慢，工业化将缺乏市场需求方面的支撑，因而将失去动力；而工业化过慢，城镇就会缺乏足够的就业机会，城镇化将失去依托。只有两者相互协调，才能实现两者的较快发展。工业化以拉动就业、增加收入、改变土地利用形态、调整产业空间布局的方式促进了城镇化进程；城镇化以要素的合理流动、产品的顺利流通、资源的优化配置、信息的有效传播促进工业化。

如图4-1所示，随着制造业内部分工细化，企业与企业之间的生产协作能力加强，引起经济组织变革，如生产方式从个人或者家庭为单位的手工作坊制向社会化大生产的工厂制转变，单工厂制向具有多个工厂的公司制度转变，而公司制又经历了向集团制的转变。经济组织的变革使个人与企业的专业化经济程度日趋提高，使企业内部、企业之间、制造业内部各产业之间不断地分工演进，这一过程主要包括两个部分：一部分是由于工业生产的不可分性，加上产品与产品之间的运输成本与固定交易成本，要求制造业的生产集中在某一区域范围内，通过共用基础设施而降低交易成本，取得聚集经济效益，这部分暂且称为生产聚集经济；另一部分则相对而言称为交易聚集经济，即由于制造业内部分工细化，引起产品之间交易次数及交易成本提高，于是出现了专门从事产品贸易的专业中间商，并且显著提高了个人与企业的专业化水平，带来专业化经济以抵消或者降低交易费用，其中，空间距离的缩减可以降低内生性交易费用。专业中间商的规模越来越大，其内部出现分工细化，可以提高专业化经济程度，形成服务性行业。生产在空间上的聚集往往形成生产型城镇，交易聚集经济产生的结果往往形成服务型城镇，实际上二者经常是融为一体的。

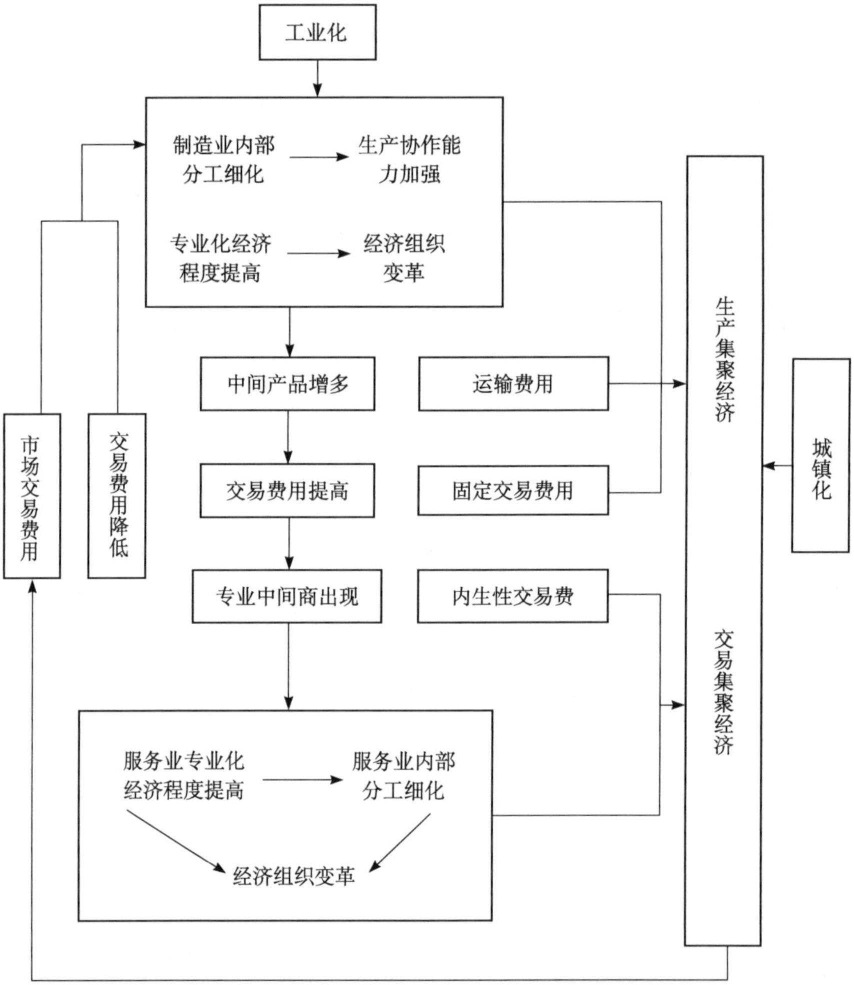

图 4-1　工业化与城镇化互动关系示意图

资料来源：国务院发展研究中心课题组，2010

（一）抓住机遇，促进产业发展

抓住中国经济总体转型、西部大开发战略实施和振兴东北老工业基地等有利时机，以区位优势和资源优势为依托，争取在新一轮产业分工中的有利地位，全面提高城镇经济发展的规模效应和聚集效应。尽快培育发展各个城镇的主导产业、支柱产业、骨干龙头企业和产业集群。要积极调整优化产业结构，用区域发展政策指导城镇空间布局、产业分工和资源配置，避免趋同发展、低水平竞争。经济发展和城镇发展要相互促进，良性互动，最终实现城镇的可持续发展和区域协调发展。

（二）加快工业化进程

城镇要明确功能定位和产业发展方向，结合产业基地建设，走各具特色的新型工业化道路。支持各地根据市场需求，形成若干产业聚集、特色明显的经济区域。大中城市要重点发展高科技、高附加值、无污染、低耗能、运量小、节水型工业。小城市与小城镇要与大中城市产业发展相配套，主动接纳大中城市转移出来的产业，发展资源开发型和劳动密集型相结合的产业。扶持各市加快重点开发区、特色经济园区和生态工业园区建设，鼓励农村牧区第二、第三产业向城镇集中。要以推进资源节约、资源综合利用、清洁生产为重点，积极发展循环经济，建设节约型城镇和社会。加快资源开发型城镇产业结构调整，促进资源型产业深度加工，培植后续产业和替代产业，实现城镇经济的可持续发展。

工业化是城镇化的基础，工业化推动了城镇化发展。同时城镇化又反作用于工业化，促进了工业化的发展，脱离城镇化的工业化将会受到城镇化滞后的约束。因此，工业化与城镇化互相促进。西方学者一般认为，工业化和城市化过程往往是同时发生的，二者相互依赖、相互促进，联系紧密、难以区分。沃纳·赫希说，工业化与城市化之间的关系是非常复杂的。引起工业化的一切关键因素，包括日益提高的工业能力，资本密集程度、技术和革新的高水平，商品和服务的生产专业化等的发展，与城市化过程是紧密相关的。城镇化对工业化发展的促进作用主要表现在以下方面。一是城镇化为工业化发展提供了必不可少的基础设施条件。城镇的各项生产生活设施比较完善，不仅具备工业生产发展所需要的供水、供电、仓储、供热、交通、通信等基础设施，而且具备工人生活消费需要的文化设施、教育设施和娱乐设施。二是城镇化为工业化发展提供了高素质的人力资源。城镇化所形成的人口集聚，各种熟练劳动力、技术人员和管理人员的汇合，不仅使劳动力得到最合理的组织和最有效的使用，而且使企业人员更富有进取精神和竞争心理。三是城镇化为工业化发展提供了技术和信息支撑。城镇是教育和科研机构集中的地方，科技力量较强，信息畅通，方便工业企业对科技和信息的结合利用，特别有利于新型工业的发展。四是城镇化为工业化的发展提供了消费市场。城镇人口集中，收入水平和消费水平较高，商业设施完善，是工业品的主要消费市场。

三、推进中国城镇化发展的制度创新与体制改革

把完善体制机制作为城镇化的动力和保障，就是要通过建立健全与城镇化有关的各项制度，在加快城镇化步伐的同时，引领城镇化沿着正确的健康的方向向前推进。虽然已经经过 30 多年的改革，但中国的体制转轨尚未完成，城镇

化还将面临不少来自户籍制度、土地制度和社会保障等方面的制约。要健康、快速地推进城镇化，必须突破这些制约。但同时，我们是在有别于发达国家的社会制度下，推进13亿人口的经济和社会转型，国外任何一种城市化模式都不能照抄照搬用于中国城镇化的具体实践。我们在破除旧的制度对于城镇化制约的同时，还要注重制度的创新，设计出符合中国城镇化实际的制度框架。

城镇化从另一个方面讲就是生产要素与生产活动的聚集，人口流动向城镇的集中，以及国家和城镇对生产要素、生产活动与人口流动的引导和管理。要想确保城镇化快速健康的发展，必须保持要素、人口的自由流动，以及国家的有效管理。我们必须进行制度建设与创新，从根本上保证生产要素自由合理的流动，生产活动有效的聚集，人口的流动没有任何阻碍，国家积极合理的引导。

（一）完善市场经济制度，保障生产要素合理流动与生产活动有效聚集

在一个开放的市场经济中，受市场作用的影响，生产要素和生产活动会向区位条件好、交通设施便利、产业基础较好的城镇聚集，实现资源优化配置、提高创造社会财富的效率。需要强调的是，在经济全球化日渐深入的今天，生产活动的集中并不完全取决于单个国家内部的要素禀赋、地理特征和产业基础；相反，产业的发展最终受国际竞争格局，特别是产业的全球分工态势和周边国家产业竞争力的影响。为此，政府要致力于通过立法等制度建设，确定要素的产权属性，建立要素流动的市场机制，维护市场竞争的秩序，提高产业的国际竞争力；特别要着眼于消除生产要素国内跨区域流动所面临的各种制度壁垒，健全全国统一的产品市场和要素市场，包括劳动力市场；加快改革资源价格体系，减少传统资源管理体制对资源配置的扭曲影响；按照推进形成主体功能区的战略构想，再通过有效的市场竞争和严格的环境保护引导生产活动向资源环境承载力强、经济发展空间大的重点发展区域集中（国务院发展研究中心课题组，2010）。

（二）创新土地制度，完善农村土地流转制度和土地征用补偿制度

土地制度创新是实现中国城镇化和农民市民化的基础和前提，农民只有摆脱了土地制度对其人身自由的束缚，有了离开土地的自由裁量权和自由选择权，才有可能向城镇地区转移，实现农民市民化。土地作为一种特殊的稀缺性生产要素，不仅是城市发展和经济发展所必需的，同时也是农民基本的社会保障和获取收入的主要来源。目前，在城镇化发展中遇到的较为突出的矛盾和问题之一，就是如何规范农村土地使用权和经营权的流转、如何规范土地征用行为以及如何对失地农民进行合理补偿。城镇化进程中土地制度的创新，一方面要在稳定家庭联产承包责任制和统分结合的双层经营体制的基础上，以提高土地利

用效率为重点，以实现土地所有权、使用权和经营权相分离，实现土地的自由、有序、合法、有偿流转和促进农民市民化为目标，建立、健全农村土地使用权流转制度，完善农民土地使用权流转机制，按照依法、自愿、有偿原则，允许农民以转包、出租、互换、转让和股份合作等形式流转土地承包经营权，发展多种形式的适度规模经营；另一方面，要依法规范土地的管理和使用，逐步建立城乡统一的建设用地市场，对农地用途变更进行总量控制，间接调控土地价格，依法取得的农村集体经营性建设用地，必须通过统一有形的土地市场、以公开规范的方式转让土地使用权。同时，要尽快建立、健全和完善土地征用及补偿制度等相关法律法规和配套政策。

（三）创新户籍制度，促进人口自由流动

户籍制度创新是顺利实现中国城镇化和农民市民化的核心所在，城镇化的核心因素是人，没有人，城镇化就无从谈起。因此，必须充分认识到户籍制度创新的必要性和重要性，加大力度，对户籍制度进行根本性改革，否则必将影响中国的城镇化进程。目前，数以千万计的农民已经进入了城市从事第二、第三产业，成为事实上的城市居民，然而由于传统的城乡分割的二元社会管理结构的限制，他们始终无法取得城市居民的身份，奔波于城乡间，难以在城市稳定下来，难以形成归属感。这一方面加剧了农民工的社会流动性，难以管理，并由此引发了一系列的经济和社会问题；另一方面也使企业无法形成一支具有丰富经验和优秀从业技能的稳定的产业队伍，这无论是对企业的技术改进、产业升级，还是对国家长远的经济发展都造成了不利的影响。因此，应在综合考虑城市承载能力的基础上，因地制宜地制定政策，区别情况，逐步放宽户口迁移政策和农民工的落户条件，取消农业户口与非农业户口的划分，取消按人口登记制定就业和社会保障等的差别化政策。

（四）创新就业制度，推进城乡统筹就业

就业制度创新是实现中国城镇化和农民市民化的关键，农民离开了土地，进入了城镇，能否在城镇中安定下来，关键取决于能否在城镇中找到维持其本人及其家属所必需的生活资料的工作岗位。现行的就业制度对农村劳动力仍有着极强的制度性约束，使他们不能在同等条件下与城镇劳动力公平竞争就业岗位。这不仅不利于劳动力资源的优化配置，而且直接阻碍着农民市民化和城镇化进程。因此，必须在逐步取消原有户籍制度的同时，对就业、再就业制度进行及时改革，把扩大就业作为经济社会发展和调整经济结构的重要目标，改善农民工的就业环境，进一步取消对农村劳动力进城就业、创业等方面的不公正待遇和各种限制，取消不合理收费，规范农村劳动力务工证、暂住证等登记项

目，积极推进城乡统筹就业。

（五）创新社会保障制度，完善城镇社会保障体系和农村社会保障体系

社会保障制度创新是实现中国城镇化和农民市民化目标的制度保障，没有适合农民市民化特点的社会保障制度，农民市民化的进程必然要受到阻碍。只有逐步建立起有利于引导和促进农民市民化的社会保障制度，给其以真正的市民待遇及制度保障，才能从根本上消除农民市民化的后顾之忧，促进城镇化健康发展。现阶段，必须以基本养老、基本医疗和最低生活保障制度建设为核心，以进一步健全和完善城镇社会保障体系和农村社会保障体系为重点，对原有的社会保障制度和保障体系进行改革。改变原有社会保障制度只惠及城镇居民、国有企业和事业单位，覆盖面窄，资金不足，体系不健全的情况，使之逐渐扩大到城乡全体居民，逐步建立起与中国经济发展水平及各方承受能力相适应的社会保障制度（刘国新，2009）。

（六）加快城市政府转型，提高城市管理水平

政府转型是中国特色城镇化的重要内容。政府转型的重点是以城市行政体制改革为核心设计制度框架，为完善城市公共政策、提高城市公共服务、健全城市公共管理提供制度保障，实现城市政府从权威式行政控制向参与式民主治理、从单中心行政管理向多元化城市治理的治理结构转型。

第一，减少城市行政层次。新时期，减少城市行政层次是城市行政体制改革的重要内容，具体思路是推进省直管县改革，首先试点省直管县财政改革，实现财政意义上的“市”、“县”分治；其次在条件成熟的地方推进省直管县行政改革，实现隶属关系上的“市”、“县”分治。通过省直管县改革，各层级城市政府之间关系得到有效梳理，以“县”为主的中小城市获得更大发展空间。与此同时，省直管县改革不能一刀切地否定市管县的积极因素，在部分发展潜力较好的中心城市，应该通过改革，形成以中心城市为核心、以县域为腹地的城镇体系，这有利于城乡重大基础设施的统一规划与建设，从而实现区域发展格局的优化。

第二，优化城市行政区划。优化城市行政区划的起点是回归现代城市建制的本位。总体思路是根据城市辐射边界范围实现从地域型行政区向城市型行政区的转变。一是推进中心城市行政区划改革，针对中心城市对周边县市带动能力强的特点，将周边县市并入中心城市、转型为市辖区，为中心城市向大城市、特大城市发育预留发展空间。二是推进城市设置标准和模式的创新，将部分经济实力符合建制城市标准的强县或强镇转型为省直辖的县级建制城市。三是适度整合县域行政区管辖规模，将部分人口规模较小的县按照地理位置相邻、发

展水平相近、历史联系紧密等原则予以合并。通过优化城市行政区划，推动各级城市通过市场力量发育壮大，有利于不同类别与等级规模城市间的融合与城市群的发展。

第三，调整城市权责关系。调整的基本思路是以省直管县为突破口解决各级城市政府的权责同构问题，实现县级城市的职能归位，按照财权与事权相统一的原则，完善县级城市作为基本执法单位的综合管理职能，按照城乡一体化的要求，加快乡镇管理体制改革。改革的具体方针是重新定位省级行政政府与县级城市政府的职能性质与权责，弱化省级政府作为中央政府代理人直接参与经济社会管理和资源权力分配的行为，强化省级政府作为区域性行政组织的公共管理职能与区域统筹作用；稳步推进强县扩权改革，对工商、税收、投资、土地等的管理权限有序下放到县级城市政府，逐步形成县级城市经济社会发展的内生机制；稳步推进合乡并镇与强镇扩权改革，通过有重点地发展一批小城镇吸纳农村劳动力就业、联动城乡一体化发展，乡镇体制改革的具体方向是强化乡镇政府的公共服务和社会管理职能，通过选择部分经济社会发展条件较好的中心镇试点，赋予中心镇以社会保障、集镇规划、户籍管理、财政税费等部分县级政府的经济社会管理权限，解决中心镇经济社会发展与公共服务滞后之间的矛盾，以乡镇体制改革带动城乡统筹综合配套改革的顺利推进。

第四，创新城市群治理模式。行政管辖权协调问题是全球城市群治理共同面临的严峻挑战之一。城市群作为跨行政区的城市体系，城市群内部经济社会一体化与行政管理分散化的矛盾阻碍了城市群的发展壮大。结合中国现状与国外经验，创新中国城市群治理模式的重点，先在一些发展相对成熟、城市合作基础良好的省区内，城市群经由省级政府协调试点设置城市群区域协调管理委员会；之后在长三角城市群、珠三角城市群、京津冀城市群，经由中央政府协调试点设置城市群区域协调管理委员会，并逐步向其他城市群推开。城市群区域协调管理委员会作为自上而下的正式机构设置，主要在城市群的交通通信、土地规划、环境管理、经济发展等方面享有管理权限，其资金来源主要是国家层面的转移支付与城市群层面筹集的部分财政收入（马晓河和胡拥军，2010）。

四、坚持城镇化速度和城镇化质量相统一，着力提高城镇化质量

坚持城镇化速度和城镇化质量相统一，就是要在加快城镇化步伐的同时，注重提高城镇化的质量，以高质量的城镇化，保证城镇化的持续、较快和健康发展。后发国家的城镇化，必须有较快的速度。但只有速度没有质量，只有空间范围的拓展没有人口的聚集，或虽有人口的聚集，而没有居民收入的增长和人居环境的改善，城镇化不仅会失去意义，也会失去持续发展的动力。在目前

中国城镇化快速发展的条件下，不能只求城镇化发展的速度和规模，而忽视城镇化的质量。

城镇化是由农村人口和各种生产要素不断向城镇集聚而形成的经济结构、生产方式、生活方式以及社会观念等向城镇性质演变的过程。虽然城镇化水平一般主要用城镇人口比例来反映，但城镇化并不是简单的人口向城镇集聚的问题，而是人类社会进步的内在表现。因此，城镇化包括城镇化发展速度和发展质量两方面内涵。城镇化发展的速度主要表现在城镇人口占总人口比例的提高、城镇数量的增加和城镇规模扩大等方面；城镇化发展的质量主要表现在城镇经济总量的提高，产业结构的调整，基础设施的完善，科技文化的发展，生活方式的改变，环境质量的提高，社会保障的建立，城镇管理的加强等方面。

为了加快追赶发达国家的城市化进程，中国在 1984 年推行城市经济改革后，城市经济得到了飞快发展，城市的中心地位得到空前的提高，但在不同地区，农民市民化趋势与城市社会经济发展和承载能力之间产生了一系列的矛盾。由于还受到行政命令的干预，在部分地区出现了“行政推动型”的人口城镇化和“人为造市”等现象，并存在把“人口城镇化率”作为一个政府的政绩指标加以考核的现象。因此，在中国城镇化快速发展的同时，存在着城镇化发展质量不高等突出问题。其中，小城镇有“镇镇像农村”之说，大城市有“城中村”现象。特别是中国现有城市的基础设施条件还比较落后，2010 年，城市平均每万人拥有公交车辆 9.7 辆，城市人均拥有道路面积 13.2 平方米，人均公园绿地面积 11.2 平方米，平均每万人医院、卫生院床位数 32.7 张。同时，中国城市人居环境质量不高，如城镇人居住房水平比较低，城市人均住宅建筑面积为 31.6 平方米，大城市、特大城市的人居住房水平更低；城镇危房改造任务十分艰巨，大部分城镇在建设中侧重外延新建，忽视旧城改造利用，城镇危房大量存在，严重影响着城镇居民的生活条件；城镇建设普遍忽视城市形态的塑造，城镇形态千篇一律，缺少中国历史悠久的传统建筑文化特色，极大地降低了城镇固有的人居环境价值等。此外，城市的教育设施、环境状况、邮电通信状况、园林绿化及防灾减灾措施等都不能适应未来经济发展和城镇化的要求，城镇就业、生活服务、社会保障等方面还存在许多问题，城镇居民生活方式还没有完全改变，等等。

城镇化质量的内涵包括以下几方面。①城镇经济的发展。城镇经济发展是城镇化质量的最根本体现，只有经济发展，城镇建设才能发展，居民的生活条件和水平才能提高，因此，城镇经济发展是城镇化质量提高的基础。城镇经济发展主要表现在城镇经济总量、发展速度、产业结构和经济效益等方面。②城镇社会的进步。城镇社会的进步包括城镇的科学技术、文化教育、人口就业、医疗卫生和社会保障等方面。城镇社会进步可以使城镇更具凝聚力和竞争力，能够更好地满足城镇居民日益增长的物质文化需要。因此，社会进步是城镇化质量提高的重要目标之一。③城镇基础设施的完善。城镇基础设施包括城镇道路交通系统、给水排水系统、能源供应系统、邮电通信系统、环境设施系统及防灾减灾系统等。城镇基础设施是城镇建设的物质载体，是城镇经济发展和人民赖以生活的必要物质条件，是城镇存在和发展的基础保证，也是城镇现代化的重要标志。因此，城镇基础设施的完善是城镇化质量的重要体现。④城镇生活方式的改变。城镇生活方式是城镇化内涵丰富性的重要体现。城镇化过程是一个深刻的、全方位的变革过程。在这一过程中，人们的生活条件、生活习惯、消费结构、行为方式、思想观念、道德意识、社会交往、综合素质等方面都会发生转变，从而形成与乡村不同的生活方式。从某种程度上说，生活方式的改变对城镇化质量的影响更为深刻，难度也更大。因此，生活方式的城镇化，对提高城镇化质量有着极为重要的意义。⑤城镇人居环境的改善。城镇人居环境是城镇居民生活和工作的环境和条件。进入 21 世纪，在全球城市化进程加快的背景下，人们为了追求高质量的生活，越来越多的人口聚居于城市，城市人居环境建设问题也越来越受到各国政府和人民的高度重视。有人断言：人居环境建设关系到城镇和国家的未来和命脉。因此，人居环境是与城镇化质量关系最为密切的方面之一，城镇化质量的提高必须为城镇居民提供方便、舒适、健康的生活和工作环境。⑥城镇管理的加强。城镇管理从内容上看，包括城镇的规划管理、经济管理、社会管理、生态环境管理和市政管理等诸多方面。城镇管理的实施涉及管理体制、运行机制、管理理念、管理手段和管理效率等问题。科学、有效的城镇管理是城镇各个系统正常运转的动力，也是提高城镇化质量的重要保证。目前，中国的城镇管理水平还不高，切实提高城镇管理水平是当务之急。

五、发展特色经济和特色区域经济，充分发挥大中城市的辐射带动作用

积极培育动力源泉、完善区域互动配套体系，统筹城乡基础设施建设，应该优先发展已经有一定规模和基础条件较好的地区和城镇，重点发展潜力大的小城镇。特色经济和特色区域经济尤其是指矿物资源、土地资源、人力资源和生物资源的合理利用程度。区域经济的效果，并不单纯反映在经济指标上，还要综合考虑社会总体经济效益和地区性的生态效益。衡量区域经济合理发展应当有一个指标系统，从中国许多地区经济发展情况来看，一般包括以下五个方面：①考虑整个国家经济发展的总体布局，分析地区经济在国家经济中的地位和作用；②地区经济发展的速度和规模是否适合当地的情况（包括人力、物力

和资金等因素）；③规划设计的地区经济开发和建设方案能否最合理地利用本地的自然资源和保护环境；④地区内各生产部门的发展与整个区域经济的发展能否比较协调；⑤除生产部门外，还要发展能源、交通、电信、医疗卫生和文化教育等区域性的基础设施，注意生产部门与非生产部门之间在发展上能否相互适应。

充分发挥大中城市的辐射带动作用，协调推进大中小城市和小城镇发展，就是要充分发挥各类城镇在承载经济和人类活动中的比较优势，形成各类城镇功能上相互补充、发展上相互促进的格局。通过大中城市的辐射带动作用提高小城镇的城镇化进程。大中城市是经济增长和技术进步的引擎，在创造社会财富、吸纳农村转移人口、带动中小城市发展、推动技术进步和集约使用资源方面具有明显的优势；小城镇是大中城市经济和技术辐射的对象，也是城乡经济社会联系的桥梁，在创造就业机会、方便人民生活方面具有独到的作用。只有发挥好大中小各类城镇的作用，才能促进城镇化健康快速发展。

大城市发展和建设的示范和引导作用表现在方方面面。第一，经济发展的示范和引导作用。大城市是一定区域的经济中心，第二、第三产业发达，它集聚着数量较多、规模较大的工商业企业，而且门类齐全、技术装备较好、能跟踪先进技术的应用、有产业创新能力，产品升级换代快。因此，一方面，大城市的产业发展、结构调整、技术设备的应用等对中小城市的经济发展能够起到示范和引导作用。另一方面，随着大城市经济结构的调整，一些产业或产品下移到中小城市，直接引导和促进中小城市经济发展。第二，社会发展的示范和引导作用。大城市在科学技术、文化教育、人口就业、医疗卫生和社会保障等社会发展方面始终走在前面。大城市拥有水平较高的大专院校、科研院所，有相当数量的科学工作者和专业技术人员，是国家和地区的文化教育中心和科学技术中心，引领着教育、科技与开发的方向。大城市的城镇职工基本养老保险、基本医疗保险、失业保险和城市居民最低生活保障等社会保障制度的改革和建设对中小城市和小城镇社会保障制度的建立都起到了示范和引导作用。第三，基础设施建设的示范和引导作用。大城市处理大量的人流、物流、信息流，基础设施比较完善。例如，大城市不仅有发达的市内道路交通系统，还有高速公路、机场、港口等现代交通设施。大城市的基础设施规划设计、建筑风格、建设方式和方法等对中小城市都会产生较大的影响。第四，生活方式的示范和引导作用。随着物质生活的富裕和文化生活的发展，城镇居民的生活方式也在不断发生变化。特别是现代城市居民的生活方式不断从物质型向文化型转化。例如，人们的闲暇方式、闲暇时间在生活时间中所占的比例、闲暇活动的内容和结构等都在发生变化。现代城市居民的音乐欣赏、体育健身、外出旅游等闲暇活动所用的时间越来越多。这些生活方式的变化，往往都是从大城市开始的。

第五，人居环境的示范和引导作用。在人居环境方面，许多中小城市人口密度较低，绿化覆盖率较高，空气质量较好，居住比较舒适。但大城市在人居环境建设的许多方面对中小城市仍有示范和引导作用。例如，大城市的绿化方式与风格、大城市的环保产业发展和城市环保设施建设等也会影响中小城市。第六，城市管理的示范和引导作用。大城市在城市规划管理、服务管理及其理念和管理手段等城镇管理方面有着积极的示范和引导作用。例如，在大城市，包括公共信息查询、社会服务系统、政府信息服务、政府办公自动化、政府辅助决策、网络安全与监控、网络管理与计费、纵向文件交换、横向文件交换等功能模块组成的电子政务的发展，在建设“服务型政府”方面对中小城市起到了良好的示范和引导作用。总之，大城市的发展和建设对中小城市起到了示范和引导作用，提高了城镇化质量水平。但是，应正确理解大城市的示范和引导作用，中小城市的发展和建设在借鉴大城市经验的同时，也应注重实际，创造自己的特色。

六、按照不同区域类型，合理优化城市空间布局

着力优化城市空间布局，就是要根据各地资源环境承载力、发展基础和潜力，结合实施国家主体功能区规划，进一步促进生产要素特别是劳动力向优势地区和大中城市集中。对于城市比较密集的沿海和东北地区，要在提升城市和城市群质量的同时，继续扩大城市群人口规模。对于中部地区，要加快完善城市体系，促进形成若干规模较大的城市群。对于西部地区，要加快发展核心城市和已具城市群雏形的城市圈、城市带，要进一步强化现有城市群的经济和社会联系，加快城市群的同城化、一体化步伐。同时要充分发挥中小城市，尤其是县城在吸纳农村剩余劳动力方面的积极作用，还要特别重视发挥县城作为大城市带动辐射中小城市和广大农村发展之桥梁纽带的作用。

根据国家经济社会发展和生态环境资源的保护要求，结合城镇化发展需要与城市空间资源的有效利用，确定全国城市发展空间指引。实现生态环境资源的有效保护，落实差别化的区域城市发展政策，实现空间资源的综合管治需求，从而进一步指导省域城镇体系规划和各城市总体规划的编制。

依据空间类型区划分原则，将空间类型区划分为：重点发展地区与城市、扶持发展地区与城市、生态保护地区和控制开发地区。

（一）重点发展地区与城市

依据国家区域协调发展的要求，重点发展“一带六轴”的国家级发展主轴线的地区和城市。优化提升发展型地区和城市，主要是指京津冀、长江三角洲、

珠江三角洲等大都市连绵区，主要是采取优化提升战略，提升生态环境质量；优化产业结构，推动产业的高级化、高新化；加强城市间的基础设施共享；加强城市群的辐射带动作用；确定城市增长边界，严格控制城市无序蔓延；推动区域政策一体化进程。

促进发展地区和城市。促进发展地区主要指除三大都市连绵区以外的其他沿海城市带地区、京广发展轴（含京九发展轴）、长江发展轴、陇海—兰新发展轴、京—呼—包—银—兰—成—昆—北部湾发展轴、哈—大发展轴、上海—南昌—长沙—贵阳—昆明发展轴。加快完善通道建设，加强发展轴线地区城市快速交通联系；引导投资、产业向轴线上的城市集聚；加快城市群的培育，形成以点串轴、以轴带面的城市发展格局；结合地区特点，确立资金扶持、科技扶持、优惠政策扶持等政策；培育和强化主导产业发展；防止过多污染产业转移，保持良好生态环境优势；基础设施建设优先。

（二）扶持发展地区和城市

扶持发展地区和城市主要指老工业基地城市、矿业（资源）型城市、历史文化名城、革命老区和少数民族地区城市。对于老工业基地城市和矿业（资源）型城市：推动产业转型，寻求新兴产业，推动产业的多样化；提升城市的服务功能，扩大区域影响，解决就业问题；科技改造与技术更新，再创城市竞争力；体制创新，吸引人才；国家资金支持，优先投资技术更新。对于历史文化名城：加强规划管理，严格保护历史文化资源，协调好新城建设与旧城保护，并加强资金、政策等方面的支持。对于革命老区和少数民族地区城市：在财政转移支付、基础教育、职业培训等方面予以倾斜；巩固中小城市的发展地位，成为带动贫困地区发展的中心；结合地区特点，发展旅游业、特色农业、农副产品加工工业等；加强生态环境保护，避免生态环境脆弱地区的过度开发。

（三）生态保护地区

生态保护地区是指生态与资源保护区，主要包括自然保护区、风景名胜区、水源涵养地、水体、林地、湿地等和不适宜人类居住并需要进行生态改良的地区等。对其规划指引包括：依据相关法律禁止或控制建设行为；生态保护地区与居民区、重大设施之间应采取防护措施，建立隔离绿地；加强生态环境保护，进行生态保育计划，保持生态系统结构优化；采取移民的政策，鼓励居民向城镇集中或其他地区转移。

（四）控制开发地区

控制开发地区主要指生态较为脆弱的内蒙古草原、黄土高原等地区，以及农田、重要河流沿岸地区、灾害易发地区、海岸带等。严格控制开发强度，种植业、牧业的发展要控制在一定的承载力范围内；重大建设项目严格按照相关法规进行控制管理，如基本农田按照《土地管理法》和《基本农田保护条例》严格管理；生态脆弱地区和灾害易发地区应鼓励居民向城镇集中。

（五）重点协调各地区统筹发展

重点协调地区包括：省域行政区的大都市连绵地区、城市群、沿主要江河湖流域地区，以及多省交界地区。具体包括：京津冀大都市连绵区、长三角大都市连绵区、珠三角大都市连绵区；哈长城市群、北部湾城市群；苏鲁皖交界地区、晋冀鲁豫交界地区、内蒙古东四盟与东三省的交界地区、江苏与安徽的交界地区、赣北浙西交界地区、甘肃与青海交界地区；淮河流域沿线地区、洞庭湖周边地区、鄱阳湖周边地区、太湖周边地区、河套地区。应加强这些地区在经济产业协作、基础设施建设、生态环境治理和文化交流等方面的交流。海岸带及近海海域：海岸带是指沿岸线纵深 20 ~ 30 公里的陆域范围。应保护海岸带完整性和稳定性，统一规划与分配海岸线资源，处理好海洋资源开发和保护的关系，杜绝过度开发。海洋港口和城镇的发展要统一规划，协调建设（住房和城乡建设部城乡规划司，2010）。

七、转变城镇发展观念，促进城镇可持续发展

着力促进城镇可持续发展，就是要提高城镇发展的集约化与和谐化程度，加快解决城镇发展面临的资源环境、基础设施、城镇功能、城镇管理等方面的问题，增强城镇持续发展的动力，促进各阶层和谐共处。要优化城镇功能布局，逐步实现大城市交通的立体化，较大幅度降低城镇通勤成本。要逐步消除已出现的大城市病，未雨绸缪，竭力防止城乡二元结构演变成城镇内部的“二元结构”，大力推进和谐宜居城镇建设。可持续城镇化道路需要从城镇发展理念、城镇规划的科学性和民主性、城镇空间布局调整与结构优化、城镇功能的有效集聚与疏散、城镇基础设施、城镇交通体系与结构、财政税收体制等全方位改革，需要循序渐进的推进。

城镇可持续发展问题是城镇发展的重大课题，从城镇的规划建设、城镇各项功能的发挥、城镇内部组成的运行到最终对城镇环境状况的检验，都需要将城镇的可持续发展摆在重要的位置。经济发展的可持续性已是世界性的课题，它不仅是国民经济发展的根本问题，也是城镇发展的根本问题。21 世纪是充满挑战的世纪，对于城镇发展来讲，最大的挑战是自然资源和生态环境，这个问题解决好了，城镇经济及城镇社会就能做到可持续发展，否则，城镇将面临生

存问题。长期以来，中国在城镇发展特别是小城镇发展的过程中，对生态环境问题重视不够，甚至是以掠夺性开发利用资源、污染破坏生态环境为代价发展经济。2011 年 11 月，国家环保部门对 327 个地级城市空气进行监测，空气质量达到一级标准的城市有 12 个（占 3.7%）；达二级标准的城市有 195 个（占 59.6%）；达三级标准的城市有 110 个（占 33.6%）；劣于三级标准的城市有 10 个（占 3.1%）（以上均参照年均值标准）。此外，中国在推进城镇化的过程中，还存在着土地、能源、水等资源配置不合理和利用效率较低的突出矛盾。从土地资源来看，大多数城市都偏重于规模的外延扩展，忽视城市用地的内部挖潜，土地闲置或低效利用现象大量存在，特别是新征用耕地的“开发区”大量闲置。从水资源来看，2011 年全国年平均缺水约 400 亿立方米，2/3 的城市不同程度缺水，1/6 的城市严重缺水，地下水超采区面积达 19 万平方公里，水功能区达标率仅 42%。669 座城市中有 400 余座供水不足，在 32 个百万人口以上的特大城市中，有 30 个长期受缺水困扰。随着中国用水量持续增长，水资源短缺进一步加剧。从能源来看，在城市能源结构中仍以煤炭为主，煤炭在整个能源消耗中占 60% 以上，煤烟污染成为城市大气污染的主要源头，同时由于先进的节能技术在城市能源利用中推广不够，能源利用率明显偏低。目前，中国能源消耗生产的价值量仅为发达国家的 1/4 左右，我们用同样原材料消耗生产的商品价值量只有发达国家的1/4 ~ 1/6，等等。因此，可持续发展问题将是中国城镇发展长期面临的重大问题。

在中国特色城镇化建设的过程中，要把握可持续发展精髓，坚定不移地走良性循环、协调发展道路，着力营造宜居、宜业、宜游的生态环境，努力建设以维护人类生存环境、合理保护资源与能源、有益于人体健康为特征的生态城市。一是实现城镇建设与生态环境改善的有机结合。坚决改变先污染后治理、边治理边污染的状况，努力根治企业污水废气乱排乱放问题，加快建设污水和垃圾处理厂，促进污水和垃圾的无害化。要优化产业结构，调整投资方向，对目前造成严重环境污染的工业企业要实行关、停、并、转，在新上项目的选择上要有针对性、选择性和前瞻性，重点发展上规模、上档次、高科技、高效益、污染小的工业项目，切忌因盲目降低投资初期的建设成本而影响投资项目的持久发展。要加强城镇绿化工作，大力开展山水园林城市创建活动，并把城镇绿化同高效农业、观光农业、生态旅游业结合起来。二是实现城镇建设与资源保护的有机结合。合理开发矿产资源，避免资源浪费和环境污染。正确引导乡镇企业向小城镇集中，降低企业平均用地面积，尽量减少对耕地的占用，保证耕地的动态平衡。三是实现城镇建设与个性特色的有机结合。充分利用本地的地理、生态、历史文化和环境优势，在建设特色城镇上下工夫、做文章，尤其要注意尊重城镇发展历史和区域文化，保护好自然遗产和历史文化遗产，保护好各种具有个性特色的生态和环境风貌，以及具有历史、科学、文化艺术价值的传统城镇、街道和古老建筑，让城镇建设打上地方文化的烙印，留住区域独特的记忆。四是实现城镇建设与社会保障的有机结合。建立健全就业、医疗、养老等社会保障体系，加强文化艺术、教育培训、医疗卫生等社会事业建设和社会治安综合治理，不断满足不同人群对不同生活方式的需求，有力保障人们的生命财产安全，增强城镇多元化的吸引力。

八、统筹协调发展，推进城乡一体化

推进城乡一体化，就是要突破就城镇论城镇、就农村论农村的“二元分割式”城乡发展思维，使人口向城镇的聚集、城镇就业岗位的创造和农业生产方式的变革、农村经济的发展统一起来。要更好地发挥城镇带动农村发展的作用，也要发挥好农村支持城镇发展的作用。城乡一体化有力地推动着城镇化的快速有效的实现，是城镇化过程中的有力支撑。

（一）坚持统筹兼顾的城乡一体化发展方向

坚持城乡建设发展的协同推进。全面提升规划理念，强化基础设施建设、产业发展、社会事业发展等规划之间的有机衔接，不断优化城乡空间布局规划。集中力量加快中心城市建设与发展，巩固提升县城集聚带动能力，有计划地培育区域性重点中心镇，全面启动并加快推进农民集中居住点建设，加快形成人口集中居住、产业集聚发展、功能分区合理的城乡一体化框架，促进城乡公共服务能力的同步提升。围绕学有所教、劳有所得、病有所医、老有所养、住有所居的总体目标，不断深化社会事业改革，努力增加城乡教育、卫生、文化等社会事业资源总量，提高公共服务产品供给质量和水平，让广大农民在改革发展中享受到更多实惠。

（二）加快构建城乡产业联动协调发展格局

创新现代高效农业发展机制。建立健全市、县、乡三级农村土地承包经营权流转服务平台，提高农业规模化经营水平。深化农业科技创新体系、农技推广服务体系、农产品质量安全监管体系建设，推动农业发展方式转变，促进农业结构战略性调整，提高农业产业化水平。积极发展城郊休闲观光农业，全面推进集体林权制度改革，实现林业有发展、农民得实惠、生态受保护。着重推进以农民专业合作、社区股份合作、土地股份合作为核心的农村“三大合作”改革。在推进农民集中居住点建设过程中，允许集体经济组织结合公共服务设施建设，配套部分经营性用房，拓展村级集体经济发展空间。采取“基地＋大户＋大学生村官＋贫困户”等形式，深入实施脱贫攻坚工程。

（三）有序引导农村人口向城市、中心镇和集中居住点集聚

努力让农民轻松进城、廉价买房、稳定就业、舒适生活。全面推行以实际居住地登记为“居民户口”的城乡一元化户籍管理，让进城农民与原有的城镇居民享有同等待遇。对进城购房居住的农民，给予契税补助奖励和安家补贴。支持在工业园区等农村进城务工人员较为集中的地区开发建设蓝领公寓；允许退出原农村宅基地和住房的进城农民购买经济适用房等城镇保障性住房；为符合条件的进城务工农民提供公积金贷款。增强重点中心镇的吸引力和集聚力。对中心镇给予重点支持，使重点中心镇成为有较强服务力和辐射力的农村区域性消费中心。适时推进乡镇撤并工作，鼓励重点中心镇与其他乡镇共建共享基础设施和公共设施，加快第二、第三产业发展，为农村劳动力提供更大创业就业空间。

（四）努力推进城乡公共服务均等化

积极推进城乡教育协调发展，进一步扩张中心城市和县城的优质教育资源，加快城乡中小学标准化建设，实现城乡办学条件基本均衡。认真落实义务教育学校教师绩效工资政策，并优先向农村义务教育学校教师倾斜。促进教师区域内合理流动，努力缩小城乡教育质量差距。不断健全覆盖城乡的公共卫生体系和基本医疗服务制度，进一步强化政府公共卫生职责，加强公共卫生服务体系建设，促进基本公共卫生服务逐步均等化。做大做优做精做强市、县、乡、村四级医疗服务体系，积极鼓励优质医疗资源向广大农村辐射。每个乡镇重点办好一所乡镇医院，县城按每 8 万～10 万人或街道（镇）所辖范围办好一个社区卫生服务中心，每个行政村办好一个村卫生室。加快构建城乡公共文化服务体系，巩固发展广播电视、文化站、图书馆、剧院等传统的公益性宣传文化阵地，加强爱国主义教育基地、文化活动中心、文化广场的建设，形成从市到村四级公共文化服务网络，促进先进文化向农村传播。

第二节　中国特色城镇化道路的总体原则

统筹城乡发展是一个国家和地区在生产力水平或城镇化水平发展到一定程度的必然选择，同时也将是一个持久的过程。由中国城镇化的现实起点、现阶段基本国情、发展阶段和技术环境所决定，中国特色的城镇化道路应是经济效益与社会公平相协调、人口分布同资源环境相协调的道路，是彻底解决城乡二元结构问题、实现经济发展与社会和谐的道路。为此，应坚持以下七条基本原则。

一、因地制宜原则

中国拥有幅员辽阔的疆土，56个民族，各个省（自治区、直辖市）、各个地区和各个县市的经济发展都不一样，自然环境、历史文化以及资源条件等都存在差异，城乡发展的条件和水平也有很大差别。因此中国特色城镇化要与社会经济的发展条件相适应，城镇化的发展要符合中国的基本国情，因地而宜，不能实行一刀切。

城镇化作为内在经济社会发展的过程，其发展方向、模式和效用，都取决于特定国家的基本国情、经济社会背景以及相关的制度、体制和政策环境，不存在世界普适的城镇化必然规律，所以中国城镇化不能简单照搬国外的模式。例如，中国水土资源的有限性决定中国城镇化必须走一条空间节约型的道路。2006年，中国的耕地面积只占世界耕地总面积（206亿亩）的9%，而人口却占世界总人口的22%，人均耕地不足1.43亩，不到世界人均耕地数量（3.35亩）的42.7%；更低于欧美主要国家的人均耕地数：加拿大21.99亩，俄罗斯12.85亩，阿根廷12.17亩，美国8.95亩，巴西5.05亩，法国4.62亩，德国2.15亩。特别是大大低于耕地资源丰富国家每个农业劳动力经营的耕地亩数，与其经营规模几乎不能相比。中国人均水资源量只有2076立方米，仅为世界人均量的24%，远低于世界水资源丰富国家。例如，加拿大人均水资源量为94 314立方米，美国为9985立方米，日本为3389立方米，法国为3218立方米（丁声俊，2007）。

世界各国发展都遇到过城市用地的扩张蔓延问题，并不断有新的成果出现，如“新都市主义”（new urbanism）、“精明增长”（smart growth）、“紧凑城市”（compact urban）等控制城市蔓延的相关理论。中国也在密切关注城镇化地区的盲目扩张及其后果。因此，县域经济发展必须借鉴国外新的理论，结合中国的实际，因地制宜，走出一条符合中国国情的城镇化道路。

城镇发展必须依据提高整体效益和区域经济发展的要求合理制订规划。首先是完善城镇体系规划编制。建立现代化的城镇体系规划，加快城镇技术进步和产业结构升级，确立支柱产业和专业化在城镇经济发展中的主导地位。加强城镇间的商品贸易和经济技术合作，促使城镇经济发展成为国民经济产业体系的有机部分。其次是结合各地历史、文化背景制订独具特色的城镇规划。一般来说，城镇或多或少都具有一定的历史、文化背景和自然、区位特色，如土家文化、秦简文化和红色旅游等，在城镇发展规划中要充分挖掘现有资源优势，打造城镇特色。同时要严格按照规划进行城镇建设，确保规划的严肃性和城镇发展的科学合理性，以提高城镇的凝聚力和辐射力。广辟融资渠道，解决城镇建设资金瓶颈，把市场经济经营理念运用到城镇建设中去，去经营城镇，建立多渠道融资体系，才能加快城镇建设步伐：一是调整城镇土地利用结构，改造、盘活城镇存量土地，提高土地利用率，将城镇土地收益部分用于城镇建设；二是积极引进外资和广泛吸纳民间资本，采取“谁投资，谁收益”的原则吸引外资和民间资金，参与城镇基础设施建设，完善城镇功能，以“筑巢引凤”的方式，循环滚动发展，促进城镇经济社会事业持续发展；三是充分合理利用城镇无形资产，通过有偿出让市政公用设施使用权、冠名权、经营权和广告权等方式盘活城镇无形资产，筹集资金用于城镇建设；四是积极主动争取金融部门对城镇建设的支持，加快城镇建设。

二、循序渐进原则

在推进城市化发展的过程中，必须尊重事物的客观规律。城市化是人类社会发展的普遍现象，是实现社会、经济现代化的必由之路。在各种发展条件的约束下，各个国家和地区在选择其城市化发展模式的时候，都应该遵循城市化和社会经济发展的内在规律，走一条循序渐进的道路。

城市化是各个国家在实现工业化、现代化过程中社会变迁的反映，中国也不例外。但是纵观世界，各国的城市化无不和它们各自的国情（包括经济、社会、历史、地理、民族和文化等）有关，从而呈现出不同的城市化道路和特点。城市化由工业化和经济社会发展所带动，但是它的推进也反过来促进经济社会的发展。对待城市化，既不能“人为抑制”，也不能“拔苗助长”。20 世纪是全球城市化快速发展的时期，尤其是第二次世界大战以后，全球城市化率从 20 世纪初的 13%，到 20 世纪末达到 48%，100 年间提高了 35 个百分点。全球城市人口达到 28.6 亿。这个时期的特点是：大量发展中国家开始城市化，其中一部分国家由于农业生产率低下，农民缺少生计来源，大量涌入缺乏就业岗位的大城市而造成所谓“过度城市化”现象；一部分发达国家则基本达到了城市化相对停滞的阶段，这些国家的城市化率不再上升，但并不意味着城市停止发展。

基于中国的基本国情和城镇化面临的特定环境，大量的农村剩余劳动力向非农业产业和城镇的有效转移，是中国城镇化在未来相当长时期内的主题。巨大的人口转移规模与城镇有限的吸纳能力之间的矛盾，是长期影响中国城镇化的主要矛盾。这也在一定程度上说明中国城镇化必须要走循序渐进的道路，不能走“冒进式”城镇化的道路。

三、以人为本原则

以人为本是科学发展观的本质和核心，同时也是城镇化发展的核心理念。

中国特色城镇化一定要做到以人为本，倾听民众的声音，关注民众生活，使人民享受到城镇发展的成果。不仅要尊重城镇居民的意愿，同时也要考虑农民的需要，城镇化不能以削弱农业的基础地位和损害农民的利益为代价。

改革开放以来，尽管中国的城镇化率从1978年的17.92%提高到2010年的47.5%，但仍然远远低于发达国家80%的水平，甚至低于世界平均50%的水平。目前47.5%的城镇化率“成色”还不是很足：其中既包括了1.45亿左右在城镇生活6个月以上、但没享受到和城镇居民同等公共福利和权利待遇的农民工，也包括1.4亿在镇区生活但仍然从事农业生产的户籍人口。总体上说，中国的城镇化进程还滞后于经济发展速度和工业化进程。

“十二五”时期，中国城镇化要进一步加快发展，不仅意味着我们要把庞大数量的农民工及其家属转变成城镇居民，也意味着要让他们享受与城镇原有居民同等的公共服务和各项权利，这无疑是一项非常艰巨的任务，也将是一个史无前例的壮举。大量“农村人”成为“城里人”，就必须大力降低农民进城落户的门槛。深化改革是铺平进城之路的根本力量，制度完善是保障农民权益的关键所在，充分就业是解决生计问题的基本条件。事实证明，中小企业能大量吸收农村剩余劳动力进城就业。在融资、税收、土地、准入和政府采购等方面大力扶持中小企业发展，就能为进城务工的农民提供充分的就业岗位，这就降低了农民工进城的门槛。此外，还要使进城务工的农民享受与城镇居民同等的受教育权利、医疗保障权利、最低生活保障权利和失业救济权利等。

中国特色城镇化不是以高楼大厦作为衡量标准的城镇化，以人为本才是符合科学发展要求的城镇化，解决好农民入城的各种问题，使农民享受到城市现代生活方式，才是名副其实的城镇化。

四、目标合理原则

城镇化率、城镇规模结构和城镇的区域分布要与人口众多、资源匮乏和各地禀赋条件差异较大的国情相适应，要有利于促进经济发展、消除城乡差距和区域差距，最终使经济产出和社会财富的地域分布同人口的地域分布大体一致。

中国特色城镇化的战略重点是：继续扩大城镇人口规模，更加注重提高城镇化的质量；促进大中小城市协调发展与合理分工，进一步发挥大城市在创造财富、吸纳转移人口、带动中小城市发展、转变经济发展方式和集约使用资源方面的积极作用；根据各地资源环境承载力、发展基础和潜力，结合实施国家主体功能区规划，优化城市在国土空间上的布局，着力发展以中心城市为依托的城市群、城市带，提升沿海和东北地区城市群人口承载能力，促进形成中部地区城市群体系，着力培育西部地区核心城市；转变城镇发展方式，促进城镇可持续发展；统筹推进城镇化和新农村建设，促进城乡一体化发展，使城乡居民共享城镇化带来的物质和精神文明成果。

中国特色城镇化可持续发展的合理目标为：到 2020 年，城镇人口、经济、社会、资源和生态环境建设基本协调，基本实现社会文明公正、经济高效繁荣、公共服务比较完备、环境洁净、生态初步良性循环、设施齐全功能基本配套、交通出行比较便利、信息比较高效、资源比较节约、土地比较集约利用，人民生活全面实现小康。

中国特色城镇化可持续发展的合理目标具体为：一是城镇人均 GDP 超过 10 000美元，GDP 保持较高速增长；二是人口增长率合理，城镇人均寿命达到 80 岁，人人享有基本社会保障、失业率较低，城乡收入比合理，人均受教育年限在 15 年以上；三是城镇单位增加值能耗比 2005 年下降 45% ~55%，碳排放降低 45% ~55%，城镇主要工业产品单位能耗指标达到或接近世界先进水平，生活污水、垃圾基本实现无害处理，空气质量接近优良；四是城镇初步解决人口、营养、卫生、就业、能源、资源、生态、环境和社会工作问题；五是城镇的人口安全、食品安全、信息安全、经济安全、健康安全、生态环境安全和社会安全得到较好的保障。

五、政府保障原则

一方面，需要由政府特别是中央政府主导系统化改革和全面建设制度，建立依法治国的基本社会秩序，维护有效竞争的市场秩序；另一方面需要政府组织提供普惠的公共服务，特别是基础教育和医疗卫生等基本公共服务，维护社会的公平公正。既要加快城镇化进程，提高经济效益和实现社会公平，又要保证相关户政信息管理制度、公共服务供给、社会保障体系、城镇管理水平等能够协调发展，保障城镇化稳健、有序、快速推进。促进中国特色城镇化快速健康可持续发展的政策建议具体有：进一步促进统一市场建设，清除各种限制要素流动的体制和政策；完善社会保障和基本公共服务体系，为促进人口流动创造更好条件；进一步完善财税体制，拓宽城镇基础设施建设融资渠道，增强地方政府提供公共服务的能力，防范和化解城镇建设带来的财政风险；完善土地制度，促进土地集约利用，妥善处理相关方利益；促进城市群发展，形成合力的城镇化空间格局；树立资源节约与环境友好的新型城镇化观念，多策并举，推进城镇可持续发展；改革市管县行政管理体制，加快县域经济和小城镇发展；深化改革，加快破除城乡二元结构；加快城镇规划体制改革，发挥规划的调控作用；改进中央对地方政府的政绩考核体系，建立规范的城镇化统计制度和质量评价体系。只有政府制定有效的政策措施，形成合理的制度，发挥政府的保障作用，中国特色城镇化才能健康有序发展。

六、城镇化与工业化互动原则

以工业化推动中国城镇化的建设，走新型工业化与城镇化共同发展的道路。以工业化支撑城镇化，通过城镇化来组织并提升工业化，建立起农村工业化和城镇化互动发展的新机制。坚持以信息化带动工业化，走科技含量高、经济效益好、资源消耗低、环境污染少、人力资源优势得到充分发挥的新型工业化道路，同时加强工业化带动城镇化建设。

农村工业化推动城镇化发展。农村工业化是在农村地区推进的工业化，是国家工业化的重要组成部分，其主要通过发展农村工业，刺激农村非农产业的扩张和可持续发展，进而不断整合和合理利用农村的经济资源。中国城镇化的浪潮是在农村工业化的带动下获得发展的。80%以上的建制镇是在改革开放以后组建起来的，城镇发展成为农村的工业中心、流通中心、交通中心和经济信息中心，进而对其周边地区产生较强的辐射功能，带动了农村经济和社会的全面进步。

以产业集聚与布局调整带动城镇化发展。产业集聚和城镇的发展是不可分的，是一个相互依存和相互促进的过程。两者具有相互推动、相互依存、共同发展的关系。一方面，城镇是产业集聚发展信息、金融、物流和技术的中心，是产业集聚的动力源。城镇作为产业集聚发展的核心，通过吸纳生产要素的流入，不但能促进城镇自身的发展，而且可以通过不断向产业扩散和输出技术、资金、服务，培育和发展市场体系，促进技术、劳务、资本及信息流动，从而推动产业的技术进步和升级。另一方面，产业作为城镇赖以存在的地理空间，为城镇的发展提供了基础条件和广阔的腹地。产业集聚发展的基础和保障条件又是城镇服务的对象。因此，城镇的产生与发展过程中，具有什么样的功能、发展速度快慢、能够达到何种规模，不但取决于城镇的自身条件，而且取决于其他产业。

七、统筹兼顾，协调发展原则

不仅要以城镇居民为本，而且要以农村居民为本，要把统筹城乡发展、缩小城乡差距、提高农村居民的生活质量、促进人的全面发展，作为推进城镇化的根本目的。在城镇化建设的过程中要做到：城镇化与农业现代化一致，城镇化与工业化一致。要把推进城镇化与建设社会主义新农村有机结合，对农村坚持多予少取的政策，建立以工促农、以城带乡的长效机制。

统筹兼顾是马克思主义关于发展的方法论的高度凝练，也是经过实践检验的行之有效的重要工作方法。科学发展观的根本方法是统筹兼顾。深入贯彻落实科学发展观，必须坚持统筹兼顾。要正确认识和妥善处理统筹兼顾与中国特色城镇化的重大关系，统筹城乡发展、区域发展、经济社会发展、人与自然和谐发展、国内发展和对外开放，统筹个人利益和集体利益、局部利益和整体利益、当前利益和长远利益，充分调动各方面积极性。既要总揽全局、统筹规划，又要抓住牵动全局的主要工作、事关群众利益的突出问题，着力推进、重点突破。统筹兼顾，是中国特色城镇化进程中一条行之有效的重要经验，也是在新的历史条件下保证全面协调可持续发展的根本方法。在全球经济一体化加深、国际竞争加剧的情况下，要通过改革和制度建设，统筹兼顾，建立和完善市场保障有效运行的制度环境，充分发挥市场资源配置的基础作用，引导生产和人类活动在全国范围内的重新分布与聚集。

第五章　中国特色城镇化道路的实现机制与条件

第一节　中国特色城镇化道路的实现机制

“机制”一词最早源于希腊文，原意是指机械、机械装置、机械构造及其运行原理。后来，这个概念被移入生物学、生理学和医学中，用来说明有机生命体内部的构造及其生命运动的原理，之后又被广泛地运用于自然科学和社会科学，泛指某一复杂系统的内部结构、运动工作原理及其内在的规律性（宁越敏，1998）。城镇化发展模式的实现机制是指在城镇化发展模式的实现过程中，推动城镇化得以发生和发展的内外因素及其关系。

城镇化机制，是指在城镇化进程中，各种影响城镇化的要素之间相互作用、相互制约的互动关系、运作机理及维持和完善这种运作关系的各要素构成的综合系统，它是城镇化持续、快速、健康发展的重要基础。要确保中国特色城镇化的良好运行、顺利发展，必须健全能够促进中国特色城镇化发展的完整而系统的运行机制。城镇化的发展，有赖于健全的城镇化机制，不仅要有产业非农化的动力机制，还要有要素流动和集聚的生成机制，两者缺一不可。如果没有前者，只有后者，就会出现所谓的“过度城市化”，如拉美的墨西哥；相反，如果只有前者，没有后者，就会出现所谓的“滞后城市化”、“非城市化的非农化”（黄建军和段习贤，2005）。

通过对世界城市化历程的研究可知，城市化是社会现代化的重要标志，在城市化发展的过程中会受到经济、社会、政治、文化、制度等多方面因素的影响。在诸多影响城市化发展的因素中，产业结构的非农化转换、经济要素在不同产业及地域间的流动是决定城市化发展的关键要素所在。也就是说，产业结构的转换（即产业非农化）是中国特色城镇化的动力机制，规模经济的实现和城镇聚集是中国特色城镇化的传导机制，人力资本的提高是中国特色城镇化的提升机制，科技进步是中国特色城镇化的促进机制，制度的创新与变迁是中国特色城镇化的调节机制，城镇文化是中国特色城镇化的优化机制，它们的共同作用形成了中国特色城镇化道路的实现机制。

一、动力机制

城镇化的动力机制是决定城镇化进程的基本力量，是推动城镇化产生和发展所必需的动力产生机理，以及维护和改善这种作用机理的各种经济关系、组织制度等所构成的综合系统。中国特色城镇化的动力机制在不同的发展时期有着不同的表现形式，是随着生产力的发展水平而不断变化的。

（一）产业驱动机制

产业的发展是驱动城镇化发展的原动力，包括第一、第二和第三产业在内的三次产业的发展，三次产业结构的演变影响了中国特色城镇化的进程，产业发展的空间布局成为中国特色城镇化空间布局的主要依据。表5-1给出了不同发展阶段中国特色城镇化的特征及其动力机制的演变趋势。

表5-1　不同阶段中国特色城镇化特征和动力机制演变趋势

项目	城镇化阶段		
	初始阶段	发展阶段	成熟阶段
城镇化特征	发展速度比较缓慢；城镇规模小、数量少；城镇扩张表现为“量”上的扩张，即外延扩张	发展速度较快；城镇在外延扩张的同时开始内涵扩张	发展速度趋于平缓；城镇化表现为“质”上的扩张，即内涵扩张
动力机制演变趋势	计划经济体制一统天下；国有经济工业化是城镇化的核心动力；第二、第三产业吸纳劳动力数量增加；资本、技术等资源匮乏阻碍城镇化的发展	商品经济逐渐超越计划经济；工业化仍是城镇化的重要动力；第三产业的推动力开始显露；资本、技术等资源约束机制有所缓解	市场经济体制确立；第三产业成为主要的后续动力；完善的资源配置方式和市场机制有效地促进城镇化持续发展

中国经济的快速发展，为城镇化提供了强大的客观动力。随着经济的增长，居民的收入水平相应提高，其需求层次和结构等也会相应提高。城镇化—经济增长加速—就业机会增长—城镇化水平提高，是城镇化良性发展的必由路径，其中经济增长速度是决定城镇化进程的关键因素（陈征平和俞晓玲，2005）。配第-克拉克定理指出，随着经济的发展和人民生活水平的逐步提高，第一产业在国民经济中的比重不断降低，第二和第三产业的比重将会逐渐升高。工业化是城镇化的内生动力，农业是城镇化的外在条件和制约因素。随着城镇化的不断深入和发展，第三产业成为推动城镇化的主要力量（张培刚，2001）。由本文在实证分析部分的结论可知，非农产业对推进和提高城镇化水平具有积极作用，中国城镇化水平与非农产业产值比重的相关系数为0.959。经济结构的优化为中国特色城镇化的发展提供了持续不断的动力（赵君和肖洪安，2004）。工业化水平的提高和第三产业的发展必然对地区城镇化水平产生显著影响。图5-1表示的是城镇化与产业驱动之间的关系。

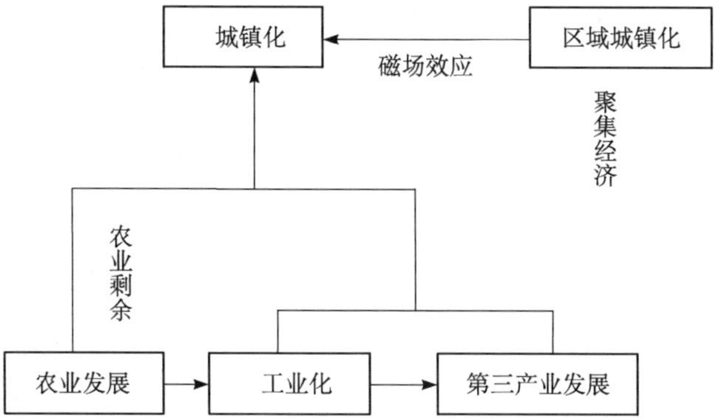

图 5-1 城镇化与产业驱动之间的关系

资料来源：国务院发展研究中心课题组，2010

城镇化是工业化的直接结果，工业化又是产业结构不断演进升级的结果。特别是在21世纪，知识经济崭露头角，包括信息产业在内的第三产业对城镇化的推动作用日趋突出。信息化可以有效地扩大城市的规模，提升城市的质量，它将成为继工业化之后城市发展的新一轮动力。

随着城市的不断发展，其职能变得更加复杂化和多样化，工业化对城镇化的拉动效应相对减弱，第三产业比重不断增加，此时，第三产业逐步成为推动城镇化发展的主要驱动力。这种后续驱动力主要表现为：一，企业生产的进一步发展要求城市提供更多、更好的生产配套性服务行业来带动城镇化；二，随着城乡居民收入的提高，人们要求拥有更加丰富多彩的生活消费性服务，同时对于住房购物、文化教育、体育娱乐、旅游度假等的需求也相应增加，进而加速了相关第三产业的发展，提高了城市的就业机会；三，第三产业的快速发展，进一步强化了城市的现代科教中心、文艺中心、政治中心的地位，提高了城市居民的现代文明程度。也就是说，城镇化就是在一定地理空间范围内第二、第三产业生产区位的形成和发展以及与其相伴产生的消费区位的形成和聚集过程。城市的成长主要表现为第二、第三产业的成长，产业本身的聚集效应及产业之间特有的关联效应使第二、第三产业的聚集产生乘数效应，进一步促进资源集聚和城市发展，从而推动城镇化进程（刘传江，1998）。

（二）经济发展的驱动

改革开放之前，中国城镇化的动力机制是“自上而下”的，即推动城镇化的动力主要来自于国家的宏观经济政策、大型项目建设等政府行为。随着中国市场机制的逐步建立和完善，以及家庭联产承包责任制的实施，乡镇企业迅速发展，成为促进中国小城镇发展的重要力量，也就形成了“自上而下”与“自下而上”并存的二元化动力机制。目前，中国参与世界经济的程度日益提高，许多国际因素也影响着城镇化的进程，未来中国城镇化的动力机制将由二元化向多元化转变，随着市场功能的日益强化，企业和个人的作用将进一步加强，政府的作用则相对弱化。随着中国经济运行质量的提高与知识经济的影响，经济增长对城镇化的影响日益突出，城镇化的运行模式由粗放型转为集约型。经济发展水平在一定程度上决定了一个地区城镇化发展的水平。目前中国各地区的经济发展水平之间存在着很大的差距，图 5-2 给出了 2005 ~ 2009 年全国分地区的人均 GDP 状况，由此可知，东部地区的经济发展速度较快，西部地区的经济发展水平远远落后于全国平均水平，东中西部地区之间的差距十分显著。但是总体而言，中国的经济发展是在稳步提升的，具体见图 5-3。由前文的分析可知，城镇化水平与人均 GDP 之间的相关系数为 0. 938，即城镇化水平的提高与人均 GDP 的增加高度正相关。因此，经济的发展在推动中国特色城镇化进程中发挥着举足轻重的作用。

2005 ~ 2009 年中国城镇居民人均可支配收入分别是农村居民的 3. 22 倍、3. 28 倍、3. 33 倍、3. 31 倍和 3. 33 倍，农民收入水平增长缓慢，城乡居民的收入差距逐渐扩大。根据国际经验，城乡居民收入之比应不超过 2∶1，但是中国已超过警戒线很多。如果考虑到农民收入中约有 20% 必须用于生产经营和购置生产性固定资产支出以及城乡居民享有的医疗、住房等补贴因素外，那么实际差距要超过 3. 5∶1。巨大的城乡收入差距将成为城镇化发展的强大推力。城乡之间的收入差距扩大，会吸引农村劳动力向城市转移，进而加快城镇化进程。正如前文所说，城镇居民较高的人均可支配收入、农村居民较低的人均纯收入是引导中国人口城乡之间流动的重要因素。

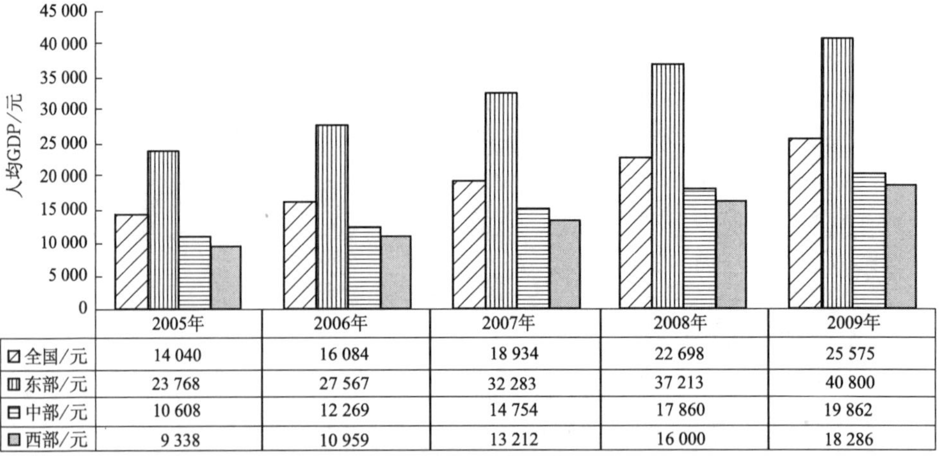

	2005年	2006年	2007年	2008年	2009年
▨全国/元	14 040	16 084	18 934	22 698	25 575
▥东部/元	23 768	27 567	32 283	37 213	40 800
▤中部/元	10 608	12 269	14 754	17 860	19 862
▩西部/元	9 338	10 959	13 212	16 000	18 286

年份

图 5-2 中国分地区人均 GDP

资料来源：根据 2006 ~ 2010 年《中国统计年鉴》整理而成

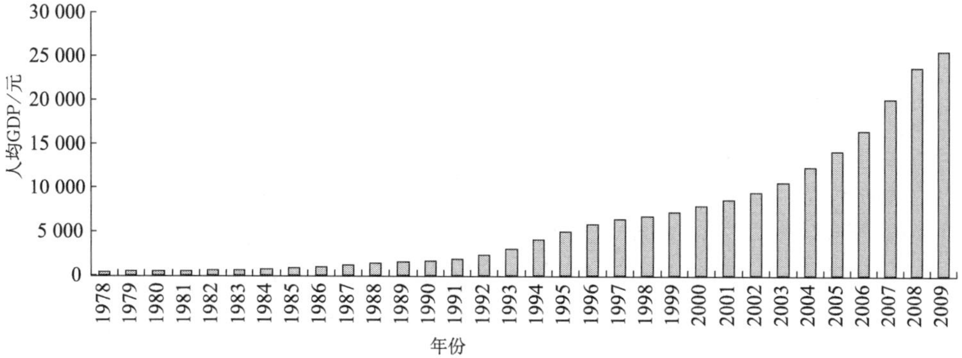

图 5-3 中国历年人均 GDP 变化趋势图

资料来源：根据 2010 年《中国统计年鉴》整理而成

二、传导机制

城镇化的传导机制，主要是指城镇化在推进过程中是一个不平衡的、连续的动态过程。在市场经济环境中，城镇化一般最先发生在那些具有比较优势和具有相对优越区位条件的地方，形成“极点”并迅速聚集和扩张，然后由极点产生扩散效应，向周围一级一级地逐步推进（高佩义，1991）。

（一）经济规模化和聚集化

规模经济一般是指处于某一特定区位的经济主体，随着生产和经营规模的扩大，单位产品成本不断下降，收益递增的现象（马歇尔，1997）。规模经济包括两个方面的内容：一是单个企业在某一区位通过自身发展扩张而形成的内部规模经济，二是众多企业在局部空间呈一定规模的聚集所带来的外部规模经济。一方面，企业为了达到一定的市场规模，追求规模经济，倾向于在城市布局；另一方面，城市良好的投资环境为企业提供了优越的发展条件。因此，企业与城市之间形成了一种良好的相互促进格局。企业追求规模经济的过程促进了城市规模的扩大，进而推动了城镇化的发展；城市的不断发展，为企业的发展创造了更加优越的发展环境，有利于规模经济的实现，并吸引更多企业的投资和加入。

聚集的经济理论效应有两种：一种是人员集中，分工细致，生产者通过交易、学习和模仿等，发现自己的比较优势，提高劳动生产率；另一种是通过分工网络效应和集中交易，来减少交易费用和降低成本，使收效更加丰厚。聚集经济带来的效应是促进城市形成的根本原因。在农村实现聚集经济，提高分工水平，加快城镇化进程是改变城乡二元结构最根本的办法。在土地流转制度和人口流动方面进行制度变革，并发展能容纳大量农村人口的劳动密集型工业，可以有效地减少不利于消除二元结构的因素。

（二）城镇的磁场效应

在城镇化的过程中，城镇可以吸引周边的各种要素和经济活动，当聚集到一定程度时，将通过辐射和扩散效应推动周边地区经济的发展和城镇化的演变。城镇聚集在空间上主要表现为三种形式：一是内城的更新与改造，其中包括危旧房的拆建，商贸街的改造，大型公共建筑的聚集，大型商场和中心商务区的逐步建设；二是外延扩展，即城镇不断向周围郊区蔓延；三是郊区城镇化，指把郊区转变为城镇地区，包括农业用地转化为非农业用地，农村经济由以第一产业为主向非农产业为主转化，外来人口大量聚集于城镇的近郊，加速郊区的城镇化。

促进城市的集群化发展（图 5-4），形成都市圈、城市带、城市群等新的城市空间组织形态，改变传统的以单个城市为核心的“点”的集聚模式，转化为以城市群为中心的“面”的集聚模式，建立都市圈共同市场，强化区域互动配套体系建设，建立区域内城市间合作体制，推进城际要素对接和产业对接，主动迎合城市中心的扩散效应，从而可以提高重点区域内大中城市的集聚能力，促进大中小城市和小城镇的协调发展。城市群是一种高级的城镇化形态，具有强大的辐射带动能力，可以通过产业、技术和资本的外向辐射扩散，加强其与周边城镇的经济一体化进程，使中心城市与周边小城镇形成合理的功能分工，进而扩大城镇化的区域。城市群的发展可以使区域内的人才、资本等要素和资源摆脱各种行政束缚，降低城市间的交易成本，推动整个区域的城镇化进程。

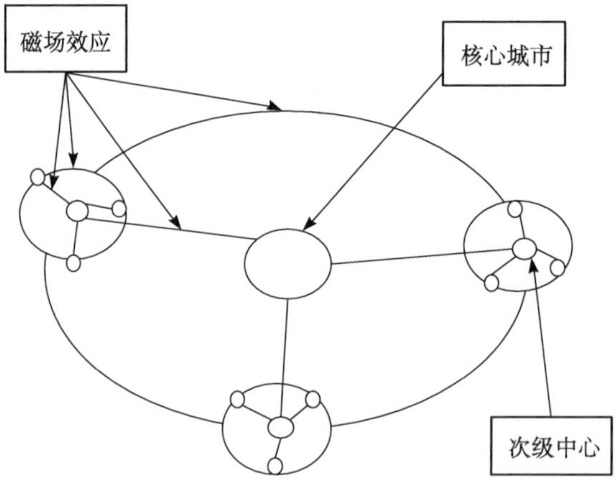

图 5-4　城市群体系

三、提升机制

城镇化是工业化的直接产物，同时在城镇化的过程中，它还受到其他多种因素的影响，城镇化是在各种因素的共同作用下不断发展的。从人口的“量”和“质”的角度来看，城镇化是农村—城镇人口迁移和人力资本提升的过程。在城镇化过程中，人力资本的提高对城镇化发展具有促进作用。人力资本是经济增长的源泉，是技术创新的推动力，是经济社会可持续发展的重要推动因素，也是减少贫困和不平等的重要条件（毛军，2006）。人力资本对中国经济发展起到了极其重要的作用。形成人力资本和积累人力资本的一个重要渠道就是人力资本投资，实现人力资本投资有几种方式：教育、培训、劳动力迁移和工作变更。例如，通过教育可以提高劳动者的知识和技能，并提高人力资源的质量；通过教育投资的积累可以促进人力资本量的积累，从而促进经济增长，加速城镇化的进程。因此，人力资本对中国特色城镇化的提升可以从两个方面体现出来：一是形成人力资本的主要活动——教育投资对城镇化的促进作用，二是人力资本本身的提高对城镇化的促进作用。

1994 年以后，中国人力资本的增长加快，1985～1994 年年均增长率为 5.1%，1995～2007 年，年均增长率高达 7.9%。对应的城镇化率由 23.71% 增加到 45.68%，人力资本总量的增加与城镇化率的提高是呈正相关的，具体见图 5-5。从人均人力资本来看，1985 年是人均 2.8 万元，2007 年是人均 10.6 万元，人均人力资本增加了 2.8 倍。其中，1994 年之后，人均人力资本年增长率大幅提高，具体见图 5-6。1985～1994 年，人均人力资本年增长率为 3.9%，而 1995～2007 年人均人力资本年增长率是 7.5%，与其他国家如加拿大和美国相

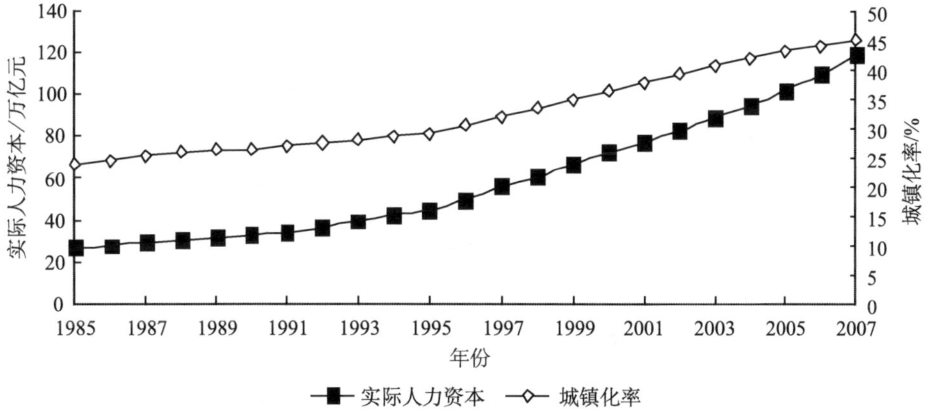

图 5-5 1985～2007 年中国实际人力资本总量与城镇化率对照图

资料来源：2008 年《中国统计年鉴》2009 年《中国人力资本指数分析报告》

比，该增长率是非常高的（李海峥，2009）。

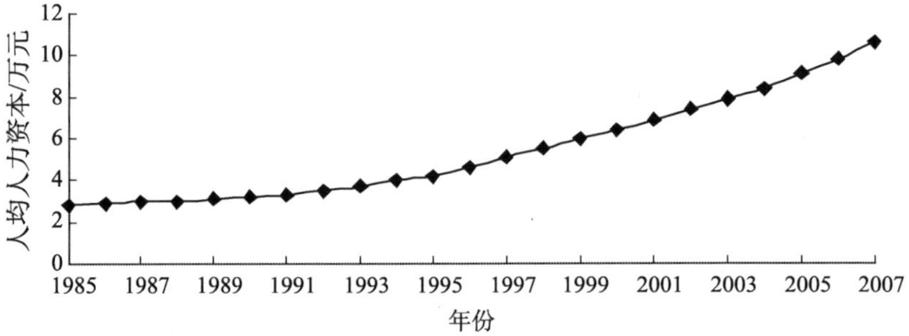

图 5-6　1985～2007 年中国实际人均人力资本变化趋势

资料来源：2009 年《中国人力资本指数分析报告》

从城镇与农村的角度分析，1985～2007 年城镇总体人力资本的增长快于农村，农村总体人力资本的年均增长率为 4.19%，而城镇总体人力资本的年均增长率高达 8.95%。1985～1993 年，农村总体人力资本略高于城镇；1993 年以后，城镇总体人力资本已经超过农村，具体见图 5-7。由于城镇化进程的加快、大规模农村向城镇的人口迁移和教育的发展，使得城乡间总体人力资本的差距不断扩大，1995～2007 年，农村年均增长率为 4.99%，而城镇年均增长率为 9.9%（李海峥，2009）。

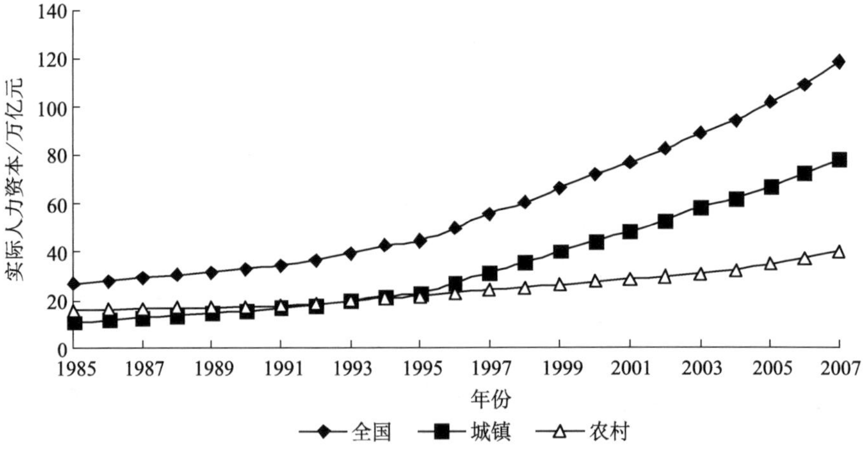

图 5-7　城镇、农村及全国的实际人力资本总量变化趋势

资料来源：2009 年《中国人力资本指数分析报告》

推进中国特色城镇化进程，最长远和最根本的措施是发展农村教育，提高农村人口的素质，促进农村人口向城镇转移（李桂娥，2005）。城镇化的目的不只是农业人口向非农人口身份的转变，更重要的是农业人口转变为城镇人口以

后，能融入现代城镇的生活中，享受现代的文明成果。这些都依赖于人口素质的提高，特别是农村人口素质的提高。

四、促进机制

科学技术是第一生产力，科学技术在当今的经济发展、社会进步中起着举足轻重的作用，技术进步对社会生产力的发展具有深厚久远的影响。随着科学技术成果的普及和运用，劳动生产率不断提高，促进了产业结构的升级，加速了经济增长，进而促进了中国特色城镇化进程。科技进步会加速经济增长，深刻地促进产业集聚及产业结构的转换，影响城镇化进程，可以说技术进步是城镇化发展的原动力。城镇间、城乡间的相互作用，产业的集聚和产业结构的演进都是技术发展的最终体现。蒸汽机的发明，导致了最初的产业革命和现代城市化进程，汽车的普及引发了城市郊区化，计算机的应用强化了城市的服务功能，这些都说明技术进步对城市化具有深厚的影响力。信息化可以增强城市在区域中的辐射、扩散功能，缩小城乡差距；信息化有助于农村实现农业现代化和产业化，带动乡村城镇化。科技的进步使城市的产业结构多样化，产业结构的变化引起城市空间格局的变化（张新生和何建邦，1996）。

表 5-2 为 2005 ~2009 年中国科技活动基本情况与城镇化水平之间的关系，由此可知，中国的研发经费支出和专利申请授权量都与城镇化水平表现为同向递增的趋势。

表 5-2　2005 ~2009 年中国科技活动基本情况与城镇化水平

项目	2005 年	2006 年	2007 年	2008 年	2009 年
研发经费/亿元	2 450	3 003	3 710	4 616	5 792
专利申请授权数/件	214 003	268 002	351 782	411 982	581 992
城镇化率/%	42. 99	43. 90	44. 94	45. 68	46. 59

资料来源：根据 2010 年《中国统计年鉴》整理而成

一定的城镇化规模需要有相应的农业剩余作为支撑，这也是中国城镇化快速发展的根本保证。通过使用先进的农业技术，可以减少农业劳动力的投入，从而推动农业人口向城镇转移。同时，随着先进的农业技术的普及，农业的产出效益逐步提高，进而增加单位农业劳动力能够养活的城镇人口数，从而支持不断扩大的城镇化规模。随着便捷的运输技术和发达的通信技术的发展，城市文明的影响和传播范围迅速扩大，并且深入偏远的农村地区，从而改变了农民的价值观念和生活方式，加速了城镇化的步伐。随着科技水平的迅速提高，中国特色城镇化得到飞速发展，中国出现了珠江三角洲、长江三角洲和京津唐地区等经济增长圈，以及中部地区的长株潭城市群、武汉城市圈和辽中南城市群。

科技进步既是农业剩余不断提高的重要保证，从而可以养活越来越多的城镇人口，同时也是城镇规模不断扩大的技术基础，为不断增长的城镇人口提供住所和就业岗位。因此，将科技的不断进步作为中国特色城镇化的促进机制，可以有效地推动中国特色城镇化的持续快速发展。

五、调节机制

中国特色城镇化的调节机制是在市场经济条件下，在推进城镇化的过程中，市场调节与政府调节相互作用、相互影响的机理。从一定意义上说，城镇化实质上就是资源优化配置的过程。在市场经济条件下，资源配置由市场调节和引导，市场起着基础性的调节和引导作用。

制度因素是经济发展的关键，它直接或间接地影响着各种经济要素的流动与重组。制度对城镇化的影响具有刚性，与城镇化相关的制度通过影响非农化和城乡要素的流动进而影响城镇化的进程（刘传江，1999b）。改革开放前，政府凭借行政权力实行“自上而下”的城镇化制度安排，即政府是城镇化与工业化的主体，通过户口、就业、住房等政策限制城镇人口的过度膨胀。这个时期的城镇化进程极其缓慢，城镇化水平相对于工业化水平明显滞后。改革开放以后，“自下而上”的城镇化机制开始实行，一系列的制度安排和大规模的城镇基础设施建设促进了城镇化的快速发展。同时相应的制度变迁和创新也充分显示了制度因素对城镇化的推动作用。1985 年实行的家庭承包经营制度，促进了农业劳动生产率的提高，释放了更多的农业剩余劳动力转向非农产业，进而加快了城镇化进程。

户籍制度、就业制度、土地制度、社会保障制度、行政管理制度等直接作用于城镇化，同时民间资本的积累机制、企业制度、投融资制度和财政税收制度等又间接作用于城镇化。在城镇化的过程中，一定要做到户籍管理制度配合城镇化，通过改革户籍管理制度统一城乡劳动力市场；农村土地制度适应农村城镇化，通过完善农村土地制度健全土地交易市场。

市场调节与政府调节是中国特色城镇化推进过程中的两个重要调节机制，其中市场调节是基础性调节，政府调节主要是宏观调节。政府的宏观调节要在遵循城镇化发展规律的原则下，充分发挥市场机制的作用，这样才能把两种调节手段更好地结合起来，以此来推动中国特色城镇化的优质发展。

六、优化机制

城镇化是人类在自然生态环境下经历组合形成高浓度的汇聚地，以此来构建自己独有的文化形态的过程。文化是城市之魂，是城市的精和神。在现代社会，城镇文化是中国特色城镇化进程中的重要组成部分，也是中国特色城镇化建设的重要保障和推动力量。如果一个城市缺乏独具魅力、个性化的文化精神，那么这个城市也只是一个钢筋水泥的“填充物”。城镇文化建设是城市现代化过程中继生产建设、公共设施建设之后迎来的城市发展的更高阶段，是城市品牌化的过程（杨甫念，2011）。

文化传统观念既可以影响和制约人们的行动，又可以直接或间接地影响经济的发展。优秀的文化观念可以促进经济发展，相反，落后的文化观念则会制约经济发展。文化建设的滞后甚至文化建设的缺失，将导致中国特色城镇化发展过程中的千城一面。例如，位于中国内陆的一些偏远地区，地理位置较偏僻，多年来交通不便，许多地区长期与外界隔绝，处于相对孤立的封闭状态；另外由于观念陈旧，思想固化，与开放、流动的城镇化要求相抵触，由此造成这些地区在城镇化水平与质量、城镇功能的发挥、城镇数量、规模和结构等方面明显落后，这种滞后状态表现在社会文化上，即地方政府和民众在城镇发展观上呈现人穷志短、甘于现状的消极思想，在社会心理上呈现焦虑不安的紧张状态和高期望带来的失落感。由此导致乡村文化与城镇文化之间形成较大差异。因此，在推进中国特色城镇化的过程中，利用城市文明影响农村文明、改造农村文明、带动农村文明，是促进农村社会进步，提高农民素质的必由之路。

城镇文化和城镇实体其实是神与形的关系。良好的城镇形象，除了先进的设施、完备的功能、优美的环境外，更重要的应该是城镇精彩独特、内外兼具的文化特质与魅力。现代城镇之间的竞争，是不同地域范围内城镇综合实力的角逐，既是其资源、能源、资本、技术的竞争，更是文化“软实力”的竞争，城镇文化无疑是城镇最核心的竞争力之一。

文化建设不仅为中国特色城镇化发展提供巨大的精神动力和智力支撑，也为城镇化发展提供了广阔的经济空间。文化建设不仅能提高城镇品位，树立良好的城镇形象，而且能提高城镇管理和经营水平，增强城镇的综合竞争力，对加强中国特色城镇化建设起到有力的推动作用。

第二节　中国特色城镇化道路的实现条件

一、现代化的农业生产技术

发展经济学界对农业现代化与经济增长的关系有一个共识，这就是 1961 年由西蒙·库兹涅茨首次提出的“农业四大贡献”理论，即农业对经济增长具有产品贡献、市场贡献、要素贡献和外汇贡献。由于城镇化是经济增长和工业化的一个方面，所以分析农业现代化对城镇化的作用也可从这四个方面入手。

（一）农业生产的发展是城镇化的前提条件和制约因素

城镇化进程要求大量人口从第一产业转向第二、第三产业，这意味着农业从业人口的减少和其他产业从业人口的增加，而农业产品又是生活必需品，其需求缺乏弹性。另外，第二、第三产业中的许多产品都是以农产品为原料的，所以，城镇化的初始阶段要求农业生产已达到一定水平，从而可使一部分人口从农业生产中解放出来从事其他产业。目前绝大多数发展中国家（农业国）的农业人口中存在大量隐性失业，这说明，传统的农业生产率已达到一定水平，具备了启动城镇化进程的前提条件。然而城镇化发展到一定阶段后，随着每个农业人口负担的非农业人口的增加，农业生产率必须相应提高，否则可能会出现两种后果：一是城镇化及经济发展受阻；二是城镇化超前发展。但是如果农业产品价格产生较大波动，致使市场价格信号体系紊乱，进口农产品也将占用大量外汇，结果就降低了城镇化的经济效益。农业现代化和城市化水平都很高的英国和美国农业人口负担的非农业人口的比重已分别达到1∶62和1∶70，发展中国家距此水平还有很大差距，如不及时提高农业的现代化水平迟早会影响城镇化的顺利进行。

（二）农业现代化为城镇化的发展创造了市场条件

中国一直在转变经济结构，扩大内需拉动经济，而开发农村市场、扩大农民消费是扩大内需的一个主要手段。从2007年12月对彩电、冰箱（含冰柜）、手机三大类产品给予产品销售价格13%的财政资金直补，到家电下乡品种扩大到电视机、洗衣机、冰箱（冰柜）、手机、空调、电脑、热水器、微波炉、电磁炉、电动自行车等10类产品，直至汽车下乡、摩托车下乡，这都是国务院做出的重要决策，是实现惠农强农目标的需要，也是拉动消费带动生产的一项重要措施。农业现代化有助于提高农业人口的收入，进而增加其对生活用品、家电设备的需求，促进产品消费，拉动经济发展，为城镇化的发展创造市场条件。根据恩格尔定律，随着收入的提高，恩格尔系数下降，即工业制成品和服务的需求在绝对数量和相对比例上都会增加，从而为城市部门（第二、第三产业）的发展创造需求。另外，农业现代化的过程本身也需要大量农业机械、化肥等工业产品的投入，农用机械设备需求、农产品物流服务、农业企业的金融、咨询、法律等服务为繁荣城市经济和加强城乡联系创造着越来越多的机遇与条件，这些政策的实施与投入直接刺激了城镇化的发展。

（三）农业现代化为城镇化提供了要素来源

城市的出现本质上是要素在地理上的聚集，而城镇化进程的启动要求从农业中集中要素，这些要素主要包括劳动力、资本和土地。其中劳动力的集中是最突出的。如前文所述，农业现代化为城镇化提供了产品保证，这是从产出的角度考虑的。如果从要素投入的角度考虑，城镇化初期，由于农业是发展中国家经济的主体，其发展为城市部门积累了资本，提供了投资来源，农业的现代化也意味着农业生产过程中对劳动力和土地的节约，从而保证了城镇化的顺利发展。

农业生产条件包括自然条件、社会经济条件和技术装备条件等。中国社会经济发展水平的提升为农业生产提供了社会经济条件，而农业技术装备、机械化的发展也改善了农业生产条件，有效带动农业规模化、产业化和现代化发展。农业机械化水平高低是衡量一个国家或地区农业现代化程度的重要标志，近年来中国农业生产条件改进较快。1999～2007 年，短短 8 年间，农村用电量增加了 3300 多亿千瓦时，从中可以看出，中国农业生产条件发展的速度和规模。这种大幅度的发展变化，既有国家财政资金的扶持，也有工业反哺农业的支持，体现了近年来城乡统筹发展、工农业统筹发展的成果。而农业生产条件的完善，可以有效加速农业现代化发展进程，从而进一步推动工业化、城镇化和农业现代化的统筹协调发展。

（四）农业现代化为城镇发展提供了外汇支持

日本经济学家赤松要于 1932 年提出了“雁行模式”，这种模式很好地描述了发展中国家进出口结构演化的过程，即工业产品要经过进口阶段、国内替代阶段和出口阶段，与这三个阶段相对应的是国内第二、第三产业的逐步建立和发展壮大，从而引起城镇化的发展。工业产品的进口，以及为实施替代战略而进行的对先进技术、设备的进口，都需要外汇支持，而对发展中国家而言，城镇化初期只能以出口农业产品等初级产品为主换取外汇。从这个意义上说，提高农业生产率是启动城镇化进程、保证城镇化健康发展的最主要的力量。

改革开放 30 多年来，为适应国内外市场对农业发展的要求，中国农业内部产业结构也在不断改进。中国农林牧渔业结构经历着一个不断改进、不断优化的发展过程，并逐步发挥出牧业、渔业等产业的优势，提升了中国农业在国内外市场的综合竞争力。从产值结构中可以看出，农业（主要指种植业）所占比重大幅降低，从 1978 年的 80.0% 减少到 2007 年的 50.4%；而牧业则发展较为迅速，从 1978 年的 15.0% 增加到 2007 年的 33.0%，翻了一倍多；此外，渔业发展也较为迅速。

农业是国民经济发展、社会稳定的基础，农业、农村和农民问题是中国改革和建设的根本问题。没有农村的稳定和农村经济的全面振兴，就不可能有整个社会的稳定和全面进步；没有农民生活的小康和富裕，就不可能有全国人民生活的小康和富裕；没有农业的现代化，就不可能有整个国民经济的现代化。在中国的现代化进程中，新型工业化是主导，农业现代化是基础，而且，农业现代化也是新型工业化的基础。

农业的发展是中国特色城镇化发展的原始动力，城镇化进程本身就是将落后的农村社会和自然经济社会改变为先进的城市社会和商品经济社会的历史过程，它总是首先产生于农业分工完善、农村经济发达的地区，当一个地区的农业生产力发展达到一定程度之后就会产生农业剩余，为城镇化的发生和发展奠定基础。

农业的发展与中国特色城镇化是一致的，农业的发展受到阻碍，城镇化进程就会停滞，而城镇化发展最终依赖于农业。如果农业现代化的速度长期赶不上城镇化的速度，农产品供给就会出现很大的问题，从而就会制约城镇化的发展。总的来说，农业的发展是中国特色城镇化发展模式实现的主要推动力。因此，需要通过发展农业，实现农业现代化，促进非农产业的发展，从而促进中国特色城镇化的发展。

二、完善的城镇基础设施

城镇基础设施是生产和生活必需的公共物品，是城镇价值的重要体现，也是衡量城镇化水平的重要标志。加强城镇的基础设施建设，促进城乡基础设施的网络化和现代化，有利于促进城镇经济的快速增长。完善的基础设施建设能够吸引人口的集中，从而提高城镇化率。加强城市基础设施建设不仅有利于加快城镇化进程，同时对于促进要素集聚，降低生产成本，提高人民生活质量都具有重要的作用。因此，加强城镇基础设施建设可以提高经济发展的承载力，也是中国特色城镇化发展的重要保障和实现的必要条件。

但是，现在城镇人口规模和建筑工程发展速度大大超过了城镇基础设施发展速度，造成部分地区交通拥挤、污水四溢、垃圾遍地，甚至有的地区经常停电、通信不便，不但严重制约着城市的发展，而且也给居民造成很多困难。为了克服上述通病，在基础设施建设上，应做到如下方面：城镇综合开发的本质在于“综合”与“配套”建设，所谓“综合”就是对地上、地下建筑物与城镇基础设施进行综合开发，所谓“配套”就是对住宅、公建、园林绿化、道路交通等进行配套建设。开发建设要充分体现在整个开发建设过程中，使生产和建设集约地进行，使城镇基础设施先行，为整体开发建设提供可靠的保证。

（一）城镇基础设施建设是综合开发和健康发展的重要保证

据有关资料介绍，北京市仅因基础设施不全而不能交付使用的新建住宅达

100多万平方米之多，这些不能使用的住宅形成了几十亿元资产呆滞，这不仅不能及时缓解居民的住房困难，而且严重地制约着建设资金的正常周转和开发建设的顺利开展。据了解，此类问题在其他城市也都不同程度地存在着，这部分浪费是巨大的。

基础设施工程在中国城镇建设与发展中占有突出的地位，其重要作用和实际需要，决定了必须加快它的建设，以期尽快发挥投资的社会效益。城镇基础设施建设为综合开发建设提供了重要保证。在全部城镇规划设计过程中，一方面，对该区的城镇功能、建筑布局、道路交通和环境评价等进行反复论证、反复优化；另一方面，也不失时机地对该区的供水、供电、供热和燃气、通信及污水处理等基础设施组织论证，并以超前意识组织市政基础设施建设，为综合开发建设提供了重要保证。

城镇基础设施建设是城镇健康发展的重要保证，城镇基础设施是城镇经济正常运转的前提，没有基础设施的城镇是瘫痪的城镇，同时，它又是城镇居民生活质量重要的制约因素，完善和良好的基础设施会带给城镇居民以实惠，这种潜在的影响，意义是深远的。基础设施的投资效益在短期内难以得到集中反映，它的社会效益、环境效益会长期地反映出来，可以使城镇稳定而完全地运转。因此，人们称它是城镇建设的先行官，是城镇生存、发展的生命线。

（二）城镇基础设施应与城镇经济、人口规模、居民生活村镇建设协调

城镇基础设施应与城镇经济、人口规模、居民生活村镇建设协调发展。城镇建设经验告诉我们，基础设施建设必须先行。因为城镇基础设施系统性强，战线长，涉及项目庞大，牵扯的专业和部门广泛，尤其对规模较大的住宅小区来讲，基础设施建设的周期较长。因此基础设施建设计划必须时间超前，这样才能及时满足本区实际需求，而且避免大量临时性设施投资的浪费。城镇基础设施的承载能力必须考虑未来城镇发展的要求，定在实际标准前面。这是因为城镇对基础设施的需求往往随着时代的发展而有较大的变化，而基础设施却常因系统复杂、投资巨大而不易及时调整。尤其在城镇旧区，由于历史的原因，往往道路狭窄，市政设施承载能力低下，造成诸多城市病。然而，要改变这种局面，单靠改善设施的单项或局部都是徒劳的，而且容易造成了规模性的大拆大建。如今正在建设的一座座现代化城镇，如果不超前考虑基础设施的承载能力，再进行第二次大拆大建，其浪费是巨大的。这样就要在基础设施建设上、时间上、容量上和标准上都应具有超前性的考虑，做好基础设施建设开发组织总设计。

城镇化不只是人口和产业的聚集过程，还是城镇本身建设的过程。居民是城镇的主人，城镇化的最终目的是为人服务。因而，在推进城镇建设的过程中，

需要时时处处考虑人的需要，改善城镇居民的生活质量和生活环境，大力完善教育、文化、体育、医疗、养老、保健等基本公共服务设施，扩大政府基本保障支出。各省（自治区、直辖市）需要根据当地的实际情况，推进交通、能源、饮水、通信、环境保护、生命支持、信息网络等基础设施的建设，应用新技术、新手段增加基础设施的功能，提高城镇的承载能力，改善居民的生活条件。重视防灾减灾、处置突发事件的能力建设，确保城镇基础设施处于良好的运行状态，提高城镇基础设施的安全保障系数。加快城镇基础设施投融资体制改革的步伐，为城镇基础设施建设提供广阔的资金平台，为加快城镇基础设施建设奠定基础。

三、有效的人口转移制度

城镇化的过程，首先表现为一种特殊性质的人口迁移，是人口由农村向城镇的集中，同时他们所从事的职业由农业向非农业转化，也就是说人口城镇化是人口的空间过程与“质变”过程的统一。城镇化的空间过程与一般的人口迁移的差别表现为迁移的方向特征，一般的迁移过程源地和目的地是随机的，而城镇化的人口迁移是朝向既定中心的，是轴合型的迁移，即人口向某个点集中，并且在点上膨胀（屈晓杰和王理平，2005）。

城镇化实现有效的人口转移机制有两大前提条件：进城的农民要买得起房；通过农村土地流转能为农民提供经济保障。城镇化对增加城镇住房需求和调整供求关系等都将产生深刻影响。中央经济会议的亮点之一就是要加强中小城市和小城镇发展，即要把解决符合条件的农业转移人口逐步在城镇就业和落户的问题作为推进城镇化的重要任务，并放宽中小城市和小城镇的户籍限制。由此，城镇化发展为中国经济指明了一个发展方向，并有望继续成为未来中国经济增长的主要动力。城镇化进程早已成为中国经济发展的主要动力之一，自 1998 年中国住房制度重大改革以来，城镇化发展突飞猛进。2009 年统计资料显示，百万人口以上的城市在美国只有 9 座，在中国则有 112 座。联合国人口发展报告也曾指出，中国的城镇人口正在以每年 25% 的速度增加，中国成了世界上城镇化增长最快的国家。中国的城镇化进程，一方面，促进了不少城镇的快速发展与经济繁荣，并帮助成千上万的中国农民摆脱了贫困；另一方面，户籍制度限制和农村与城市的二元化结构等因素导致农村居民在城镇中很难生根而成为城镇经济生产与消费的动力，从而减缓了城镇化进程，抑制了以农村居民为主体的消费。研究表明，在居民消费支出中，城镇居民消费所占比重从 1952 年的 31.1% 上升到 2008 年的 74.4%，但农村居民消费支出所占比重由 1952 年的 68.9% 下降到 2008 年的 25.6%。由上述数据可以看出，受经济快速发展及城镇化率提高等因素影响，城镇居民消费增长的占比远高于中国城镇化率的增长，这意味着农村居民消费水平的相对降低；其次，分化的城乡二元结构，不仅不利于农村居民消费，而且也不利于农民分享中国改革的经济成果；最后，制度安排和城乡二元分化结构导致了农村居民消费水平过低。所以，只有改革不合理的户籍制度及利益分配关系，增加农民收入，才能有效促进农民消费的快速增长。从这个角度分析，放宽中小城市的户口限制，是推进城镇化进程的重大改革举措之一。之所以说加快城镇化进程将成为现在和将来中国经济发展的动力，是因为城镇化主要包括两方面内容：一是城镇基础设施建设，即通过大规模的城镇基础建设来带动城镇经济发展；二是基本住宅建设，以住房产业为龙头来带动整个经济发展。此外，城镇化还有助于集约性使用土地和解决当前土地矛盾问题。值得注意的是，以农民进城的方式带动房地产业发展，必须基于农民有支付能力去购买他们希望进入城市的住房。但近几年来房地产市场的繁荣与火爆，导致各地城镇的房价全面飙升，据中国社会科学院 2010 年《经济蓝皮书》，85% 以上城镇家庭无能力购买当前房价高涨的住房。因为，城镇居民的房价收入比已达到 8. 31，农村居民的房价收入比更是高达 29. 44。如果说城镇中都有 85% 以上家庭购买不起住房，那么要想让农民进城购买所需要的住房只能是“天方夜谭”了。所以，加速城镇化进程，最为关键的前提条件之一是要使进城的农民购买得起住房。事实上，要让进城农民真正能在城镇中“落地生根”，不仅需要有合适的房价以符合他们的购房支付能力，而且还要推进农村土地制度改革和土地流转，由此形成有效的农村土地市场。因为，农村土地市场不仅可以增加土地供给或进行土地定价，而且也可以为农民进城提供一种经济保障。只有在上述两个前提条件得到满足的情况下，放宽中小城市和小城镇居民户口限制才能达到推进城镇化的预期效果。否则，这个制度改革所能起到的作用将是十分有限的。另外，放宽中小城市和小城镇居民户口限制的城镇化，对中国房地产市场的影响也是多方面的。确实，通过放宽中小城市和小城镇户籍限制、解决符合条件的农业转移人口，使其逐步在城镇落户，这样的城镇化进程将增加农民对城镇住房的需求，但前提条件是城镇房价应当接近当下农村居民的购房支付能力。还有，农村土地合理流转，能成为农村居民生活的一种经济保障。这样，如果农村土地能够流转的话，土地资源就能起到增加住房供给的作用，并能改变当下中国房地产市场的供求关系。当然，这个市场方向究竟会向何处发展，还要根据下一步政策细化而定。

随着户籍制度改革的逐步推进，迁移人口的数量和规模在稳步增长，但是由于户籍制度的长期约束，中国人口城乡迁移的规模和速度依然滞后于经济发展水平，周期性的“候鸟式”迁徙仍是中国人口流动的主要特征之一，“家庭分离式”迁移在中国人口流动方式上也占据一定比例，这些都对中国的城镇化进程产生了严重的阻碍作用（陆益龙，2002）。

建立有效的人口转移机制，降低农民工入城的门槛，是实现中国特色城镇化的必要条件。具体为：建立以合法固定住所（自有住房或租住房）和稳定职业或收入来源为标准的人口登记管理模式，改革现行的农村户籍和城镇户籍这种带有身份歧视性质的人口管理模式。通过制定法规的形式保障农民工的权益，确保农民工的基本权利不受侵犯。

四、建立城乡循环经济

所谓城乡循环经济是指以城乡环境承载力为底线，在人类的生态文化孕育出的有限理性约束下，依靠生态化技术创新与和谐型体制创新，使经济系统与生态系统以环型产业链方式镶嵌融合而成的可持续生态经济。作为发展主体的人，认识自然、征服自然、保护自然以及恢复生态平衡的能力都是有限的，都受有限理性与有限信息制约，因此，城乡循环经济只是一定程度的生态经济，而不可能是完全的生态经济；城乡循环经济也是无限趋近于质量型经济增长，但又不是理想的质量型经济增长。质量型经济增长只不过是城乡循环经济的另一种表述方式。发展循环经济的空间载体是城市与乡村，产业载体主要是工业与农业。以往研究循环经济时，都隐含着一个前提假设，即只考虑城市范围内的工业循环经济，这一假设给真正意义上的循环经济的发展带来许多真空地带：其一，农村的已有污染与国内外城市转移到中国农村范围内的污染问题无人问津；其二，由于农村成为天然的“垃圾场”与污染企业聚集地，致使农村居民的生命健康受到很大威胁；其三，因农村受污染严重，农产品、畜产品以及水产品被严重污染后再运到城市，城市居民的食品安全问题日渐突出；其四，当农民的生产条件与生存条件日趋恶化后，个体意义上的求生本能便驱使农民加剧对周围自然资源既无序又无安全性地开发，已经出现的水土流失与沙漠化就是这种开发的真实写照。因此，单纯的城市工业循环经济是不能解决全部生态危机问题的，必须把农村与农业纳入到循环经济的大系统中，形成城乡循环经济。在发展城乡循环经济过程中，凭借的是生态化技术创新与和谐型体制创新两大支柱。生态化技术创新为自己设定了有限增长的理性框架，该理性框架把生态系统当做自然资本，并将自然资本置于人造资本之上，通过物质间应有的物理化学反应构建环型产业链，使自然资本与人造资本共同保值增值，最终把经济系统恰当地镶嵌在生态系统中并实现经济系统与自然系统的“天人合一”。生态化技术创新不会自动发生，它需要相应的体制来加以引导和保障，而和谐型体制创新正是引领技术创新转向生态化的指挥棒与催化剂。和谐型体制创新的突出特点是要让企业在进行技术创新时明确政府的激励性导向与惩罚性导向，它的根本目的是创造人与自然、人与人、当代人与后代人共生共荣的和谐意境。由此意义上讲，城乡循环经济是跨越传统线型工业化进行深度发展的重要基础。

实现农业现代化、市场化和农村城镇化的实质是城乡经济协调的可持续发展。农村城镇化过程是农民身份市民化、就业方向非农化、生活方式现代化、居住和生产生活范围非农村化的过程，其根本目的在于消除城乡差别，较快提高农民的物质文化生活水平，尽快实现共同富裕。为此，必须将城乡置于统一的空间下，谋划城乡一体的社会经济发展战略，构筑有利于城乡一体的发展环境，逐步实现工业发展、市场建设、城乡科技和社区建设一体化，使城市和农村在地域、形态、功能等方面实现有机结合，并相互促进，共同发展。依据适宜性原则和可持续发展原则，在培育具备现代化综合性功能的国际大都市的同时，要积极推进中小城市建设，走使人口和其他资源在特定小城镇及区域内相对分散配置从而推进大都市圈发展的城镇化道路。这种城镇化道路需要注意：一要协调农村城镇化与耕地保护的关系；二要使城市建设规划与土地利用规划相衔接；三要正确规划和管理农村人口与劳动力的转移；四要构建城乡循环经济的产业体系。

农村城镇化的过程同时也是农业人口城镇化的过程。人口城镇化是一个国家工业化的标志。从发达国家看，在国家进入后工业化时期后，城市人口应达到70%以上，而真正的农业人口应在7%以下。因此，人口城镇化是与工业化同时出现的，并且是协调发展的。中国人口城镇化发展的规模和速度，既要适应城镇经济和社会发展对劳动力总量和结构的要求，也要和城镇基础设施建设、房地产业的发展，以及教育、卫生等社会公益事业的发展，保持动态的基本协调。当前特别需要注意的是以下几点。

（一）控制城镇发展规模，协调城镇化、工业化发展与耕地保护的关系

中国城镇规模扩张速度过快，这既与城镇社会发展迅速有关，也与城镇用地粗放化有关。因此，必须加强对城镇土地的管理，严格控制土地供应总量，促进土地利用方式由粗放型向集约型的转变。

新增非农建设用地的供应总量，应与农村城镇化的发展、城镇产业结构的调整以及房地产业的发展相协调。要遵循土地利用总体规划和有关指标进行科学测算，对超量用地可以采用“化整为零”、“下放土地审批权”等手段，对非法批地用地、多占乱用、滥用土地的，必须进行严厉的惩罚。

调整结构，转换土地利用方式，提高土地利用效率。一是通过城镇建成区内部用地结构的合理化和集约利用度的提高，增加土地资源的利用效率；二是加快存量土地的市场化，完善非农建设用地的审批办法，充分利用市场机制优化土地资源的配置；三是加快农地使用权的市场化，促进农地规模经营，提高

土地产出率。

确立城乡建设用地规模的约束机制。在编制土地利用总体规划时，要把控制耕地总量和非农建设用地规模、实现耕地总量动态平衡作为重点，同时要确立省级及市级区域性的城镇规模体系，从宏观上做到城镇体系层次分明、规模适度、布局合理，并针对各个城镇所在地区的土地供给能力、经济发展水平和用地实际，设立城镇建设用地控制区。在县、乡土地利用总体规划基础上，制定村庄、集镇的非农建设用地控制规模。

（二）构建生态化技术创新体系

城乡循环经济的发展，离不开能源与资源。对于农村农业来说，太阳能是其天然的能源。农作物在天然能源、土地资源、气候资源、水资源以及化工资源（化肥、农药）作用下成长为农产品。对于城镇工业来说，化石能源（石油、煤、天然气）是不可再生资源，矿产资源也是不可再生资源。由此可见，农村农业所用能源及主要资源（土地资源除外）具有无限性，城镇工业所用化石能源及矿产资源具有不可再生性即有限性。由于工业不可再生能源与不可再生资源化学成分的复杂性，所以在没有找到将废弃物彻底分解的微生物之前，一定程度的工业污染及其带来的生态赤字就不可避免。

从生态经济学角度看，统筹城乡发展必须要在统筹城乡能源发展与统筹城乡资源发展方面有所作为。又由于城乡居民个体意义上的城乡垃圾是城乡消费工农业产品及自身代谢的结果，所以运用城乡能源对城乡垃圾进行无害化处理也是生态学的要求。这样，城乡循环经济就是既要在城乡工农业能源之间、城乡工农业资源之间实现各自生态化切换，还要统筹城乡环境保护。根据这一思路，城乡循环经济的生态化技术创新体系就包括：太阳能与化石能源之间的能源切换技术和能源替代技术；生物质能源开发技术；农业化工资源的全面生物化技术；工业生产全过程精细净化，废弃物处理技术；以食物链为样板、以物质间生物化学反应为根据、以环型产业链为形式的工农业品共生性生产技术；城乡垃圾无害化处理技术。

（三）建立和谐型体制创新体系

为了从深层次整体推进城乡循环经济的深度发展，只在某些地区、个别行业或部分城镇进行单方面的和谐型体制创新是不能解决如前所述的种种生态危机问题的，必须从上到下、从里到外、从局部到全局进行多方面全方位的和谐型体制创新。只有这样，城乡循环经济的体制保障才更具有现实意义。

一要尽快形成城乡一致性计划生育人口控制体制。城乡人口同时得到控制，可以带来多方益处，首先可以使总人口减少，从总体上减轻生态环境负担；其次可以达到减少农村人口的效果，可以加快农村剩余劳动力转移；最后城乡人口的减少可以减轻政府的社会保障负担。所以，城乡一致性计划生育政策不仅可以从总量上减小人口规模，而且还可以从结构上解决城乡人口规模与城乡循环经济规模不相适应的问题。

二要形成城乡企业同尺度的生态化技术创新鼓励性体制，与同标准的污染化传统技术惩罚性体制。企业是具体进行技术创新的微观主体，政府是激励、管理、管制企业的宏观主体，体制是联结政府与企业的媒介，或者说，政府是依据具有一定价值取向的体制来支持或约束企业的，目的是使其符合公共长远利益。因此，政府有必要对已经进行或打算进行自主性生态化技术创新的城乡工业企业予以同尺度鼓励，而对正在污染环境的城乡工业企业予以同标准惩罚。同尺度鼓励性体制鼓励的对象是当地政府、企业与技术创新的生态化工艺设计团队，以此多层次增强企业主动进行生态化技术创新的社会责任感。由于一些地区城乡工业污染企业所用技术多为落后的被淘汰技术，所以无法追溯到技术的产权主体，因而惩罚的对象是污染企业和为污染企业开辟前进道路的当地政府及其职能部门。

三要在城乡政府职能部门队伍专业化基础上形成明晰化权责对称联动决策机制。应当承认，城乡粗放式经济增长的背后是粗放式管理与管制，而进行粗放式管理与管制的正是无专业化知识或缺少专业知识的各级政府官员与职员，特别在县、乡两级政府中，很少见到有生态经济专业化知识并能从事科学管理的干部。因此，中央一定要在以下三个方面解决这一问题。一是从教育入手为城乡各级政府培养具有农学、化学、生态学、生物学、物理学、环境保护学等专业化知识的管理人才，并让这些人才充实或代替现有的低素质非专业化管理人员，从而为下一步的专业化管理打下人才基础。二是厘清城乡各级政府与上下各层次职能部门的权责边界。以省为例，各省委、省政府均有主管工业、农业、环保、安全等的领导与职能部门，但从业务上讲，各省城乡职能部门又不同程度地受到中央各大部委的领导。这样，就出现了城乡同级政府与国家各职能部门之间的权责重叠。所以，应根据以事定权、以权定责的原则廓清城乡各级政府同上级职能部门之间的权责界线。三是建立权责对称联动决策机制，有多大权力、承担多少责任是科学管理观的必然性要求；城乡循环经济对应城乡联动决策，这是发展生态经济的整体性要求。鉴于此，让“三农”代表参与循环经济决策过程；让城镇各职能部门（如环保部门、环卫部门、安全部门、卫生部门等）的管理触角合理延伸到广大农村；让城镇范围内各级政府的职能部门与经济主管部门互相沟通联合办公，打破环保部门与经济部门两层皮相隔离的僵局。这是建立城乡权责对称联动决策机制的三大前提条件。

（四）遵循3R原则，构建城乡循环经济的产业体系

3R原则（the rules of 3R）是减量化（reducing）、再利用（reusing）和再循环（recycling）三种原则的简称。其中，减量化是指通过适当的方法和手段尽可能减少废弃物的产生和污染排放的过程，它是防止和减少污染最基础的途径；再利用是指尽可能多次以及尽可能多种方式地使用物品，以防止物品过早地成为垃圾；再循环是把废弃物品返回工厂，作为原材料融入新产品生产之中。随着农村人口不断进入城镇，城镇居民消费水平不断提高，必然会增加城镇经济系统中的基本物质要素和生态系统中的环境要素。因此，发展城乡循环经济，推进农业和工业经济发展过程中物质资源耗费量的下降和生产要素的知识化，就具有十分重要的战略意义。关键是要构建循环经济的产业体系。其一是从企业内部循环的角度，大力发展生态工业和持续农业。生态工业是以清洁生产为导向的工业，它根据3R原则设计生产过程，能实现经济增长与环境保护的双重效益。在中心城区土地使用上，要大力发展规模小、占地少、产出高的商业、金融证券业、保险业、房地产业以及文化科技产业和绿色产业。持续农业包括有机农业、生态农业等形式，即能实现增产又能保护环境的未来农业。郊县农业产品的生产要以新品蔬菜、花卉、果木、畜牧业为主，粮棉油为辅，大幅度减少化肥和农药的使用量，增加有机肥的投入，以提高绿色食品量。就发展绿色产业而言，绿色产业的产品能保护城镇的生态环境，具有调节气候，净化空气、降低噪音，改善城镇空气质量和气候条件的作用，可以创造可观的经济效益，增加财政收入。其二是从生产之间循环的角度，大力发展生态工业链或生态产业园区，即把不同的工厂以及农场、农业园区联为一体，形成共享资源和互换副产品的产业共生组合，使得一家工厂的废热、废水、废物成为另一家工厂的原料和能源；工业的废弃物经过生化处理，为农业发展提供必要的资料。为此，城乡在产业结构调整和土地置换过程中，需要按照循环经济要求进行整合，争取资源消耗和污染排放的总体增长速度小于经济增长速度。要在生产建设和流通中，注意节水、节能、节林、节地，广泛采用新设备、新工艺、新技术、新产品，并限期淘汰能耗高、耗材多、耗水大的落后技术和产品，减少资源消耗，提高综合利用能力。其三是从社会整体循环的角度，大力发展绿色消费市场和资源回收产业。绿色消费和资源回收是必须与绿色生产相衔接的两个环节，只有这样才能在整个社会的范围内形成“自然资源—产品和用品—再生资源”的循环经济圈。农村和城镇要做到：在生活领域倡导3R原则，提倡理性消费和清洁消费；抑制生产和流通过程中的包装过度现象，限制一次性包装品的使用，对销售量大的一次性物品应征收环境税，抑制其过量制造和使用；发展净菜及半成品蔬菜食品业；大力发展废弃物回收利用和资源化产业，使社会

废弃物尽可能转入新的经济流程。同时，要加强与可持续发展和循环经济有关的立法和执法，把污染者付费的原则，贯穿于从生产到使用和回收利用的整个产品生命周期；要建立起一个能让公众和企业共同遵守的环保准则；要加强有关环境无害化技术的研究、开发和产业化进程，为城乡发展循环经济提供技术上的支撑。

（五）制定、颁布和切实执行《循环经济整体推进基本法》

只有将城乡循环经济提升到法的层面，才能改变城乡企业环境责任软约束的状态，才能从根本上强化城乡企业的环境责任，从而提升整个社会工业企业的环境责任感。从循环经济总体立法体系来看，中国目前还没有制定适用于城乡循环经济发展的基本促进法，也缺乏促进经济良性循环的综合性立法，同时更缺乏适应中国国情与产业特点的单项立法。如前所述，中国现有的几个相关法律的立法理念都是从“先污染后治理”出发的，都是强调污染发生后的被动治理，这在一定生态危机、技术创新转向与城乡循环经济的程度上不仅不会加速城乡循环经济发展，反而会加剧本已恶化的生态环境。因此，中国应从社会主义生态文化与科学发展观这一立法理念出发，尽快制定和颁布《城乡循环经济整体推进基本法》。我们不建议在城乡工业企业中推行“污染者付费”原则，因为这样会给污染企业排污找到合法合理的出口，而且因为污染源头没有根除，还会使“高消耗、高排放、高增长、高污染”模式继续下去。“污染者付费”原则只适用于城乡居民生活垃圾与生活污水的集中处理的问题上，相对于全过程生态化的工艺流程，“先污染后治理”中的“污染者付费”是下策，是浅层生态学在现实经济生活中的表现形式。事实上，“污染者付费”只是在生态化技术创新尚不成熟、环型产业链尚未形成、城乡资源与城乡能源尚未统筹利用的情况下不得已而为之的次优措施，因此它不可能成为最终化解中国城乡生态危机的最优选择。况且，一旦“污染者付费”原则成为中国城乡各级政府普遍认同的规则后，“先污染后治理”便会固化成一种本来是错的但却被当成正确的、本来是权宜之计但却被当成永久的、本来是加重生态赤字但却被当成生态盈余去坚持的所谓生态经济模式，由此误导带来的经济损失将不可估量。确切地讲，“先污染后治理”不是真正意义上的城乡循环经济。当然，与持续污染相比，“先污染后治理”还是进步的，这总比“先污染不治理”要强得多（刘美平，2007）。

实现中国特色城镇化的重要途径是发展循环经济。按照“减量化、再利用、再循环”的原则，以提高资源利用效率、保护环境为核心，在城镇促进工业结构改造、走无污染工业道路的同时，在农村继续实施退耕还林、建设沼气池等辅助政策，走生态农业发展之路。通过加大宣传教育，逐步让广大民众认识到发展循环经济的重要性，增强主体意识和环境权益。建立生态环境与城镇化发展的长效机制，为加快中国特色城镇化的发展提供良好的条件和环境。

在大力推进城镇循环经济发展和消费方式转变的同时，要加快改变农业和农村经济传统的增长方式、产业结构和农民不科学的消费方式，倡导绿色消费、合理消费，推动新型工业化的发展道路，推动农业走上高效生态的发展轨道，推进城乡共同走上资源节约的建设道路，引导人们形成健康文明的消费方式。

大力推进生态环境建设，努力构筑城乡互动的环境友好型社会建设格局。统筹城乡生态建设和环境保护，将城镇和农村的生态环境进行一体化规划，通过制约和鼓励机制，在降低城镇污染的同时，改变由于大城市发展模式造成的农村生态环境恶化的状况，为经济发展方式的转变提供保障。在大力推进城镇生态建设和环境治理的同时，加大农村生态建设和环境保护力度，提高公民的环境保护意识，促使其在考虑城镇生态环境污染的时候，更加关注农村生态环境的保护。推行农村工业清洁生产模式，重点治理水污染、矿山污染、农药污染等，切实改善环境质量，提高城乡人居环境水平，为中国特色城镇化的发展提供良好的生态环境条件（厉以宁，2009）。

附录　中国典型地区城镇化专题调查报告

由于中国国土面积辽阔，区域差异较大，不同的地区具有不同的地理区位，正如前文所述的，城市之间应统筹协调，布局均衡，功能互补，走大中小城市协调发展的道路，不同的城市规模与区位应该按照本地区的特点来发展城镇化。而且不同地区由于经济发展阶段不同，其经济基础、产业结构、城市规模和现阶段的任务也具有差异性，所以不同的城市具有不同的城镇化战略任务与规划。在前面的研究基础上，我们通过典型案例研究方法，选取中国具有代表性的城市进行具体案例研究，并形成一系列专题调查报告。我们分别选取了直辖市——重庆、省会城市——成都、东部发达城市群——苏南地区、西部欠发达自治区——宁夏、地市级城市——渭南、农业高新技术产业示范区——杨凌示范区进行案例研究。

附录1　重庆城镇化发展专题调查报告

1.1　重庆城镇化整体概况

重庆是中国人口最多、面积最大的直辖市，大城市与大农村并存，城乡二元结构十分突出。2009 年全市土地面积为 8.24 万平方公里，其中农村面积占 97% 以上；总户籍人口 3275.61 万人，其中农业人口 2326.92 万人，约占 71.04%。近几年来，城镇化发展较快，1996 ~ 2009 年，重庆城镇化水平年均增长 2.76 个百分点。随着经济的快速发展，人口向城镇聚集，城镇建设规模、范围和地域不断扩大。重庆是一个非常年轻的城市，在 1997 年才成为直辖市，是中国第四个直辖市。重庆的土地虽多，但山区占了 70%。目前辖区 40 个，总人口中农村人口大约占了 2/3。2000 年城镇化率 35.59%，2009 年城镇化率达到 51.59%。城镇规模迅速扩大，城镇人口增加到 1474.92 万，但与发达地区相比，还有很大的差距，虽然重庆当前的城镇化总指标比全国高 5 个百分点，但是城乡地区发展仍然存在不平衡。2009 年全市人均 GDP 达到 22 920元，渝中区的人均 GDP 高达 65 505 元，而渝东北翼的巫溪县只有 7056 元，最高中心区是最低边缘县的 9.28 倍。中心区按照城镇化指标计算是

98%，而边缘地区计算却只有百分之十几。整体发展不平衡，三农问题尤为突出，所以城镇化既关系到重庆加速发展的进程，也是解决农村、农业、农民问题的一个根本途径。未来20年，重庆城镇化速度会加快，将会面临四大机遇：第一是西部大开发；第二是重庆的特殊情况，三峡有103万移民，这样整个三峡周边淹没地区的搬迁给快速推进城镇化提供了条件；第三是振兴老工业基地，为重庆工业化结构调整提供了机遇；第四是直辖市有统筹城乡的能力，有利于大城市带大农村，加快城乡一体化的进程，重庆的城镇化将迎来一个快速发展的新时期。全国城镇化率和重庆城镇化率对比见附图1-1。

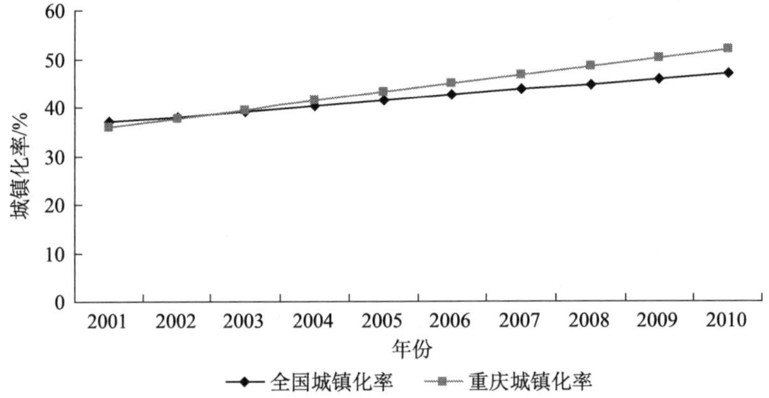

附图1-1　全国城镇化率和重庆城镇化率对比

资料来源：根据2011年《重庆统计年鉴》和2011年《中国统计年鉴》整理而得

1.2　重庆城镇化发展现状

1.2.1　经济增长较快，第二产业比重逐年提升

重庆1997～2009年的经济、产业发展状况如附表1-1所示。

附表1-1　重庆1997～2009年生产总值状况　（单位：亿元）

年份	生产总值	第一产业	第二产业	第二产业		第三产业
				工业	建筑业	
1997	1509.75	307.21	650.40	567.88	82.52	552.14
1998	1602.38	300.89	675.64	574.41	101.23	625.85
1999	1663.20	286.16	697.81	589.52	108.29	679.23
2000	1791.00	284.87	760.03	633.98	126.05	746.10
2001	1976.86	294.90	841.95	695.44	146.51	840.01
2002	2232.86	317.87	958.87	787.94	170.93	956.12
2003	2555.72	339.06	1135.31	933.75	201.56	1081.35

续表

年份	生产总值	第一产业	第二产业	第二产业		第三产业
				工业	建筑业	
2004	3034.58	428.05	1376.91	1132.70	244.21	1229.62
2005	3467.72	463.40	1564.00	1293.81	270.19	1440.32
2006	3907.23	386.38	1871.65	1566.83	304.82	1649.20
2007	4676.13	482.39	2368.53	2004.51	364.02	1825.21
2008	5793.66	575.40	3057.78	2607.15	450.63	2160.48
2009	6530.01	606.80	3448.77	2917.40	531.37	2474.44

资料来源：根据2010年《重庆统计年鉴》整理而成

附表1-1展示了重庆1997～2009年的经济、产业发展状况，生产总值从1997年的1509.75亿元提高到2009年的6530.01亿元，增长了约3.33倍，年均增长率达到14.24%。根据附表1-1数据可以得到附图1-2和附图1-3。我们可以明显看出，三大产业都有提高，但是第一产业增幅较低，而第二产业增幅最大，从2003年后第二产业逐渐拉大了与第三产业的差距。对比附图1-3重庆三大产业比重状况我们可以看到，虽然第一产业总值在不断提高，但是第一产业所占比重在不断下降，由1997年的20.35%降为2009年的9.29%，表明重庆已进入第一产业产值小于10%的时期。而第三产业1997～2002年发展较快，其比重从1997年的36.57%提高到2002年的42.82%，非常接近第二产业的比重42.94%，但从2002年后，第三产业增速放缓，到2009年第三产业比重降为37.89%。相对地第二产业发展速度加快，由2002年的42.94%提高到2009年的52.81%，与第三产业的比重差由2002年的0.12%变为2009年的14.92%。

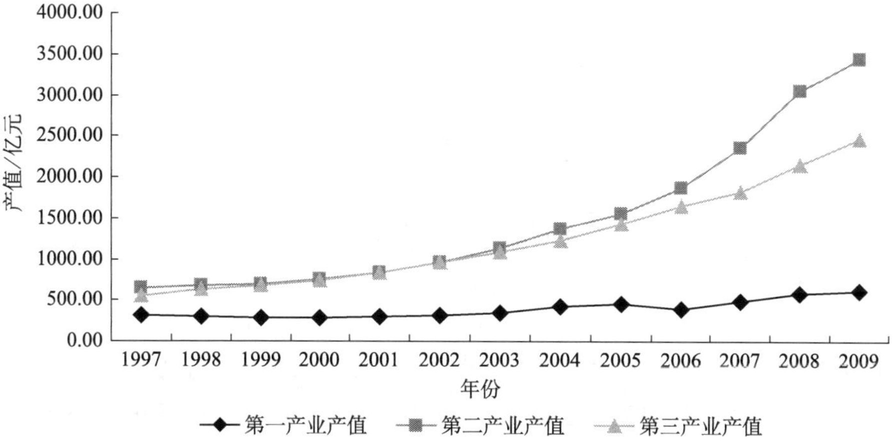

附图1-2 重庆三大产业产值发展状况

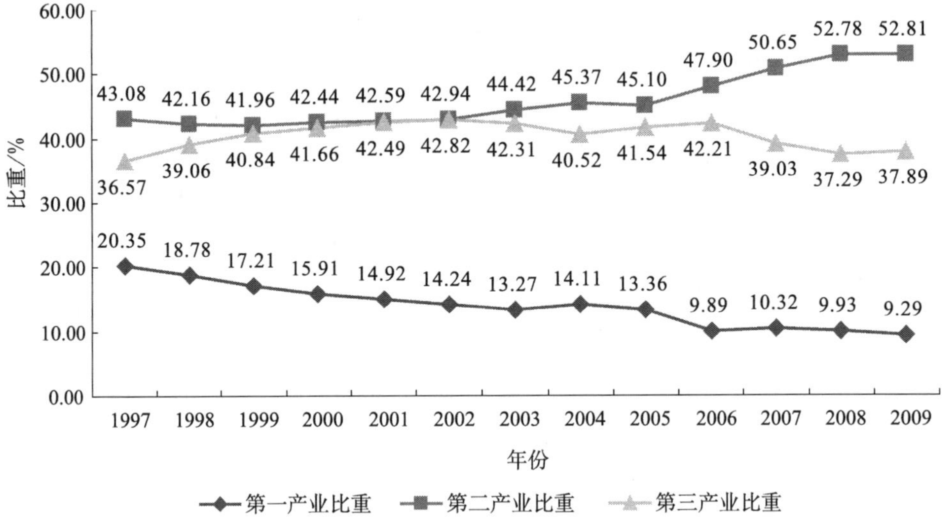

附图 1-3　重庆三大产业比重状况

通过附表 1-2 中数据可以看出城乡居民的收入还存在很大的差距。2007 年的城镇居民人均可支配收入约是农村居民人均纯收入的 3.59 倍。2008 年缩小为 3.48 倍，到 2009 年扩大为 3.52 倍。恩格尔系数在 40 以下为富裕，可以看出重庆城镇居民的生活水平接近富裕，可是农村仍然未达到，重庆城乡居民的生活水平仍然有很大的差距。

附表 1-2　2007～2009 年城乡人均收入和恩格尔系数对比

年份	城镇居民家庭人均可支配收入/元	农村居民家庭人均纯收入/元	城镇居民家庭恩格尔系数/%	农村居民家庭恩格尔系数/%
2007	12 590.78	3 509.29	37.2	54.5
2008	14 367.55	4 126.21	39.6	53.3
2009	15 748.67	4 478.35	37.7	49.1

资料来源：根据 2010 年《重庆统计年鉴》整理而成

1.2.2　人口城镇化进程快速推进

重庆城镇化进程大体可分为三个阶段。第一阶段，城镇化进程缓慢。这一阶段为设立直辖市以前，受经济发展水平和区域经济发展重心的影响，城镇化发展滞后、起点较低。1996 年重庆城镇化率为 29.5%，比全国低 1 个百分点。第二阶段，城镇化水平提高较快。1996～2001 年，全市城镇化率提高了 7.9 个百分点，2001 年城镇化率上升到 37.4%，年均增长 1.58 个百分点。第三阶段，城镇化高速发展。2002 年重庆城镇化率首次超过全国平均水平 0.9 个百分点。2002～2009 年，年均增长达到了 1.67 个百分点，比 1996～2001

年年均增速快0.09个百分点（附表1-3），2009年城镇化率高出全国平均水平4.99个百分点。

附表1-3　1996～2009年重庆常住人口及城镇化率

年份	常住人口/万人	城镇人口/万人	乡村人口/万人	城镇化率/%
1996	2875.3	848.21	2027.09	29.50
1997	2873.36	890.74	1982.62	31.00
1998	2870.75	935.86	1934.89	32.59
1999	2860.37	981.11	1879.26	34.30
2000	2848.82	1013.88	1834.94	35.60
2001	2829.21	1058.12	1771.09	37.40
2002	2814.83	1123.12	1691.71	39.90
2003	2803.19	1174.55	1628.64	41.90
2004	2793.32	1215.42	1577.90	43.51
2005	2798.00	1265.95	1532.05	45.24
2006	2808.00	1311.29	1496.71	46.70
2007	2816.00	1361.35	1454.65	48.34
2008	2839.00	1419.09	1419.91	49.99
2009	2859.00	1474.92	1384.08	51.59

资料来源：2010年《重庆统计年鉴》

1.2.3　两翼经济发展相对较差，区域差异大

附表1-4展现了重庆一圈两翼2008～2009年的经济发展情况，从表中我们可以看到，重庆2009生产总值比上年增长12.7%，而渝东北翼增长最快，由2008年的954.04亿元增长到2009年的1099.79亿元，增长率达到15.3%。同时我们也可以发现，在三大产业中，第三产业增长最快，达到14.5%，为第一产业增长幅度的2.64倍。在第二产业中，渝东北翼增长最快，增速达到21.1%；第三产业中，一小时经济圈增长最快，增速为14.9%。

附表1-4　重庆一圈两翼经济发展状况

指标	2008/亿元	2009/亿元	增长率/%
生产总值	5793.66	6530.01	12.7
一小时经济圈	4521.06	5074.00	12.2
渝东北翼	954.04	1099.79	15.3
渝东南翼	318.56	356.22	11.8
第一产业	575.40	606.80	5.5
一小时经济圈	339.31	357.63	5.4
渝东北翼	175.89	184.69	5.0
渝东南翼	60.20	64.48	7.1
第二产业	3057.78	3448.77	12.8
一小时经济圈	2460.10	2738.51	11.3
渝东北翼	446.05	540.22	21.1

续表

指标	2008/亿元	2009/亿元	增长率/%
渝东南翼	151.63	170.04	12.1
第三产业	2160.48	2474.44	14.5
一小时经济圈	1721.65	1977.86	14.9
渝东北翼	332.10	374.88	12.9
渝东南翼	106.73	121.70	14.0

资料来源：根据2010年《重庆统计年鉴》整理而成

根据附表1-4的数据，我们可以整理得到附图1-4和附图1-5。从附图1-4中，我们可以直观地看到，重庆一小时经济圈生产总值占到全市的77.70%，而渝东北翼和渝东南翼占全市比重较低，分别只占到16.84%和5.46%，而第二产

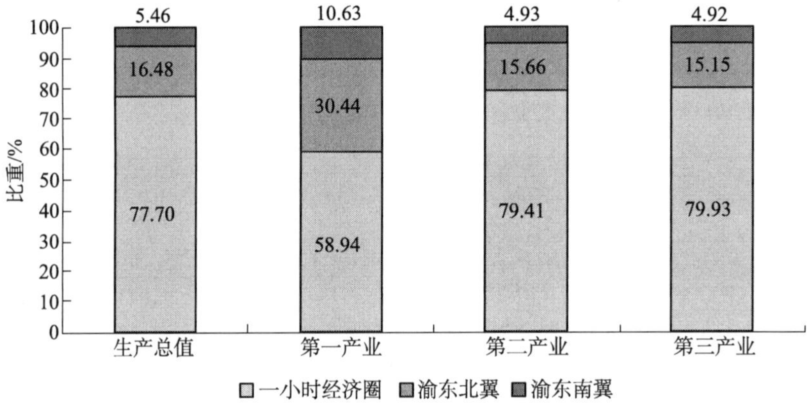

附图1-4　重庆2009年一圈两翼各生产总值及三大产业占全市比重状况

资料来源：根据2010年《重庆统计年鉴》整理而成

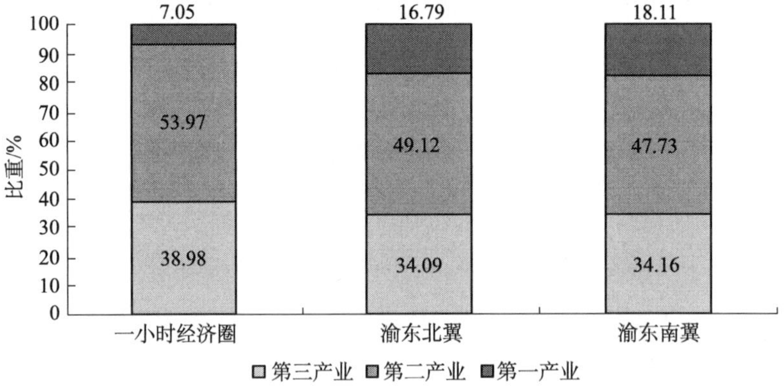

附图1-5　重庆2009年一圈两翼三大产业所占比重状况

资料来源：根据2010年《重庆统计年鉴》整理而成

业和第三产业一小时经济圈所占比重几乎达到80%；而两翼第一产业所占比重虽然有所提高，分别为30.44%和10.63%，但是比一小时经济圈仍然低许多，表明两翼地区的经济发展相对较差，重庆三大区域发展不平衡。从附图1-5中我们也可以看到，只有一小时经济圈的第一产业比重低于10%，两翼的第一产业比重仍然较高，且两翼的第二产业比重也都低于50%，表明两翼应加快经济发展，调整产业结构。

1.3 重庆城镇化发展中存在的主要问题

虽然重庆人口城镇化发展取得了显著成绩，但城镇发育仍然不够，辐射功能不强，城镇化进程滞后于工业化，城镇化管理水平不高，城镇发展的数量、结构和质量等仍然存在很大差距。

1.3.1 城镇体系结构不合理，空间分布不平衡

从城镇经济的承载能力看，在已有的城镇体系中，大城市不足，中等城市的辐射和带动能力不强，小城市的聚集效应不大。“一圈”作为全市经济发展的核心，与京、津、沪、穗相比，各项经济指标有明显差距，综合竞争力弱，城镇化质量较差。“两翼”城镇体系结构不合理，城镇等级差别大，呈分散联系状态；区县域首位镇和中心镇地位不突出，区域辐射能力较弱；小城镇发展滞后，规模小、布局散、水平低、实力弱，聚集功能不强。从城镇空间分布和密度看，全市40个区县，“一圈”共23个区县，占57.5%；渝东北翼11个区县，占27.5%；渝东南翼6个区县，占15%；城镇布局呈现出“一圈密两翼疏”。小城镇地处偏远，分布稀疏，大多沿交通线、河流分布。这种城镇分布形式不利于城镇功能的发挥和城镇经济实力的提高，也不利于区域经济的发展以及城镇化水平的提高，还会带来一系列社会问题，导致区域发展的恶性循环。

1.3.2 城镇化滞后现象突出，人口分布不合理

根据联合国标准，当一个国家人均GDP达到1000美元时，城市人口应占到总人口的62%。2009年重庆人均GDP已超过3000美元，而城镇人口却只有51.59%，与联合国标准相差较远。分区域看，一圈常住人口为1725.26万人，占全市常住人口的60.3%；渝东北翼常住人口为851.39万人，占全市常住人口的29.8%；渝东南翼常住人口为282.35万人，占全市常住人口的9.9%，城镇人口比例明显失衡。城镇化水平不高会导致一系列的恶性循环：生产要素流动不畅，城镇难以形成自生能力，表现为城镇缺乏活力，失业率难以得到有效改善，农村剩余劳动力无法就近转移，最后形成城镇、农村的双向落后。例如，巫山县、巫溪县、奉节县、云阳县、石柱县等城镇建设比较落后，没有发挥各

自的区位优势和相应的经济带动功能，辐射效应不强。可见，重庆总体城镇化水平偏低，发展极为不平衡。

1.3.3 城镇体系形成了一心多极，但周边县城镇化率较低

近年来，重庆加快统筹城乡综合配套改革试验区建设，经济发展速度、小城镇建设速度不断加快，城镇建设规模、范围和城镇地域不断扩大，全市城镇化率不断提高。乡村人口向城镇流动、转移速度加快，使城镇人口不断增加，城镇化水平显著提高，人口城镇化进程快速发展。初步形成了以主城为核心，以万州、黔江、涪陵、合川、永川、江津等区域性中心城市为增长极的一心多极网络式城镇体系框架。城镇化地区间发展不平衡，2009 年全市城镇化率为 51.59%，其中最高的主城区（渝中区、大渡口区、江北区、沙坪坝区、九龙坡区、南岸区）城镇化率达到了 100%，最低的酉阳县城镇化率仅为 21.60%。从“一圈两翼”来看，“一圈”城镇化率最高，达到了 64.27%；渝东北翼其次，城镇化率为 34.34%；渝东南翼最低，城镇化率仅为 26.12%。“两翼”城镇化率分别低于“一圈”29.93 和 38.15 个百分点，低于全市平均水平。全市县域城镇化率普遍偏低，21 个县中城镇化率最高的只有 39.96%，最高的低于全市平均水平 29.99 个百分点，城镇化率不足 30% 的县高达 9 个，小城镇发展滞后成为影响城镇化进程的重要因素。

1.4 推进重庆城镇化发展的对策建议

1.4.1 构建大都市、中心城市、中等城市和小城镇四个层次体系

城镇化过程本身是一个工业化和现代化的过程，它的发展应该具有自身的规律，所以一个地区推进城镇化要和这个地区的经济社会发展水平相适应。要充分考虑与其他地区不同的特点，走符合自身实际的城镇化道路。加强重庆城镇化有以下定位：重庆是一个直辖市，还不是一个省，所以要建设成为一个一中心多组团，城市群集合的现代化大都市；处于西部的直辖市，主要是构建现代化的大都市、地区的中心城市、中等城市和小城镇四个层次的城市链接体系，并且按照交通的体系原则来规划。第一个层次是按照国务院批准的组成规划区构建都市发展经济圈。按照做强做量的要求，逐步建成人口接近 600 万 ~800 万规模，成为现代大都市的中心来辐射城市发展。第二个层次是区域辐射中心，每一个自身行政区划人口都是 110 万 ~170 万，面积接近 2000 平方公里，黔江要少一些，这个层次是做大做优，逐步建成 70 万 ~100 万人口的城市，起到功能辐射周边的纽带作用。第三个层次是 25 个区县所在地的镇，按照做精的要求，逐步建成人口规模为 20 万 ~30 万的中等城市，功能是带动县域经济和城市

发展。第四个层次是先选择启动45个交通便利、基础比较好的城镇，将其培育成为有特色的中心镇，发挥引导的功能，发挥中小企业和人口积聚的作用，并且与大城市协调发展。

1.4.2 不同区域分类指导、协调发展

重庆城镇化建设作为城乡统筹发展的一项长期战略，应当在不同时段、不同区域、不同层面进行分类指导，区别对待，绝不能搞一刀切。应坚持统筹好重点区域与非重点区域之间农村人口的转移，兼顾好发达地区与欠发达地区、主城区同远郊区县以及乡镇之间的农村人口转移，协调好农村地区、贫困山区、三峡库区之间的农村人口转移。只有这样，才能达到城乡、区域、地域等各个方面的统筹推进。应根据“一圈”、“两翼”地区的不同情况采取不同的原则给予指导，统筹好都市发达经济圈、渝西经济走廊、三峡库区经济生态区之间的矛盾，兼顾好主城区、中心城市、区县、中心集镇及小集镇等各个层面之间的利益，使城镇化建设规划符合重庆市情。把渝东北翼、渝东南翼两个地区作为农村人口的转移重点区域进行重点突破，只要“两翼”地区的二元难题破解了，城乡差别缩小了，统筹发展就会迎刃而解，重庆整个社会经济就能同步协调发展。另外，根据主城区、远郊区县、乡镇三个不同层面城镇的实际承受能力，充分考虑就业、住房、教育、公共保障服务等综合实际情况，合理确定转移农村人口的数量及时间顺序。

1.4.3 重视产业支撑，建设现代服务业

把产业支撑作为重要的条件，城镇化要与产业结构调整结合起来。由于国际产业分工体系调整进程加快，国际产业向中国转移将持续推进。为保持地区竞争力和进行产业结构调整，沿海地区将加快产业向中西部地区进行梯度转移。重庆必须有效承接国际和东部地区产业转移，加快产业发展和升级，努力增强大城市带大农村和统筹城乡发展的能力；在产业升级的同时，推动大量的传统工业逐步向主城以外的区域转移，形成城乡统筹的产业体系，促进城乡和区域协调发展。服务业对城镇化进程的推动作用非常明显。近年来重庆服务业发展迅猛，其占经济总量的比重逐步超过第二产业，成为城镇经济的第一支柱。服务业发展推动着城镇化进程，并不断提升城镇化的内涵，完善城镇功能，成为城镇化水平质的提升的重要源泉。重庆应根据本市的具体情况，在都市经济发达圈积极发展现代金融业，建立起以国有商业银行为主体，多种金融机构共同发展的现代金融组织体系。要积极引进国外金融机构，鼓励发展地方金融机构，培育完善资本市场，扩大投融资渠道，营造良好的金融生态环境。重庆还是中国的一个综合性老工业基地，是长江上游的物资集散中心，是西部地区唯一同

时具有铁路、公路、水路和航空的立体化运输网络体系的特大型城市，应充分发挥优势，以商贸物流中心建设为重点，加快现代物流业的发展。信息服务是现代服务业中科技含量最高，同时也是最基础的产业，要大力发展软件业，积极推进软件业的集聚和提升，发展拥有自主知识产权的软件产品，以信息化带动工业化、带动现代服务业的发展。

1.4.4 建立现代农业，发展农业产业化

重庆作为一个典型的“大城市带大农村”的城市，转移大量农业剩余劳动力的有效途径是通过大力发展农村经济、农业产业化，加快农业和农村经济结构调整，将一部分剩余劳动力自我吸收。农产品加工产业是符合农村地区比较优势的产业，并且具有投资少、技术含量低、劳动密集等特征，是农村地区实现工业化的主要途径。通过新农村建设，改善农村地区的基础设施，创造良好的投资环境，会吸引资金、技术和劳动力的流入，获得产业集聚效应，促进城镇化进程。发展农产品加工业，要注重发展大型龙头企业，带动有市场、有特色、有实力的中小型企业和主要从事农产品初加工的个体户的发展；既要大力发展具有地域优势的特色农产品加工业，又要注意发展贴近消费市场的大宗产品加工业；努力培育贸、科、工、农相结合的新型市场主体，优化农产品加工业的企业组织结构。要大力推进农业产业化经营，创新农业产业生产经营组织形式，形成“基地建设+加工企业”的配套模式。建设现代农业，必须注重开发农业的多种功能，向农业的广度和深度进军，促进农业结构不断优化升级。具体包括：大力发展特色农业，因地制宜地发展特而专、新而奇、精而美的各种物质、非物质产品和产业；扶持进行农业产业化的龙头企业；推进以生物能源、生物基产品和生物质原料为主要内容的生物质产业发展，拓展农业功能，促进资源高效利用。

1.4.5 加强劳动力市场的建设，多方式促进重庆劳动力的转移

加强劳动力市场的建设，提高城镇就业管理水平，为劳动力的就业提供准确及时的市场信息，规范劳动力市场的服务，并且采取多种方式对农村青壮年劳动力进行培训，不断提高其就业能力。要加强农村剩余劳动力的转移，城镇化中很重要的一个问题就是转移劳动力，重庆市有3275.61万人，目前农村转移到城镇的劳动力有570万，570万中有350万到沿海地区打工，剩下的220万是在重庆自己的县城和城区打工，所以要多方式促进重庆劳动力的转移，并且努力实现城镇居民充分就业。通过发展第二、第三产业，壮大乡镇民营企业，促进乡镇企业向中心镇转移，努力增加就业岗位，使进城的农民有工可做。大力发展非公有制经济，重点扶持劳动密集型、科技型企业，使之成为吸附劳动力的主力军。多渠道做好劳动力输送工作，重点是与东部发达地区建立长期的劳务输出关系。

附录2　成都城镇化发展专题调查报告

2.1　成都城镇化整体概况

成都是四川的省会，中国副省级城市之一，是国务院确定的中国西南地区的科技中心、商贸中心、金融中心和交通、通信枢纽；也是四川政治、经济、文教中心，是国家经济与社会发展计划单列市，国家历史文化名城。面积为12 121平方公里，相当于上海的2倍，是一座能够承接劳动力的城市。成都东西长192公里，南北宽166公里，平原面积占40.1%，丘陵面积占27.6%，山区面积占32.3%，现辖成华区、武侯区、青羊区、锦江区、金牛区、龙泉驿区、青白江区、新都区、双流县、郫仔县、温江区、大邑县、金堂县、蒲江县、新津县等9区6县，代管都江堰市、彭州市、崇州市、邛崃市4市。2009年年末，成都总人口为1139万，其中市区人口520万，非农业人口629万；全市实现地区生产总值4502.6亿元，其中第二产业增加值达到2001.8亿元，第三产业增加值为2233.04亿元；城镇居民人均可支配收入达18 659元，农村居民人均收入达7129元。截至2011年，成都全市常住人口已经超过1400万，流动人口大约256万。四川作为中国第二大人口大省，2009年年末人口数达8185万人，其中城镇人口比重仅为38.70%，而农村人口比重达61.30%，农村人口数为5017万人，可以看出，四川的城镇化道路还很艰巨。而成都作为四川的省会城市，是四川的第一大城市，在城镇化发展道路上肩负吸纳四川农村人口的重任，同时具有引领其他城市发展的带头作用，成都的城镇化发展具有重大的意义，加快城镇化进程是其首要任务。正是基于成都前期卓有成效的探索实践，在2007年，成都获国务院正式批准，成为全国统筹城乡综合配套改革试验区，成为继上海浦东新区和天津滨海新区之后又一个国家综合配套改革试验区，国家赋予试验区的历史使命第一就是解决“三农”问题，探索城乡协调发展的新型城镇化道路。成都抓住此次机遇，大力推进城镇化进程，探索出适合西南地区的城乡统筹发展道路。著名经济学家厉以宁和诺贝尔经济学奖获得者蒙代尔对成都的探索实践进行联合研究后评价说：“成都已经成为新型城镇化的重要引领城市。”成都要打造成为西部经济核心增长极，内驱动力就来自新型城镇化。当前，成都处于城镇化中期向后期演变的加速期，正在经历自建城以来最大规模的快速城镇化浪潮。

2.2　成都城镇化发展现状

成都自2003年开始城乡一体化实践，立足于大城市带大郊区的区域实际，将统筹推进“三个集中”确定为基本原则和根本方法，即工业向集中发展区集中，走集约、集群发展道路，以工业化作为城乡发展的基本推动力量，带动城镇和第二、第三产业发展，创造转移农村剩余劳动力的条件；农民向城镇集中，聚集人气和创造商机，农村剩余劳动力向第二、第三产业转移，为土地规模经营创造条件；土地向规模经营集中，进一步转变农业生产方式，推动现代农业发展。自此，成都启动了全面深入的统筹城乡自费改革，推动城乡共同繁荣与发展。在“全域成都”的理念下，成都通过启动农村产权制度改革等进一步创新体制机制，统筹城乡试验改革继续向“深水区”挺进。在2009年年底，成都对城乡一体化的实践探索进行了全面提升和深化，确立了建设“世界现代田园城市”的历史定位和长远目标，将农田保护、生态环保、现代高端产业、城市先进功能有机融合，以多中心、组团式、网络化的布局，描绘了新型城镇化的蓝图，并指明了未来深入推进的实现路径。成都针对不同地区不同城乡关系特点，2007年就组织力量编制规划，目前不仅编制完成了城乡产业发展、土地利用等专项规划，还编制完成了分工明确、布局合理的城镇体系规划及农村空间布局规划，确定了“一城、三圈、六走廊”的空间发展格局，形成了1个特大城市、8个中等城市、30个重点镇、60个新市镇和600个左右新型农村社区相呼应的城镇体系。经过近三年的努力，已初步构建起现代城市和现代农村和谐相融、现代文明和历史文化交相辉映的新型城乡形态，为成都建设“世界现代田园城市”奠定了坚实的规划基础。经过几年的大力发展，成都的城镇化取得了很大的成就。

从纵向时间发展来看，如附图2-1所示，我们可以看出城镇化率稳步提高，从2006年的61.53%提高到2010年的65.51%，年均增长1%。从横向对比来看，如附图2-2所示，成都是四川城镇化发展最好的城市，城镇化率为64.9%，远远高于其他城市，只有攀枝花作为钢材基地，城镇化率较高为60%。然而，这也从侧面反映出，四川城镇化率普遍偏低，四川城镇化任务还很艰巨。成都作为四川的省会城市，在自身发展的同时也应致力于带动周边城市的发展，发挥出特大城市的辐射作用，从而促进四川城镇化整体推进。

城镇化水平滞后是妨碍“三农”问题解决，阻碍全面建设小康社会进程的一个重要问题。解决“三农”问题要靠城市带动，成都是典型的大城市带大郊区的区域格局，不同区域之间的城镇化水平差距很大。通过附表2-1的数据我们可以得知，2009年成都市核心区的锦江区、青羊区、金牛区、武侯区、成华区和高新区等6区，平均城镇化率高达100%，但近郊区县龙泉驿区、青白江区、新都区、温江区、双流县、郫县的平均城镇化率仅为51.9%，与上年持平；远郊市县的平均城镇化率仅有38.03%，仅比上年提高0.2个百分点。远郊区的城镇化率低于核心区61.97个百分点，低于近郊区13.87个百分点。

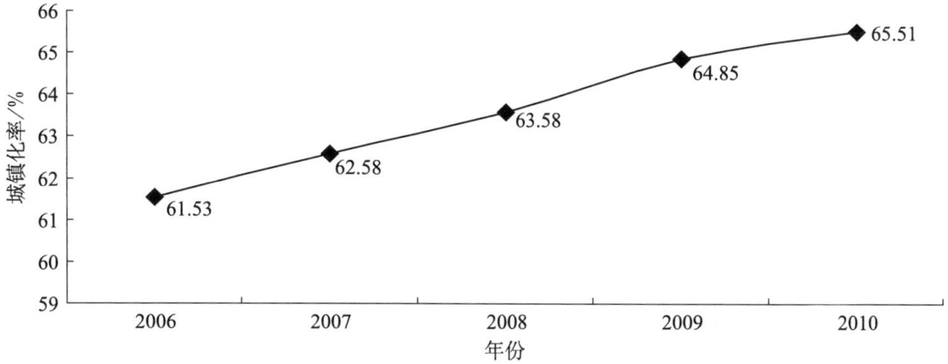

附图 2-1 成都市 2006 ~ 2010 年城镇化率

数据来源：2010 年《成都统计年鉴》

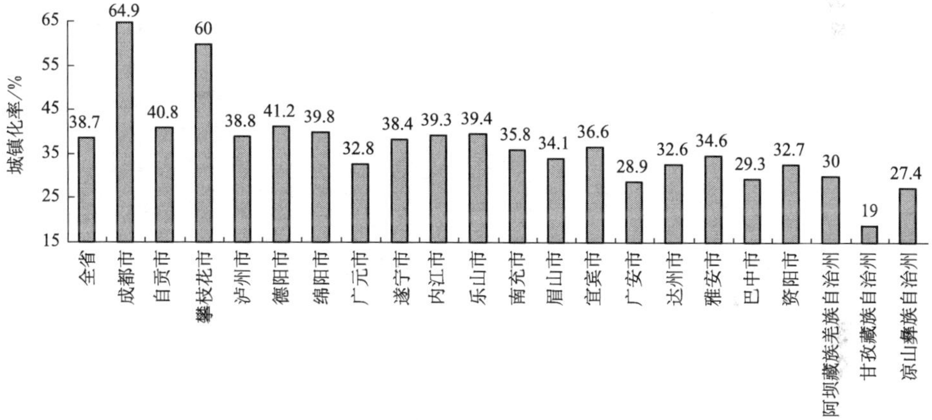

附图 2-2 四川省 2009 年各市、自治州城镇化率

数据来源：2010 年《四川统计年鉴》

附表 2-1 2009 年成都市各区（市）县常住人口及城镇化率

区（市）县	常住人口/万人	城镇化率/%	区（市）县	常住人口/万人	城镇化率/%
锦江区	68.38	100.00	金堂县	75.86	31.50
青羊区	79.28	100.00	双流县	98.59	49.00
金牛区	108.70	100.00	郫县	53.19	51.30
武侯区	100.12	100.00	大邑县	50.37	41.00
成华区	88.90	100.00	蒲江县	25.00	32.67
高新区	30.34	100.00	新津县	30.74	48.20
龙泉驿区	62.00	49.90	都江堰市	64.47	48.00
青白江区	40.99	47.50	彭州市	77.98	36.50
新都区	67.00	47.30	邛崃市	61.11	42.00
温江区	39.91	66.40	崇州市	63.67	34.31

资料来源：根据 2010 年《成都统计年鉴》计算整理而得

由附图 2-3 我们可以看到，成都市 2006～2010 年，三大产业均有大幅增长，第一产业产值从 2006 年的 195.13 亿元增长到 2010 年的 285.09 亿元，为原来的 1.46 倍，年均增长 9.92%；第二产业产值从 2006 年的 1170.97 亿元增长到 2010 年的 2480.9 亿元，为原来的 2.12 倍，年均增长 20.67%；第三产业产值从 2006 年的 1406.08 亿元增长到 2010 年的 2785.34 亿元，为原来的 1.98 倍，年均增长 18.62%。从附表 2-4 中我们可以看出，成都市第一产业比重呈下降趋势，由 2006 年的 7.04% 下降到 2010 年的 5.14%；而第二产业比重有所上升，第三产业稳定在 50% 左右，表明成都市三大产业结构已初步稳定，第三产业超过第二产业而占主要地位，第一产业比重不断下降。

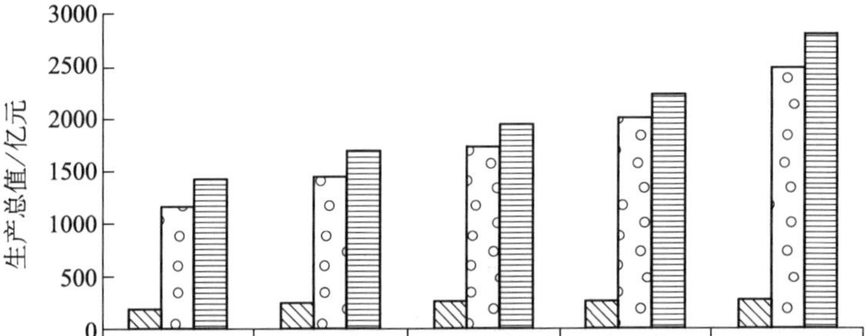

	2006年	2007年	2008年	2009年	2010年
第一产业/亿元	195.13	235.1	262.88	267.77	285.09
第二产业/亿元	1170.97	1444.08	1734.95	2001.8	2480.9
第三产业/亿元	1406.08	1685.61	1947.08	2233.04	2785.34

第一产业 第二产业 第三产业

附图 2-3　成都市三大产业生产总值状况

资料来源：根据 2011 年《成都统计年鉴》整理而得

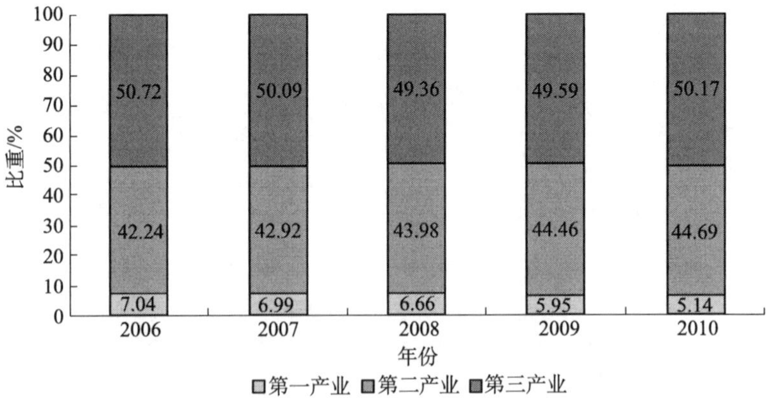

附图 2-4　成都市三大产业生产总值占总产值比重状况

资料来源：根据 2011 年《成都统计年鉴》整理而得

通过附表 2-2 的数据对比我们可以得知，从 2008 年和 2009 年城镇居民人均可支配收入和农村居民人均纯收入的变化中，2009 年城镇居民人均可支配收入增加 1716 元时，农村居民人均纯收入仅增加 648 元；而同期相比，2008 年的城镇居民人均可支配收入为农村居民人均纯收入的 2.61 倍，2009 年为 2.62 倍，可见成都农村与城镇居民人均收入还存在一定差距，但这个差距已经控制在一定范围之内。

附表 2-2 城镇与农村居民人均收入对比 （单位：元）

项目	2008 年	2009 年	2009 年相比 2008 年的增幅
城镇居民人均可支配收入	16 943	18 659	1 716
农村居民人均纯收入	6 481	7 129	648

资料来源：根据 2010 年《成都统计年鉴》计算整理而得

所以，虽然近年来成都在城镇化方面取得了一定的成效，但也存在一些问题，如区域差异大、市内各地区发展不平衡，因此，还有很大的发展提升空间。而且，成都作为四川的省会城市、第一大城市，具有辐射带领周边城市共同发展的领头作用，但其他城市与成都的差距都很大，成都在自身发展的同时应该优化产业结构，发展都市圈，扩大辐射效应，带动周边城市共同发展。

2.3 成都城镇化发展中存在的主要问题

近年来，成都城镇化发展取得了一定的成就，但是仍然存在问题。从第二小节发展现状数据分析中我们可以明显地看出：成都远郊区县发展不足，城镇化率较低，城乡收入差距仍然较大等。除此之外，成都城镇化发展过程中还存在以下问题。

2.3.1 农业从业人数比重较大，农村人口转移任务艰巨

附表 2-3 展现了成都社会从业人员的状况，从表中我们可以看出，成都 2006～2010 年五年内就业形势良好，社会从业人员从 2006 年的 640.14 万人增长到 2010 年的 752.78 万人，第二、第三产业社会从业人员人数都有所提升，第三产业提升十分明显，从 2006 年的 254.72 万人增长到 2010 年 349.96 万人，增长人数近 100 万人，而第一产业从业人员人数在不断下降，表明成都市第三产业有大幅发展，吸纳了大量的劳动力，特别是农村劳动力从第一产业转移出来进入第三产业。而从附图 2-5 我们也可以清楚地看到，第一产业从业人员比重不断下降，从 2006 年的 29.49% 降为 2010 年的 20.28%；第三产业从业人员比重由 2006 年的 39.79% 提高到 2010 年的 46.49%。但对比附图 2-4 和附图 2-5 我们可以发现，虽然第一产业的从业人员比重降为 20.28%，但是相对于第一产业产

值比重 5.14%，第一产业仍然有许多的农业人口需要转移。农业人口转移是城镇化的一个主要任务，只有有效转移农业人口，才能统一耕地资源，提高农民人均耕地面积，改变原来的农村小生产种植模式，实现农业规模化、产业化经营；同时农业人口的有效转移为城市发展提供了大量的劳动力。

附表 2-3　成都市社会从业人员状况　　（单位：万人）

项目	2006 年	2007 年	2008 年	2009 年	2010 年
社会从业人员	640.14	687.13	704.49	729.52	752.78
第一产业	188.76	179.33	173.30	162.79	152.70
第二产业	196.66	210.26	215.15	232.91	250.12
第三产业	254.72	297.54	316.04	333.82	349.96

资料来源：根据 2011 年《成都统计年鉴》整理而得

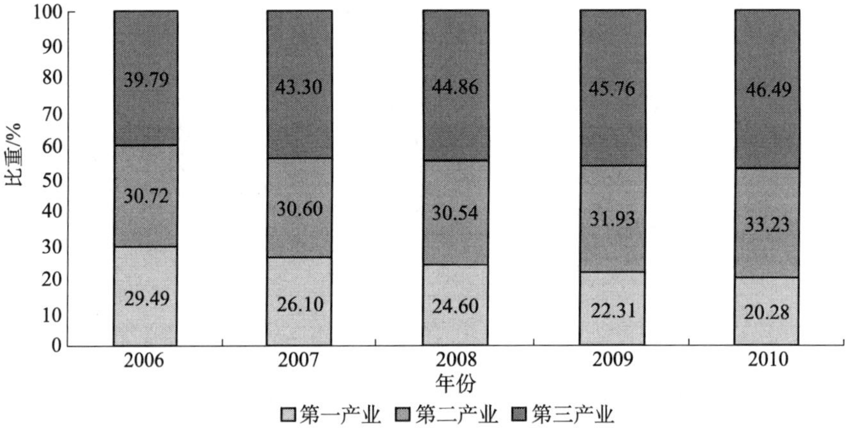

附图 2-5　成都市三大产业从业人员比重状况

资料来源：根据 2011 年《成都统计年鉴》整理而得

2.3.2　开放型经济滞后，难以参与世界性竞争

全球经济一体化迅速发展，发达国家和地区的产业结构调整迅速波及全球的每一个角落。随着全球-地方联系关系的重组和区域产业结构调整升级，在贸易自由化和信息技术的推动下，全球化表现为市场全球化、生产全球化和规则全球化。国家、地区不再表现为简单的“生产—消费—再生产”的单一模式，所有地区都将受益于全球经济一体化，地区可以脱离国家层次直接与其他地区或国家对话。任何国家与地区若不能参与全球化的快车，就意味着将失去新一轮发展的机会。在此背景下，为了不被世界边缘化，大部分国家和地区都积极地谋求与全球经济一体化接轨，提升自身竞争力。但是，成都参与世界产业布局与竞争能力较弱。2010 年成都进出口总额为 246.6 亿美元，对外贸易依存度

仅为30.3%，而东部的部分副省级城市要高得多，如深圳对外贸易依存度为248.9%、广州66.8%、杭州60.1%、厦门189.6%、青岛68.8%、宁波110.4%、大连68.9%。开放型经济滞后是成都最突出的“短板”，除了发展基础、地理条件的制约外，物流成本、投资软环境是重要原因，同时，投资环境中的产业配套能力不足是影响成都承接产业转移的重要因素。未来成都承接产业转移的规模将越来越大，需要的产业工人将越来越多，但是，成都在历史上工业基础就比较薄弱，产业工人储备不足。改革开放尤其是21世纪以来，成都市的产业发展主要依靠大量的农民工充当产业工人。然而在新的历史阶段，新一代农民工不仅对收入抱有更高的期望，而且对职业的性质和发展空间也提出了更高要求，以产业工人为终身职业取向的年轻一代农民工数量呈逐年衰减之势，加之长期以来科研、教育、职业培训与生产脱节，导致训练有素的产业工人人数与迅速增长的产业转移相比越来越少。更重要的是，成都市下一步发展必须走现代化、国际化的道路，才能真正拓展自身的发展空间，真正成为在世界上有影响力的国际化大都市。但是，由于区位条件的制约和自身的“文化盆地”特征，成都“走出去”面临国际化人才缺乏、国际化渠道缺乏、国际化大公司缺乏、国际化精神缺乏的瓶颈。如果不改变成都这一状况，未来几年成都国际化的程度可能与东部一些城市的差距会越来越大。

2.3.3 面临土地、水等资源匮乏以及生态环境制约

城市人口的不断膨胀与资源环境容量存在巨大的矛盾。工业化、城镇化的加快发展必然需要更多的土地资源作基本载体。成都人均占有耕地仅为1.77亩，低于全省平均水平。为解决推进工业化、城镇化快速发展过程中建设用地的不足，成都过去几年很好地利用了土地整理中的建设用地增减挂钩政策和灾后重建的政策，最大限度地保证了工业化和城镇化对建设用地的需求。但是，成都通过土地整理、增减挂钩的方式解决建设用地需求已经实施几年，未来在市域范围内通过此途径释放建设用地指标的潜力已经极为有限。实际上，目前成都新增建设用地的“占一补一”政策，找不到可补充同等质量耕地的现象已经凸显。在新的起点上继续加快工业化和城镇化发展所需的土地资源从哪里来，就十分严峻地摆在决策者的面前。同时，成都同样面临水资源的制约，成都无大江、大河，2000多年来一直靠都江堰灌溉工程的水源来支撑城市的用水需求。随着工业化和城镇化水平的提高和城市人口的进一步膨胀，用水供求的矛盾将更为突出。从目前成都的发展态势来看，成都还将在一定时期内不断集聚周围的资源和生产要素，还将进一步扩大城市的规模，尤其是“天府新区”的建设，将使成都再增加几百万的人口，这种态势将有可能使成都成为全国缺水较为严重的特大型中心城市。然而，成都还承担着长江上游生态保护、都江堰灌溉区

保护的历史重责，这意味着经济社会发展对成都的环境保护要求越来越高，相应地对承接产业转移和产业发展的选择要求也越来越严格。但是，目前国外和中国东部沿海地区向西部转移的产业中相当一部分却是附加值低、有较高污染的传统产业，或是一些能够带来巨大 GDP 总量增长的大型重化工业投资项目，成都就会因生态环境的限制不得不放弃。所以，在以后的发展中，成都如何处理好经济、产业发展与资源环境的制约之间的关系是一个大问题。

2.4 推进成都城镇化发展的对策建议

加快成都城镇化进程，应主要从以下几个方面着手。

2.4.1 搞好城镇建设规划，优化城镇体系总体结构

要高度重视规划工作，增强规划意识，规划是对未来的安排，规划是龙头和基础。要按照因地制宜，分类指导，突出特色的要求，坚持高起点、高标准、高质量，制订出城镇建设的总体规划。规划的制订和修订，应避免出现某些老城市建设中先“负债”后“高价”还债的做法，要符合发展开放型经济的长远要求，要具有战略眼光和超前性；各级政府要打破传统思维模式，切实破除旧观念，全面准确把握城镇化的内涵，正确认识城镇化的意义。按照国务院《关于成都市城市总体规划的批复》的要求，紧密结合本市各区（市）县水资源的分布、资金和人口流动的方向，农业、工业和服务业发展水平，基础设施的布局等的实际情况，在充分发挥市场机制作用的基础上，实施必要的宏观调控，把成都在性质上定位为“西南地区重要中心城市”的同时，要不断优化本市城镇体系结构与布局，重点建设中心城周边卫星城镇，特别是龙泉、华阳等中小城镇，逐步形成“以中心城为核心，中小城市为主体，小城镇为基础的城镇体系”，逐步形成城镇合理的功能分工和空间结构，走具有成都特色的多样化的城镇化道路。同时要加强规划的执行和管理，加强各类规划之间的衔接。加快调整本市城镇规划布局，科学合理划分城镇功能，优化城镇的投资环境。应借鉴国内外的先进经验，当前要重点抓好卫星城、县城和 30 个区域中心镇的规划建设，建立多个城镇节点，让其率先实现城镇化。要赋予卫星城镇基本的职能，加快城镇产业链的建设，把文化、科技、教育、商贸、住宅等产业的部分职能调整到近郊的温江区、新都区、郫县等，积极引导工业向近郊甚至远郊地区发展。努力使远郊城镇的发展定位更加科学，如都江堰旅游城市、崇州园林文化城市等，以便扩充城镇内涵，拓展特大城市的产业空间，补充特大城市的功能，适当地通过郊区化疏散中心城市人口，把成都从整体

上建设成一个多元化结构的现代化城镇体系。

2.4.2 加强成渝城市群建设，提高世界竞争力

城市群不仅仅是一个空间地域概念，城市群的内在联系，即城市经济联系所形成的城市经济带是一个国家或地区产业、技术、资本、人力资源等经济社会要素的集中分布区，是区域经济增长的密集区，它的发展决定着整个国家或地区的经济、社会发展。在中国西部地区，城市群的构建，极有可能成为中国经济发展的新增长极地带。城市经济带是在城市群的基础上，通过产业的协作、分工，各种生产要素的流动，通过集聚规模效应和扩散效应，加速工业化、城镇化而形成的，是工业化和城镇化加速发展所形成的产物。构建以成都、重庆为核心的城市群，通过集聚效应，吸收更多的优质生产要素，促进两地的产业协调发展，提高两地产业的世界竞争力，打造世界级城市群；同时通过城市群的协同、辐射扩散作用，实现低端产业转移，改善产业结构，带动周边区县的发展，加速整个西南地区的城镇化进程，提高自身和中国西部地区的竞争力，同时有利于缓解城市人口膨胀，交通拥挤、城市病等大城市问题。

2.4.3 坚持多渠道融资原则，加强城镇公共基础设施建设

近年来，成都各地较大幅度地增加了对城镇建设的投入，硬环境有了一定改善，但就总体而言，仍然欠账不少，有许多薄弱环节。城镇，特别是小城镇仍然不同程度地存在着“路不平、灯不明、水不净”等问题，为此，要用好用活城镇，特别是小城镇建设的优惠政策，进一步改革投融资体制，拓宽投融资渠道，加强基础设施建设和公共设施建设，创造良好的投资环境，吸引国有、集体、个体、外商到城镇办企业上项目，参与城镇基础设施和公共设施的建设，以经济发展推动城镇建设，加快城镇化进程。目前成都的交通已经非常拥挤，虽然想了不少办法加快市内交通的改造和提升，但是与日益增长的人口、汽车消费相比仍然滞后。

2.4.4 推进城乡一体化，缩小城乡差距

成都推进城乡一体化的总体思路，概括地说，就是“六句话”、“三个集中”、“三大重点工程”和“两大保障”。“六句话”，就是以中心城区、县城和有条件的区域中心镇为重点，以科学规划为龙头和基础，以产业发展为支撑，以建立市场配置资源的机制为关键，以制定和完善相关政策为保证，以农民生产、生活、居住方式的转变为着眼点和落脚点。“三个集中”，就是农民向城镇集中、工业向园区集中和农用地向规模经营集中。“三大重点工程”，是

在农村地区大力推进农业产业化工程、农村发展环境建设工程和农村扶贫开发工程。“两大保障”，即以规范化服务型政府建设和基层民主政治建设为保障。成都推进城乡一体化的战略重点是分区域因地制宜地实施三大任务。一是在主城区实施三大环境优化战略，即优化创新环境、人居环境、创业环境，提高城市的吸引力、创造力，进而提升竞争力。二是在乡村向城市转化地区，实施“三个集中”战略，提高城镇化的质量、效益和可持续能力。三是在农村地区，实施三项工程，即农业产业化工程、农村扶贫工程、农村环境整治工程，建设社会主义新农村。

2.4.5 坚持产业带镇，夯实城镇发展的经济基础

要充分发挥成都大城市带大郊区的优势，结合各城镇特点，按照“产业带镇、商贸活镇、市场兴镇”的思路，以统筹城乡发展为中心，以市场为导向，以产业为依托，把产业发展和产业聚集放在工作的首位，形成产业支撑，努力发展特色经济，不断增强城镇的经济实力，提高吸纳农村人口的能力。县域、镇域经济中心的小城镇，要引导工商企业合理聚集，注重吸引农业产业化龙头企业和乡镇企业在市区、镇区集中布局，发展农产品市场和农产品加工业，形成本地的农产品生产、加工、销售基地，形成具有一定辐射范围的农产品集散中心和农业信息、技术服务中心，为农村、农业和农民提供各种服务。以重大产业化项目为抓手，加大招商引资力度，大力发展县域工业和服务业。中心城市郊区应重点发展占地少、效益高的都市型农业、开放型农业和生态农业，率先推进传统农业向现代农业的转变，建立优质农产品和加工产品的出口基地。各类城镇都要注重发挥好在农村区域经济发展中的“辐射源”作用，都要注重为农村和农业提供规范化、专业化、规模化和网络化的服务。

附录3 苏南地区城镇化发展专题调查报告

3.1 苏南地区城镇化整体概况

改革开放以来，中国经济和社会发展迅速，农村城镇化进程加快，尤其是位于长江三角洲的苏南地区，凭借相对发达的传统经济和十分明显的地缘优势，20世纪80年代乡镇企业异军突起，为农村城镇化的发展创造了前所未有的历史性机遇。90年代，开发区的蓬勃发展为苏南地区城镇化带来二次机遇，但同时值得注意的是囿于传统布局的城镇建设也正暴露和潜伏着诸多新矛盾和新问题。

苏南就是江苏南部的简称，包括南京、苏州、无锡、常州、镇江五市，地处中国东南沿海长江三角洲中心地段，东靠上海，西连安徽，南接浙江，东北依长江（苏中，苏北）、东海。苏南地区东部和中部总体上极为低平，为坦荡的太湖平原；水资源丰富，大部分地方河道纵横，尤其以东部太湖平原的河网最为密集；拥有众多湖泊，包括太湖、澄湖、滆湖等，太湖是中国第三大淡水湖。

江苏分苏南、苏中、苏北三个部分，区域经济发展的梯度特征十分明显，南北差异较大。苏南不仅是一个地理概念，也是一个经济区域，是江苏最大的“优势板块”，也是最快的增长极，由于创立经济社会发展的范例和经验而受到瞩目。苏南是鱼米之乡，历来富庶。最近20多年来，苏南地区得市场体制改革之先声，开乡镇企业崛起之先河，抢开放型经济发展之先机，立高新技术产业化之先列，成为中国现代化建设的先导地区之一，也是中国经济最发达的地区之一。2010年11月，国家统计局发布了根据经济社会综合发展指标测算的“2010年全国百强县（市）”名单，前10名中江苏占了六席，分别是昆山（第一）、江阴（第二）、张家港（第三）、常熟（第四）、吴江（第六）和宜兴（第九），其中昆山、江阴、张家港、常熟四个县级市作为“区域经济强县统筹发展组团”并列“全国百强县”第一，并且这些县市全部集中在江苏苏南地区。

从附表3-1中我们可以看到，苏南地区城镇化率普遍较高，皆高于全省平均城镇化率，其中南京最高，高于江苏平均城镇化率21.6个百分点。通过苏南地区城镇结构我们也可以清晰地看到，苏南地区县级单位几乎全为市辖区和县级市，并且所辖全为镇，没有乡。中国对于县级市以及镇都有一定的要求，1986年，国务院46号文件批转了国家民政部《关于调整设市标准和市领导县条件的报告》。该《报告》明确指出：“总人口50万以上的县，县人民政府驻地所在镇的非农业人口一般在12万以上、年国民生产总值4亿元以上，可以设市撤县。”所以，苏南城镇化的结构从侧面可以反映苏南地区总体城镇化发展较快，各区县发展较好（附表3-1）。

附表3-1　2009年苏南地区城镇化率和城镇结构

省市名	各级市单位数	县级单位数				镇	乡	常住人口/万人	城镇人口/万人	城镇化率/%
		总数	市辖区	县级市	县					
全省	39	106	55	26	25	911	107	7724.50	4294.82	55.6
南京	1	13	11		2	32		771.31	595.14	77.2
无锡	3	8	6	2		32		619.57	419.82	67.8
常州	3	7	5	2		37		445.18	272.27	61.2
苏州	6	11	6	5		61		936.95	620.73	66.3
镇江	4	6	3	3		41		306.94	184.01	59.9

资料来源：根据2010年《江苏统计年鉴》整理而成

3.2　苏南地区城镇化发展现状

3.2.1　整体现状

苏南城镇化进程起步于改革开放之初，大致可划分三个阶段：一是20世纪80年代初至90年代初，在乡镇企业快速发展时期以小城镇建设为标志的城镇化阶段，乡镇企业的蓬勃兴起使苏南数百万农民实现了非农转移，带动了小城镇建设，从而吸引农民“离土不离乡，进厂不进城”；二是90年代初，在经济国际化进程中以开发区建设为载体的城镇化快速发展阶段，这时期以浦东开发开放为契机，苏南成为外商投资的新热点，苏南紧紧抓住这一机遇，先后建起了一大批各级各类开发区，这其中就包括大批的乡镇工业园，它们为苏南城镇化发展注入了新的活力；三是从21世纪初开始，在世界制造业基地快速形成时期，以构建都市圈为特征的城市现代化阶段，为苏南城镇化向更高层次发展创造了新的条件。目前，苏南农业生产总值在地区生产总值中所占比重不到2%，第一产业从业人口不断下降，以苏州为例，从事第一产业的人口占总人口的9.1%，从事第二产业的人口占总人口的60.1%，从事第三产业的人口占总人口的30.8%。

3.2.2　位次状况

从附表3-2中我们可以看到，苏南总面积28 089.21平方公里，常住人口3079.95万人，国内生产总值为21154.19亿元（2009年年末）。结合附图3-1，通过对比我们可以得出，苏南地区以约苏北地区一半的土地面积容纳相同的人口，都为3000多万，占江苏比重约为40%。从地区生产总值指标对比我们也可以看到，苏南生产总值21 154.19亿元，占全省的60%左右，分别是苏中、苏北的大约3倍。从人均地区生产总值、城镇居民人均可支配收入、农村居民人均纯收入也可以看到，苏南地区的城镇居民人均可支配收入和农村居民人均纯收入分别为24 995

元、11 517元，分别是苏中的1.35、1.36倍，差额为6515、3073元；分别是苏北的1.77倍、1.71倍，差额为10 894、4779元。苏南地区大大领先于苏中和苏北地区。

附表3-2 苏南、苏中、苏北各指标对比

指标	苏南	苏中	苏北
年末常住人口/万人	3 079.95	1 629.53	3 015.02
土地面积/平方公里	28 089.21	20 432.1	54 357.3
地区生产总值/亿元	21 154.19	6 390.12	7 196.89
人均地区生产总值/元	69 278.49	39 263.3	23 834.8
城镇居民人均可支配收入/元	24 995	18 480	14 101
农村居民人均纯收入/元	11 517	8 444	6 738

资料来源：根据2010年《江苏统计年鉴》整理而得

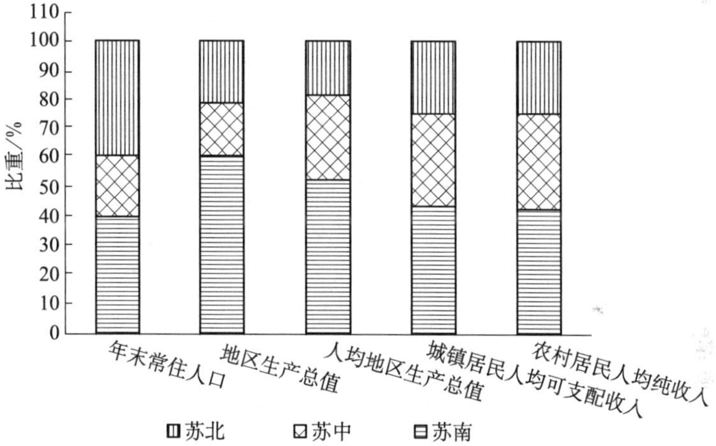

附图3-1 苏南、苏中、苏北各指标比重对比

苏南地区包括南京、镇江、常州、无锡、苏州，通过附表3-3我们可以看到，2009年和2010年这几个城市的城镇化率均高于全省的平均水平，在全省13个省辖市中名列前茅，2010年全省城镇化水平最高的市为南京市，城镇化率为77.9%，高出全省平均水平17.7个百分点。而整个苏南地区的城镇化率高于全省城镇化率10.1个百分点，分别高于苏中和苏北地区14.3个百分点和18.8个百分点。

附表3-3 江苏省各市城镇化率对比 （单位:%）

	地区	2009年	2010年
	全省	55.6	60.2
省辖市			
	南京	77.2	77.9
	无锡	67.8	70.3
	徐州	49.1	53.2

续表

地区	2009 年	2010 年
常州	61.2	63.2
苏州	66.3	70.0
南通	52.7	55.8
连云港	43.5	51.8
淮安	43.1	50.8
盐城	46.3	52.0
扬州	52.9	56.8
镇江	60.0	62.0
泰州	51.0	55.6
宿迁	37.7	48.3
区域		
苏南	67.9	70.3
苏中	52.3	56.0
苏北	44.8	51.5

资料来源：根据 2010 ~ 2011 年《江苏统计年鉴》计算整理而得

3.2.3 地区生产总值和产业结构

从附表 3-4 中 2009 年苏南地区第一产业、第二产业、第三产业增加值我们即可看出，苏南的第二、第三产业的增长幅度远远超越苏中和苏北地区。统计数据表明，相比苏北地区，苏南地区的第二、第三产业在增加值方面分别比苏北高了 8184.24 亿元和 6305.97 亿元，而第一产业的增加值却比苏北地区低了 532.91 亿元，反映了苏南地区在第二、第三产业方面发展比较迅猛。

附表 3-4　2009 年苏南地区生产总值

地区	地区生产总值/亿元	第一产业增加值/亿元	第二产业增加值/亿元	第三产业增加值/亿元	人均地区生产总值/元
南京	4 230.26	129.18	1 930.66	2 170.42	55 290
镇江	1 672.08	75.05	973.08	623.95	54 732
常州	2 519.93	91.75	1 429.73	998.45	56 890
无锡	4 991.72	93.62	2 836.38	2 061.72	81 146
苏州	7 740.20	142.82	4 547.12	3 050.26	83 696
苏南	21 154.19	532.42	11 716.97	8 904.80	69 278
苏中	6 390.12	515.05	3 592.60	2 282.47	39 263
苏北	7 196.89	1 065.33	3 532.73	2 598.83	23 835

资料来源：根据 2010 年《江苏统计年鉴》计算整理而得

根据统计资料显示，2009 年苏南地区生产总值达到 21 154.19 亿元，占全省产值总量的 60.9%，而占全省面积 2/3 的苏北生产总值则为 7196.89 亿元，仅占全省的 20.7%。从人均生产总值来看，苏南地区远远高于其他两个地区，是苏北地区的将近 3 倍，这从另一角度反映出苏北与苏南的经济差距，同时也说明苏南地区在整个江苏经济形式总体上发展迅速，这也为苏南地区发展城镇化提供了一个成熟稳定的经济基础，有利于更好地实现其城镇化。

另外，我们将苏南地区第一、第二和第三产业增加值的比重关系与苏北进行比较后可以看出，2009 年苏南的第一产业所占比重为2.5%，第二、第三产业的比重分别占 55.4% 和 42.1%。但是与苏北第一产业的比重 14.8% 相比，苏南第一产业比重小了 12.3%，第二、第三产业中尤其是第二产业比重差距明显。从附表 3-4 的整个数据中我们可以看出，从第一、第二和第三产业的比重关系上来看，相比苏中和苏北地区，苏南将重心更多地放在第二和第三产业上，第一产业所占的比重较小。江苏一直注重城镇化的进程，可以看出，苏南在产业结构上进行了一定比例的调整。但是从目前产业经济的发展速度和产业结构来看，还不足以满足当前形势下的要求和目标。

3.3 苏南地区城镇化发展中存在的主要问题

3.3.1 土地资源浪费严重

随着苏南地区工业化和城镇化步伐的加快，用地需求剧增，大量农地转化为建设用地，耕地数量大幅度减少，出现了土地资源浪费现象，主要表现在：城镇建设用地规模大，布局分散；城镇用地结构及布局不合理；农民居民点数量多，规模小，建设较为混乱。

苏南建制镇人均建设用地为 150 平方米/人，大大超过省政府确定的人均 100 平方米/人的用地指标。苏南地区是中国的鱼米之乡，土地资源非常宝贵。随着城镇的扩容，大量耕地被蚕食。苏南 2006 年人均耕地已不足 0.5 亩，远低于联合国的警戒水平（0.8 亩/人）。另外，从城镇的空间结构来看，尽管苏南城镇化起步较早，但城镇化缺乏有效的规划和设计，存在一定的空间低效率；由于企业众多，经过初期土地的粗放经营后，再加之普遍存在于苏南地区的人多地少的结构性矛盾影响，土地资源的浪费使城镇化推进付出了高昂的代价。

随着苏南小城镇不断增加，建设用地明显扩张。特别是进入 90 年代以来，“开发区和房地产热”对苏南城镇用地的迅速膨胀起到了催化作用，在近几年大量建设的小城镇当中，不顾实际条件建设各级脱离于城镇规划控制的开发区，盲目追求居住人口规模和建设用地规模，致使城镇用地以极不正常的速度急剧扩张。

3.3.2 生态环境问题突出

苏南地区相当一部分小城镇的经济增长主要依靠自然资源的大量消耗和以牺牲生态环境为代价。目前苏南 90% 左右的外资企业集中在高投入、高消耗的制造业，如建材、冶金、造纸、印染、电镀、化工等行业，其中重化工率在70%左右，是水源、大气、土地主要的污染源，严重破坏了生态环境。城镇污水处理设施、垃圾处理设施缺乏，生活污水未经处理直接排放，工业废水处理率和处理达标率均比较低。有数据表明：乡镇小纸厂每生产一吨纸所排放的污水量为国有大型企业的3倍，有机污染物为4倍，而悬浮物则高达14倍。

虽然近年来苏南提出要可持续发展，加大治理力度，使情况有所好转，但苏南小城镇的企业一般分布在小城镇周围以及农村人口较密集的地方，沿河沿湖而建，往往一厂污染，导致一河污染、一片污染，再加上行政区划的限制，分散治理和控制比集中治理和控制难得多，造成治理后再污染、污染后再治理的恶性循环，难以从源头上清除污染，而污染后的治理往往要付出高昂的人力和财力。

3.3.3 小城镇建设缺乏科学合理的规划

苏南地区城镇化过程中的积聚效应尚未充分发挥，尚未形成大规模吸纳农村人口的配套政策环境。以住房为例，调查统计显示，目前苏南农村地区正进入第三轮建房高峰期，许多农民有进镇安家落户的愿望，有40%左右的农民要求进一步改善住房条件，但相关的配套设施尚未落实。

城镇和社区中二元分割现象仍然突出，传统的村落观念、宗族观念仍然根深蒂固，很多地方居住方式基本沿袭村落格局。在居民构成上，苏南地区庞大的外来务工人员与本地居民之间混合居住的比例低，融合度低。主要表现在：一是苏南地区不少小城镇的基础设施与公共设施建设滞后于当地经济发展，生产、生活区混杂，条状布局色彩较浓；二是缺少城镇建设详细规划，不重视特色设计，许多城镇的街景设计、重要地段和重要建筑物的设计都十分单调，品位不高；三是缺乏经济发展规划，建设内容偏重于扩大建成区面积，增加建成区人口，忽视对现有优势、预期优势、支撑产业、城镇功能定位的分析和研究，部分城镇即使涉及产业、城镇功能方面的规划内容，也是比较笼统，缺乏长远的指导性。另外，小城镇人口聚集不够，第三产业难以形成规模，目前平均每个建制镇的常住人口仅为5200人，整体消费乏力，从事第三产业的人员仅占小城镇全部从业人员的15%左右。

3.3.4 综合管理水平薄弱

农村和城镇所能提供的软件和硬件设施与居民生活质量的提高并不同步，与个体生活质量的提高相比，城镇所能提供的服务和功能仍然不足，与成熟的城市社区相比，城镇的休闲、娱乐、文化以及提供居民自我发展的机会仍然有限。主要表现为：地方政府管理小城镇建设与发展的功能不全，调控能力弱，调控镇域经济、扶持产业依托的意识不强；懂规划、建筑设计、质量监督和市政管理的专业人员缺乏；重建设，轻管理的思想普遍存在，影响小城镇建设的科学性和管理的有效性；小城镇居民适应向高水平、高档次、高品位发展的能力不强。

3.4 苏南城镇化发展的对策建议

3.4.1 坚持城镇建设用地控制原则，保持人口有序流动和增长

苏南地区是中国经济发达地区，城镇化发展也领先于其他地区，在进一步的发展中，不得不面对城镇规模不断扩大、人口增长迅速等问题。所以苏南地区的城镇化进一步发展应坚持城镇建设用地控制原则，并做到保持人口有序流动和增长。城镇建设用地应坚持总量控制、分层调节的原则。苏南地区是中国著名的鱼米之乡，耕地资源极其宝贵，应严格控制用地总量，保持建设用地和农用地的相对平衡，严格按照国家规定城镇建设用地面积人均100平方米的指标控制，按不同层次分级调控。城镇人口控制的原则是均衡控制、有序进出。人口控制应制订科学的人口机械增长计划和适应城镇人口统计指标体系；农村劳动力向城镇转移实行积极引导的鼓励性措施，外来人口依据城镇承载力实行指导性控制，逐步实现人口流动、迁移的有序化和对城镇人口增长管理的规范化，达到控制人口总量，优化人口结构的目标。

3.4.2 贯彻可持续发展战略，提高小城镇建设水平

小城镇经过合理选择和规划后，针对苏南地区经济发展水平较高的实际，应当高标准、高质量地搞好基础设施建设。电信、电力、自来水等建设要向“区域化、大配套”方向发展，避免重复建设，浪费资源财力，尽量共建共享。例如，现有的自来水厂要逐步并网，以地下水为水源的自来水要逐步关闭；村级道路要按照农村现代化的总体规划来实施建设；城镇应按“50年一遇”的城镇防洪标准搞好防洪、治涝、供水、航运、灌溉等各项水利工程。在抓好城镇建设的同时，要十分重视环境保护，工业“三废”一定要达标治理，及时搞好城镇生活污水、生活垃圾的排放和处理，确保小城镇的水源、土地、街道、空气等生活环境达到洁净、卫生的要求。积极建设城镇绿地系统，包括生态绿地、小区绿地、绿化带、防护林和其他公共绿地，为城镇居民创造一个舒适优美的生活环境。这样做的好处是一方面保证开敞空间，避免城镇间的连绵发展；另一方面，也保证了经济与环境的协调发展，为经济发达地区的未来提供一个优良的生存空间。

3.4.3 完善城镇化发展的整体规划

根据苏南城镇化的实际，结合已有城镇的布局和产业格局制定高层次的城镇化发展思路和规划。苏南城镇化的规划要以提高生活质量为目的，能够与区域规划相协调，妥善处理城镇社区与乡村社区、经济效益与环境保护等各方面的关系，同时在特色上做文章。特色是城镇的魅力所在，苏南自古就是江南水乡，苏南城镇化可以充分利用自然、经济、人文、历史等有利因素，加强城镇规划的设计分析，在城镇景观结构、建筑风格、道路格局等方面提高城镇的质量和品味，提升城镇化的规划水平和质量。

同时，根据苏南地区的经济发展状况和小城镇目前发展中存在的问题，应当适度提高建制镇的设置标准，适当调整行政区划，撤并部分乡镇和行政村，扩大小城镇的地域范围，有重点地建设一批规模较大、辐射能力较强的中心镇，控制一般镇的数量和规模。苏南地区作为经济发达地区，在今后的发展过程中，一是既要注意城镇体系内各城镇空间的相互联系，又要保持相互间的合理间距，利用自然条件，综合平衡，达到城镇布局的最优化；二是依据城镇性质、功能和区域发展的客观要求，着力形成重点突出、梯度辐射、功能互补、协调发展的城镇层次等级结构；三是打破行政界限，淡化地域观念，强化接受沿海城市乃至国际辐射的能力，摆正自身在上海都市圈和长江三角洲中的地位；四是按照总体控制、分类指导、强化内涵、网状发展的城镇建设指导思想和适度聚集、优化结构的布局重构原则，依据人口、经济、用地三要素相关性及区域体系的现状，分别形成以苏锡常为市域中心城、9个县级市为副中心城、63个中心镇为纽带、150个一般镇为基点的既相对独立又相互联结的城镇规划等级结构。

3.4.4 构建合理优化的苏南城镇化产业链条

苏南城镇化建立在苏南乡镇经济的基础之上，调查发现，在乡镇企业基础上发展起来的产业链条，存在诸如产业同构、利润低、污染重等不利因素，影响着苏南城镇的可持续发展。在进一步的产业结构调整中，坚持专业化与城市工业协调、与农业发展协调，以节能、降耗、低废产出为长远目标。因此，苏南城镇化必须把发展以服务业为标志的第三产业作为构建和优化城镇化产业链的基础，通过新一轮产业重组，使金融、信息、服务等第三产业向重点区域性城镇集中；积极发展包括乡镇企业在内的公司总部及其营销中心留驻城镇的总部经济和税源经济；通过建设良好的基础设施和提供优质的政务环境，吸引高级人才和研发中心进入，发挥要素经济，构建优化可持续的城镇化产业链。当前要充分运用财政政策和货币政策，在信贷、税收、产业等方面实行倾斜，一方面促使乡镇企业和民营企业向小城镇进一步集中，与小城镇建设相结合，统一规划，合理布局；另一方面，要根据关联性适当进行乡镇或城镇的合并，以达到节约用地、保护环境、共用基础设施、形成规模效益的目的。

3.4.5 提高综合管理水平，改善居民生活质量

要改善城镇的功能和基础设施，健全城镇居住、公共服务和社区服务的功能。人口城镇化不过是农村城镇化的初始阶段，农村城镇化必须要突出城镇功能的提升，因此，提升苏南农村的城镇化质量，必须要进一步发掘城镇的功能，完善各项软硬件措施，通过提供更多更好的基础设施提升城镇功能，配合城镇产业结构调整；通过提供更多更好的公共服务满足居民的精神层次需要，建立如社区医院、大型医疗服务中心、具有一定地域特色的文化公园等各项设施，更大程度地丰富居民的日常生活；通过改善社区治理和增加教育投入提升居民素质和生活质量，如引进一系列适合社区运作的休闲健身设施、建立居民自治的组织机构，为社区治理提供一己之力。同时，加大对教育的投入，增大宣传力度，提高居民受教育年限，可在社区内设立公共图书馆，定期举办与社区文化相得益彰的教育普及活动。

附录4 宁夏城镇化发展专题调查报告

4.1 宁夏城镇化整体概况

新中国成立至今，宁夏的城镇化建设基本上与全国城镇化进程的总体状况保持着某种一致性。但由于宁夏相对偏远的地理位置、独特的民族构成及落后的经济社会发展水平又决定了宁夏城镇化建设的历史进程有其鲜明的个性。

宁夏是中国五大自治区之一，处在中国西部的黄河上游地区，总面积为6.6万平方公里。宁夏自古以来就是内接中原，西通西域，北连大漠，各民族南来北往频繁的地区。在中国国土开发整治的地域划分上，宁夏位于中部重点开发区的西缘或西部待开发区的东缘，是以山西为中心的能源重化工基地和黄河上游水能矿产开发区的组成部分，北部和中部系“三北”防护林建设工程的重点地段，南部属于黄土高原综合治理区和“三西”地区的范围。在中国自然区划中，宁夏跨东部季风区域和西北干旱区域，西南靠近青藏高寒区域，大致处在中国三大自然区域的交汇、过渡地带，其地形中丘陵占38%，平原占26.8%，山地占15.8%，台地占17.6%，沙漠占1.8%。

2009年年末，宁夏人口为625.2万人，其中城镇人口288.2万人，城镇化率为46.1%。地区生产总值达到1334.6亿元，人均生产总值为21 777元，城镇居民人均可支配收入达到14 025元，农村居民人均纯收入达到4048元。宁夏辖5个地级市、9个市辖区、2个县级市、11个县，如附表4-1所示。

附表4-1 宁夏的城镇结构

地区	乡数/个	镇数/个	土地面积/平方公里	地区	乡数/个	镇数/个	土地面积/平方公里
银川市	6	21	9 560.2	**吴忠市**	14	29	20 732.4
兴庆区	2	2	827.5	利通区	4	8	1 313.8
西夏区	0	2	1 129.7	红寺堡开发区	2	2	2 553.2
金凤区	0	2	347.2	青铜峡市	0	8	2 441.0
永宁县	1	5	1 190.8	盐池县	4	4	8 551.6
贺兰县	1	4	1 531.6	同心县	4	7	5 872.8
灵武市	2	6	4 533.4	**固原市**	44	18	13 457.2
石嘴山市	9	11	5 208.7	原州区	5	6	3 520.0
大武口区	0	1	1 214.3	西吉县	16	3	3 985.5
惠农区	3	3	1 361.7	隆德县	10	3	1 269.7
平罗县	6	7	2 632.6	泾源县	4	3	1 442.6
中卫市	20	20	17 441.6	彭阳县	9	3	3 239.4
中卫城区	2	10	6 876.1				

续表

地区	乡数/个	镇数/个	土地面积/平方公里	地区	乡数/个	镇数/个	土地面积/平方公里
中宁县	6	5	4 191.6	总计	93	99	66 400.1
海原县	12	5	6 373.9				

资料来源：根据2010年《宁夏统计年鉴》整理而成

4.2 宁夏城镇化发展现状

4.2.1 整体现状

作为西部各省（自治区、直辖市）中最小的一员，宁夏由于地域狭小，经济基础落后，长期以来发展优势都不明显，其经济总量与人均GDP等多项指标长年在国内居中下水平，所以导致了城镇化发展的长期滞后。由于中心城市辐射力过弱、城镇基础设施差、区划改革忽视城镇化发展等因素制约，宁夏城镇化的发展进程中存在着一些明显的不足，从整体上来说城镇化水平偏低。从附图4-1中我们可以看出，2009年宁夏的城镇化率达到46.1%，比全国的46.54%低了0.44个百分点，而在当时全区的24个市区县中，只有银川、石嘴山、吴忠3市的7个市辖区的城镇化水平高于全国的平均水平。除了青铜峡和灵武这2个县级市外，宁夏当时全部的15个县的城镇化率都低于40%，大镇、中心镇、特色镇太少，这些都使城镇的集聚能力太弱，限制了城镇化的纵深方向发展。到2010年，宁夏全区的城镇化率还仅为47.9%，比全国的49.95%偏低了2.05个百分点。从总体趋势来看，近年的发展速度基本上与全国同步，但近期内仍不可能超过全国平均水平。由此也可以看出宁夏全区的城镇化发展水平还普遍偏低，城镇化发展的任务还十分艰巨。

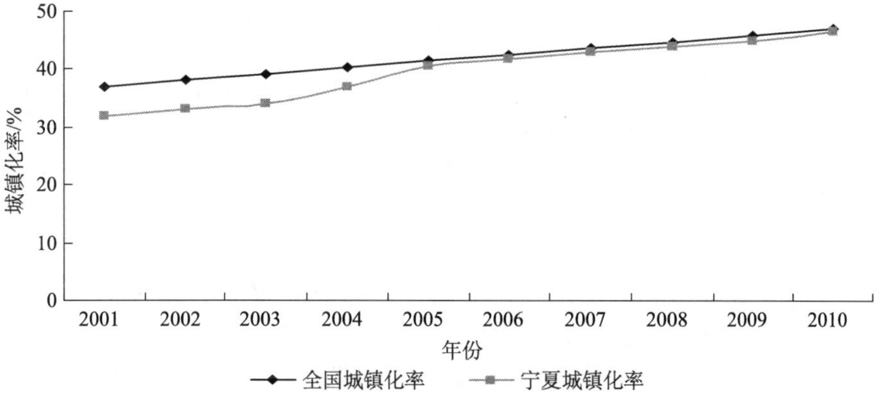

附图4-1 2001～2010年宁夏与全国城镇化率对比

资料来源：根据历年《宁夏统计年鉴》和历年《中国统计年鉴》整理而成

4.2.2 各项经济指标

2009 年，宁夏实现地区生产总值 1334.6 亿元（附图 4-2），按可比价格计算，比上年增长 11.6%，增速比全国平均水平高 2.9 个百分点。其中，第一产业完成增加值 127.13 亿元，增长 7.2%；第二产业完成增加值 680.20 亿元，增长 14.4%，第三产业完成增加值 527.23 亿元，增长 9.4%。按年平均人口计算，人均地区生产总值达到 21 475 元，按可比价格计算，增长 10.3%。三次产业增加值构成由 2008 年的 9.9∶50.7∶39.4 调整为 2009 年的 9.5∶51.0∶39.5。

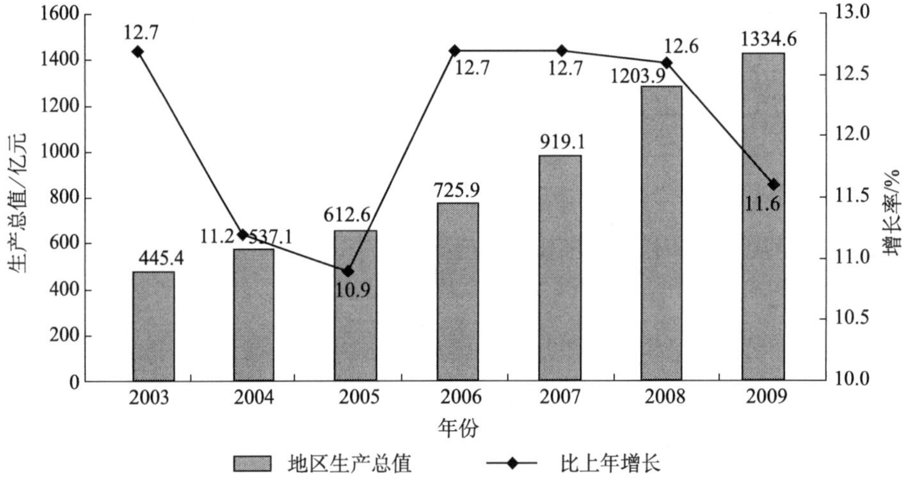

附图 4-2 2003～2009 年地区生产总值及增长速度

资料来源：宁夏回族自治区 2009 年国民经济和社会发展统计公报

2009 年净增人口 7.51 万人，年末常住人口 625.2 万人。城镇人口占 46.1%，乡村人口占 53.9%。全年城镇单位在岗职工工资总额 189.12 亿元，增长 9.8%；城镇单位在岗职工平均工资 34 082 元，增长 10.9%。城镇居民人均可支配收入14 025元（附图 4-3），比上年增加 1093 元，增长 8.5%。城镇居民家庭恩格尔系数（食品消费支出占消费性支出的比重）为 33.4%，比上年下降 1.7 个百分点。城镇居民收入前 10% 的住户人均可支配收入 35 398 元，城镇居民收入后 10% 的住户人均可支配收入 3857 元。城镇居民人均住房建筑面积 28.66 平方米，比上年增加 0.78 平方米。

2009 年农村居民人均纯收入 4048 元（附图 4-4），比上年增加 367 元，增长 10%。农村居民人均生活消费支出 3348 元，增长 8.2%。农村居民家庭恩格尔系数为 41.7%，比上年上升 0.1 个百分点。农村居民收入前 20% 的住户人均纯收入 9168 元，农村居民收入后 20% 的住户人均纯收入 955 元。农村居民人均住房面积 24.5 平方米，比上年增加 1.4 平方米。

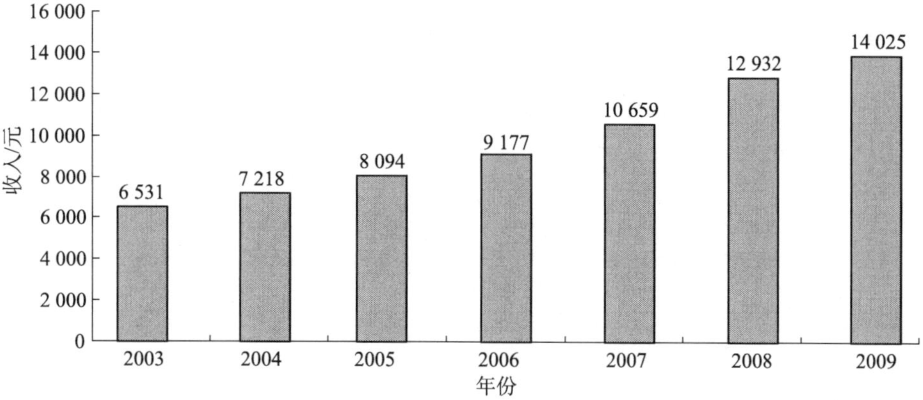

附图 4-3 2003～2009 年全区城镇居民人均可支配收入

资料来源：根据宁夏回族自治区 2009 年国民经济和社会发展统计公报整理而成

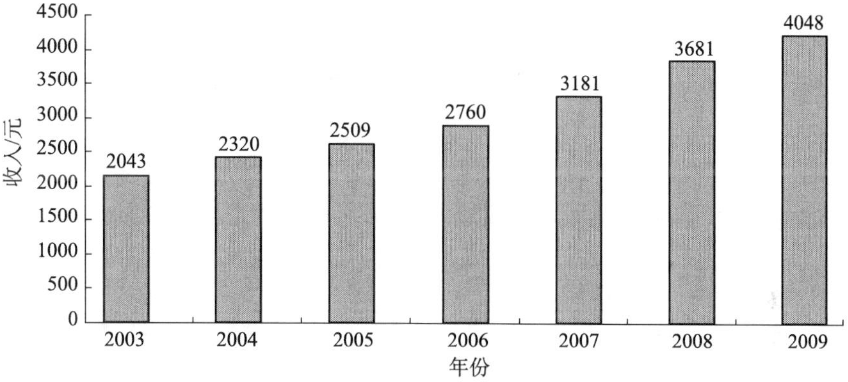

附图 4-4 2003～2009 年全区农村居民人均纯收入

资料来源：根据宁夏回族自治区 2009 年国民经济和社会发展统计公报整理而成

2009 年年末全区参加基本养老保险人数为 92.8 万人，比上年增长 12.4%，其中参保职工 69.4 万人，参保离退休人员 19.9 万人。离退休人员养老金社会化发放率继续保持在 100%。参加失业保险的人数 47.96 万人，较上年增长 7.4%。参加基本医疗保险人数 87 万人，增长 4.5%。其中，参保职工 63.2 万人，参保退休人员 23.8 万人。截至 2009 年年末，全区养老保险、失业保险、医疗保险、工伤保险和生育保险五项保险基金收入 59.73 亿元，较上年增加 7.21 亿元，增长 13.7%。年末五项社保基金累计结余 98.71 亿元，较上年末增加 17.32 亿元，增长 21.3%。到 2009 年年底，全区享受低保救济的困难群众达 51.46 万人。其中，城镇 20.95 万人，农村 30.51 万人。全区共发行销售福利彩票 4.42 亿元，筹集公益资金 1.46 亿元（宁夏回族自治区统计局，2009）。

4.2.3 宁夏经济和城镇化发展地域差距过大

宁夏是国内一个总体欠发达的省级行政单位，在宁夏，经济和城镇化发展中地域间的不平衡现象十分突出。由于自然、经济、社会环境和背景的差异，人口城镇化水平在全区各县市有很大的差异性。以首府银川为中心，石嘴山、吴忠、中卫3个地级市为主干，青铜峡、灵武、中宁、永宁、贺兰、平罗及若干建制镇为基础的、大中小城市相结合的沿黄河城市带城镇集合体是宁夏经济发展的战略高地和主要增长极，也是宁夏城镇化发展水平最高的地区。而宁夏南部山区因其特殊的自然、环境条件，城镇化水平比较低。2010年银川以占全区31.6%的人口占了全区30.6%以上的GDP，而固原（包括海原）人口占全区的19.5%，但GDP仅占6.3%。2010年，银川市区的GDP已达5 170 401万元，而泾源还仅69 955万元，两者相差73.9倍，地域差距相当明显。宁夏境内不同区域内城镇人口分布和城镇化水平的差距也极其明显。

4.3 宁夏城镇化发展中存在的主要问题

进入21世纪后，宁夏的城镇化进程明显加快，但与发达地区及周边地区相比，宁夏还存在一些亟待解决的问题。总体来说，宁夏小城镇建设整体滞后，城镇化水平低，经济比较落后，地区差异显著。主要表现在以下几个方面。

4.3.1 各个中心城市和中心城镇的辐射作用尚未真正发挥，而且地域差距过大

根据人民网2011年8月有关资料显示，宁夏灵武、贺兰、青铜峡、平罗、中宁、永宁6县市携手跨入第十一届西部百强县行列。其中，永宁、中宁分别以第96位和第98位首次跨入西部百强行列。灵武领跑全区，跃居西部百强县第15位，贺兰、青铜峡、平罗等县市排位稳中有升。这说明宁夏县域经济的总体竞争力在西部地区还处于一种偏弱的状态。即使灵武、中宁、永宁、平罗这些在宁夏本地属综合实力较强的县市，放到西部的大环境去宏观考察，其经济发展水平和城镇竞争力还是远远不够的。尤其是中卫、固原这2个地级市，由于城市建立时间较短，城市各项职能还明显偏弱，不仅在短期内较难实现人口和经济的集聚，也未能对周边地区尤其是经济落后的山区县形成辐射。这样，城市的中心职能也得不到发挥。宁夏南北区域差异显著，在2009年城镇密度调查中，银川建制镇为21个，其密度是中卫的2倍，是吴忠的1.6倍。宁夏城镇化水平分为三个层次：最高的是银川和石嘴山，城镇化率分别为64.7%、62.3%，高于全国的平均水平46.6%；其次是吴忠和中卫，城镇化率

分别为40.7%、43.2%，接近于全国平均水平；而固原城镇化水平较低，只达到19.6%。总体上讲，宁夏的中小城市功能定位模糊、发展模式趋同、经济发展落后、城市的经济聚集和辐射带动能力低下，阻碍着区域经济水平的提高和城镇化的推进。

4.3.2 城镇体系区块划分不合理

宁夏近年所进行的一系列行政区划改革在精简机构、促进人口集聚、完善城市社区体制等方面做出了卓越的贡献，也大大促进了城镇化的发展。但同时，由于灵武和同心的归属不尽合理，使宁夏城镇体系中的区块划分也出现了明显的不合理现象。将灵武整体划归银川后，使其与吴忠、青铜峡的联系相对减弱，也阻断了盐池与吴忠市区的交通经济联系，使盐池与吴忠之间的联系必须跨经银川市域才能完成。同时，这也限制了灵武、吴忠、青铜峡这一三角区块的总体发展。而在中卫成立地级市后，海原县城与中卫市区之间的联系基本上被同心阻断，尤其铁路交通，海原必须跨过同心才能到达中卫。同时，同心与吴忠的联系也基本上被中宁阻断。同心到吴忠办事必须经过中宁，行政运作极其不便。由于这些行政区划欠合理因素的存在，宁夏城镇体系的区块划分自然而然地出现了相应的不合理，从而限制了宁夏城镇体系的总体发展。

4.3.3 城市街道设置还不够完善

宁夏已广泛在市辖区和县级市设置了街道，银川和石嘴山的街道体制已经保持了几十年，但吴忠、中卫、固原、青铜峡和灵武的街道体制完全是2003年新建的。目前固原、青铜峡、灵武都只在城区设立1个街道，而且街道基本是由原城关镇直接改建的。设置范围都只局限在部分建成区而未包括广大郊区，街道建制不能反映城市建成区发展的实际，同时也不能适应城市长远发展的需求。银川、石嘴山的主城区虽然已较早地设置了街道，但由于许多街道建立时间已经较久远，街道规模过小、数量偏多的问题还较为突出，如石嘴山。目前大武口区、惠农区的20个乡镇级建制中，街道就占12个，大多数的街道人口还不足3万，街道过多、规模偏小的情况十分突出。因而，宁夏目前多数的市辖区和县级市街道建制的改革还有着一些有待深化的地方。

4.3.4 城镇化发展质量较低，更没有突破区情乘势而上

面对宁夏地区人口少城市小，人口集中度低的区情，宁夏地区在城镇化的发展中，应该改变这种状况，有所突破，走出一条调整城市结构，造就大城市，提高人口集中度的路子。然而宁夏地区不但没有把农村转移的人口主要集中在银川、石嘴山、吴忠、中卫、固原五市，反而分散到了小城镇，而小城镇不具

备城市的基本要素，性质还是农村。这如同“中国大跃进”时大炼钢铁建的小高炉，是一种低水平的建设，小城镇的人口不具有城市人口生活的基本特性。如此城镇化是发展了该区的短处，不但城镇化发展质量低，更谈不上抓住机遇乘势而上。

4.3.5 城市自身发展速度缓慢

第一，城市规模小，人口密度低。根据《宁夏统计年鉴2010》，宁夏2009年人口总数为6 252 023人，按照人口规模计算，宁夏100万人以上的城市只有1个，30万~50万人的城市有8个（市区人口，不包括下属县）。2009年，宁夏全省人口密度为94.2人/平方公里（根据《宁夏统计年鉴2010》中人口与面积相除得到），而银川市、石嘴山市、吴忠市、固原市、中卫市总人口密度分别为178.0人/平方公里、139.6人/平方公里、64.3人/平方公里、100.4人/平方公里、65.3人/平方公里。

第二，城市功能单一，辐射带动作用弱。宁夏的五个地级市银川、石嘴山、吴忠、固原和中卫，普遍存在着城市功能单一的问题。石嘴山属于老工业区，工业布局不合理、工业化水平较低，仅停留在低层次加工阶段，资源浪费、环境污染较为严重；吴忠以农业为主，农业产品品质好，但产量低，农业工业化水平不高，产业链条延伸不长；固原由于地理位置的限制，社会封闭农业经济滞后。除银川外，其他城市都存在城市规划落后，基础设施建设不配套的问题，城市呈现粗放式发展。

第三，城市经济实力薄弱。宁夏的城市经济与全国特别是东部发达地区相比，仍然存在着较大的差距。2009年，全国人均GDP为25 575元，东部地区人均GDP为40 800元，而宁夏的人均GDP为21 777元，明显低于全国和东部发达地区的平均水平。城市经济的落后，导致宁夏城镇化水平的滞后，城镇化的滞后不仅使工业的主导作用不能充分地发挥，社会分工不能细化，而且阻碍第三产业的发展，影响就业的增加和需求的增长，最终使得城乡经济难以协调发展。

4.3.6 环境问题严重，经济发展成本较高

环境破坏严重是宁夏经济发展中所必须面对的一个至关重要的问题，据资料统计，每年由于环境破坏所造成的经济损失，已经达到了宁夏GDP总量的3%以上。一些小城镇在发展过程中，由于资金少、技术落后、环境保护意识淡薄等因素，对本就脆弱的环境进行掠夺性开发，甚至破坏当地的生态环境，造成了黄河、大气、土壤的严重污染，生态的恶劣和经济的贫困问题呈双重恶性循环。宁夏环境问题主要表现在：水土流失严重、土地沙化和次生盐渍化、草

原退化、环境污染和生态恶化。

4.4 推进宁夏城镇化发展的对策建议

宁夏经济社会发展整体落后，城镇化作为经济社会发展的重要组成部分，也显现出落后的一面。我们在看到城镇化滞后成为制约宁夏经济社会发展重要原因的同时，必须明白民族地区发展小城镇具有优势。我们可以充分发挥小城镇建设的规划与管理优势，在小城镇建设起步发展阶段，充分认识小城镇建设规划的重要意义。根据宁夏城乡一体化的发展阶段定位和地区间的差异分析，提出以下几点建议。

4.4.1 制订宁夏城镇化长远发展战略规划

战略规划期为20年，一次规划分步实施，每5年制订一次实施计划，简称“205规划”，将其纳入宁夏国民经济中长远发展战略规划。其战略宗旨是调整城市结构，造就“小区大市”的城市格局，建成五大城市，提高人口集中度。主要目标是制订宁夏城镇化20年发展大纲，确定需要转移的农村人口数量，确立城镇化的发展道路，制定相关政策。根据宁夏地区的特殊情况，可以将生态移民和脱贫移民与城镇化发展结合起来，融为一体。使小城镇建设从开始就处在一个良性的发展状态中，避免在小城镇建设过程中出现发达地区或小城镇建设走在前面的地区已经出现的问题，如小城镇建设缺乏规划，任意发展，再回过头来治理；小城镇建设缺乏长远布局，导致没有发展空间，中断发展等问题。

4.4.2 确立符合宁夏区情的城镇化发展道路

根据宁夏地区的现实情况，可以在发展现有城市的基础上，走集中型的城镇化发展道路，而不必建设和发展小城镇，对已建成的小城镇采取逐步并入辖区的方针。可以借鉴发达地区小城镇建设的一些成功经验和经营模式，结合当地经济社会实际，摸索出符合自身的发展道路。重点发展银川、石嘴山、吴忠、中卫、固原五市，使这五市共接收农村计划转移人口的70%，从而大幅提高这五市的人口集中度，造就五个能发挥更大作用的支柱城市，以改变宁夏城市小、人口少的区情之短，建设“小区大市”的新的城市格局。

4.4.3 完善宁夏城镇化发展户籍政策

城镇化发展的首要问题是解决好农村人口向城镇的转移，而这种转移又是长期的。因此，农村人口向城镇转移必须建立在有计划，有政策，可持续发展的基础上。该政策是在现有户籍政策不变的情况下，有计划地分期分批地将转移到城镇的农村人口转为城镇户籍的特殊政策。根据20年规划制定的转移农村人口总量，确定每年的转移人口数量，将每年转移到城镇的农村人口转为城镇户籍，使其成为名副其实的城镇人口。因此，宁夏城镇化水平的统计，采取户籍口径更科学，因为中国是一个有户籍政策的国家。虽然其相对于常住人口统计的水平要低，但是没有泡沫没有水分，是实实在在的城镇人口，更有利于宏观决策。首先应充分发挥身份证在户籍管理中的主导作用，取消二元户籍制度，允许在城镇购房、就业的农村劳动者办理城镇户口；其次是建立配套的社会保障体系，使农民工与城镇劳动者享受同工同酬的待遇，在教育、住房、医疗、社保等方面实现国民待遇一致的原则，最终实现人口自由流动。

4.4.4 注重科技创新，提升宁夏县域经济竞争力

抓好县域经济科技创新，是解决宁夏县域经济发展薄弱环节的方法之一。全面提高宁夏县域经济的整体素质，就必须大力实施以技术进步为核心的科技创新战略，通过技术研究与开发的引领作用，推动可持续发展。宁夏县域经济的发展应当根据国内外相关技术领域和产业、产品等结构调整的现状与发展趋势，结合县域经济发展的实际，加快产业技术进步，提高经济效益。同时要按照新型工业化道路的要求，在结合自身实际的情况下，以工业结构调整为突破口，加大科技进步和科技创新力度，从而全面提升宁夏县域经济竞争力的整体素质。坚持以科技创新引领县域经济发展，深化农村科技体制改革，促进科技成果转化，加快县域经济支柱产业发展。组织内外科技力量，开展科技攻关、科技示范和成果推广工作，进一步完善和落实有关促进科技进步、推进自主创新的政策措施，为县域经济发展创造良好的科技政策环境。围绕区域特色优势产业，组织实施一批科技项目，加强国家和地方科技计划的配套衔接，实现项目、资金、科技力量向县域经济发展倾斜。加强市县科技能力建设，强化市县科技管理部门职能，搞好新技术、新成果的试验示范推广基地和县域综合技术培训基地，明确和强化科技管理部门职能。

附录5 陕西渭南城镇化发展专题调查报告

5.1 渭南城镇化整体概况

渭南位于陕西关中渭河平原东部，八百里秦川最肥沃最宽阔的地带，是东西部的交汇点，西北的东大门，古有“三秦要道，八省通衢”之称，位居新亚欧大陆桥的重要地段，处于西安大都市半小时经济圈内，地理区位极佳。渭南现辖1区（临渭区）、2市（韩城市、华阴市）、8县（华县、潼关、大荔、蒲城、澄城、白水、合阳、富平）、1个国家级高新技术开发区、1个省级经济技术开发区和卤阳湖现代产业开发区、183个乡镇（办事处）、3221个行政村，常住人口552万人，总面积1.31万平方公里。渭南是中原城市群和关中-天水经济区的衔接区域，也是大西安都市圈的东部门户，尤其是《关中-天水经济区发展规划》从国家层面把渭南定位为“一核、一轴、三辐射”空间战略的次核心城市，为渭南市加快交通建设，融入大西安“半小时经济圈”，融入关中都市群，加快承接产业转移，参与大西安经济圈建设提供了有利条件和基础。在西部大开发这一千载难逢的历史机遇和国家级战略规划发展战略的背景下，渭南的城镇化发展具有重要的意义。渭南城镇化的良好发展从微观上有利于渭南经济产业结构的调整和人们生活水平的改善；从宏观上有利于关中-天水经济区发展战略的顺利实施和关中-天水经济区产业结构的协调发展，同时，对国家西部大开发战略也有促进作用。

5.2 渭南城镇化发展的现状

近年来，渭南城镇化有了一定的发展，城镇化率由1999年的27%提高到2010年的40%。我们将从城镇结构、城镇定位、人口结构、城镇居民与农民人均收入、产业结构五个方面来分析渭南市城镇化发展的现状。

5.2.1 城镇结构

渭南辖临渭1个区和韩城、华阴2个市，华县、潼关、大荔、蒲城、澄城、富平、白水、合阳8个县和渭南高新技术开发区，一共有110个镇，73个乡，如附表5-1所示。

附表 5-1 渭南城镇等级构成

职能类别	个数	城镇名称
关中东部中心城市	1	渭南（包括中心城区）
渭南市中心城市	2	韩城（北部中心城市） 华阴（东部中心城市）
综合性县、市域中心	8	华县、潼关、大荔、蒲城、 澄城、富平、白水、合阳

在关中-天水经济区发展规划中，要构建由核心城市、次级核心城市、三级城市、重点镇和一般镇五级组成的城镇体系。其中，渭南为次级核心城市，韩城、蒲城、华阴为三级城市。

渭南作为关中-天水经济区的东大门，毗邻河南、山西两省，具有背靠关中-天水经济区连接两省的地理区位优势。渭南市在关中-天水经济区发展规划的基础上，致力于发展“一主四副、两横两纵、三大板块”的网络化城镇空间结构布局。

一主四副：一主，即渭南中心城市；四副，即韩城、蒲城、大荔、华阴。

两横两纵：即陇海城镇发展轴和西韩城镇发展轴、中心城区—蒲城—白水城镇发展轴和罗夫—大荔—澄城城镇发展轴。

三大板块：核心发展区、东北发展区和西北发展区。

5.2.2 城镇定位

各城镇地域发展条件、基础设施条件和发展过程的不同，导致了城镇体系内部经济结构的地域差异，进而使地域内城镇体系特质与地域经济结构特质发生一定关系。在一个地域城镇体系中，各城镇职能不再仅仅是反映各城镇本身在地区的政治、经济、文化中所具有的地位和担负的作用，而是通过各城镇职能的有机结合，共同构成具有一定特色的地域综合体。这种城镇体系内各城镇职能的有机结合，称为城镇体系的职能组合结构。城镇职能类型规划是针对城镇现状职能构成的特点，结合区域社会经济发展环境与发展战略，确定城镇的性质、特点、地位、作用和发展方向，其实质是使体系中每个城镇具有合理的分工，使其优势得到充分发挥，以取得最佳的整体效益。

渭南市临渭区作为陕西关中东部的中心城市，以高新技术产业、制造业和化学工业为主。根据渭南自身的地理位置与资源分布有三个副中心城市：东部地区的副中心城市华阴、中部地区的副中心城市蒲城和北部地区的副中心城市韩城。华阴自然资源丰富，有开发西岳华山旅游业的优势，又有医药、电力、机械等工业方面的良好基础，能拉动潼关县的工业发展，以及华山及黄河三角洲旅游为主的特色经济区的发展。蒲城位于渭南中部，周围各县市联系紧密，能源资源丰富，经济发展水平较高，可带动澄城、白水、富平等县市的发展建设，形成以机械、煤炭、电力、建材等工业和唐帝王陵墓旅游开发为特色的经济区。韩城以矿产资源和能源资源的开发与加工为主，逐渐形成了众多的资源性城镇，并且基本上都是重工业型的城镇，煤炭、电力、建材工业形成一定规模，地处两省交界之处的优势可使第三产业逐步繁荣，并将联合合阳形成渭南北部的煤炭、电力、建材和旅游产业经济区。

5.2.3 人口结构

农业人口转变是城镇化的一个重要方面，包括农业人口进入城镇转变为非农业人口，以及农村地区转变为城镇地区所导致的农业人口转变为非农业人口，劳动力从第一产业向第二、第三产业的转移过程。随着城镇化进程的推进、产业结构的调整和产业之间人均收入差距的逐步扩大，从事农业的人口数量会逐步下降。非农业人口占总人口比例是一个重要的人口城镇化的指标。附表5-2列出了渭南各地区人口状况。

附表5-2 2009年渭南各地区人口状况

地区	总人口/人	非农业人口/人	非农业人口占总人口比例/%
渭南市	5 568 574	1 669 223	29.98
临渭区	967 696	391 724	40.48
华　县	350 191	97 726	27.91
潼关县	164 500	63 196	38.42
大荔县	716 382	150 322	20.98
合阳县	454 920	114 841	25.24
澄城县	401 076	101 256	25.25
蒲城县	776 311	149 626	19.27
白水县	293 748	75 516	25.71
富平县	782 962	175 924	22.47
韩城市	396 370	202 161	51.00
华阴市	264 418	146 931	55.57

资料来源：根据2010年《陕西统计年鉴》整理而成

由附表5-2我们可以看出，渭南的非农业人口占总人口比例在2009年为29.98%，说明渭南作为农业大市，大部分人口在从事农业生产活动。韩城作为资源工业型城市，非农业人口占总人口比例为51.00%，说明韩城从事工业生产的人口较多。华阴作为旅游型城市，非农业人口占总人口比例为55.57%，说明从事服务业人口较多。而大荔、蒲城、富平是渭南的人口大县，人口都超过70万，但它们的非农业人口占总人口比例都为20%左右，处于渭南较低水平，说明三县作为传统的农业县，现在还是以农业为主，城镇化进程并不理想。

5.2.4 城镇居民与农民人均收入

城镇居民与农民人均收入是城镇化的一个重要指标，城镇人均收入通常都高于农村人均收入，这是城镇化有利于提高人民收入的一个表现形式。从附图5-1我们可以看到，渭南市城镇居民人均可支配收入由2000年的4117元提高到2010年的15 918元，是原来的3.866倍，年均增长14.48%；农民人均纯收入由2000年的1465元提高到2010年的4372元，是原来的2.984倍，年均增长11.55%。

然而，从附图5-1中我们也可以看出，虽然城镇居民人均可支配收入和农民人均纯收入都有较大提高，但是农民人均纯收入相比于城镇居民人均可支配收入一直处于较低水平，且农民人均纯收入与城镇居民人均可支配收入的差距在不断扩大。从理论上说，农民人均纯收入与城镇居民人均可支配收入的差距是促进人口流动的一个主要因素，正是由于收入的差距与不平衡，才导致城乡之间人口的流动、发达地区与不发达地区人口的流动，这也正是中国农民工产生的原因。当农村与城镇的收入差距减小至零时，是达到理论上的人口流动的最佳状态，说明劳动力资源达到最有效的配置。

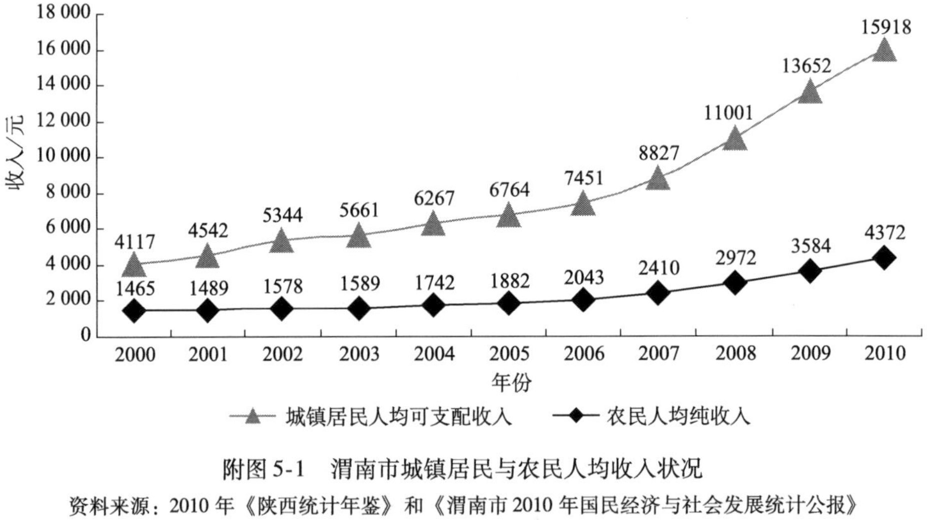

附图5-1　渭南市城镇居民与农民人均收入状况

资料来源：2010年《陕西统计年鉴》和《渭南市2010年国民经济与社会发展统计公报》

通过计算我们可以得到农民人均纯收入与城镇居民人均可支配收入比，如附图5-2所示。从图中我们可以看出，渭南市农民人均纯收入与城镇居民人均可支配收入比总体一直呈下降趋势，从2000年的35.58%下降到2010年的27.47%，这说明渭南在发展的过程中，比较侧重于工业，农业相比于工业发展较为缓慢，农民的收入与城镇居民的收入差距正在拉大。渭南作为一个农业大市，三农问题是需要重视的，渭南市政府应该更加关注农业的发展，提高农民的收入。

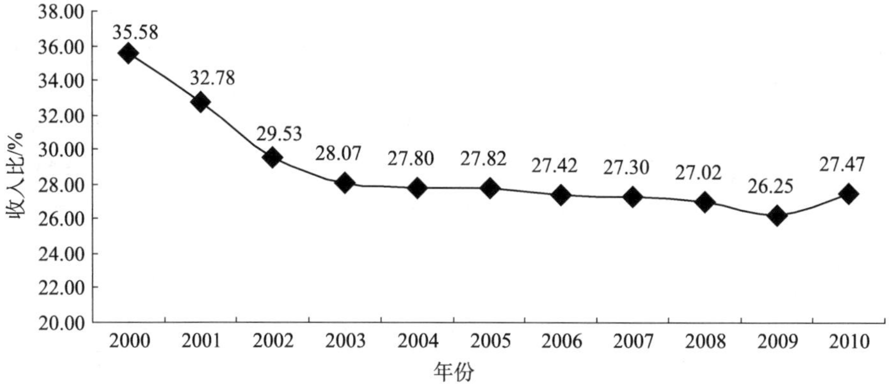

附图 5-2 农民人均纯收入与城镇居民人均可支配收入比

资料来源：根据 2010 年《陕西统计年鉴》整理而得

同时，一方面，渭南农民人均纯收入与城镇居民人均可支配收入的差距说明劳动力资源没有得到良好配置。当然，这也是中国普遍存在的问题，说明中国在户口制度、人口流动机制方面存在一定的缺陷。从另一方面来说，农民的收入与城镇居民的收入差距扩大容易引发社会问题，中国在改善人口流动机制的同时应该更加致力于农村的发展建设来提高农民的收入。

5.2.5 产业结构

产业结构调整是城镇化发展过程中的内涵体现，通过合理规划城镇规模结构，形成聚集经济与规模经济，形成合理产业结构，实现产业链、产业一体化。渭南市在推进城镇化的过程中，一直致力于产业结构的调整，提出“农业大市、工业强市、旅游名市”的战略目标，在农业、工业、旅游业进行不同层次、不同着重点的发展建设。在作为传统农业大市的基础上，巩固发展农业，建成“农业大市”；在渭南具有华山等旅游资源优势的基础上，开发旅游业，以发展成为“旅游名市”为目标；在一定的工业基础上，致力于发展工业，把渭南建设为“工业强市”。同时，渭南大力建设国家级高新技术开发区、省级经济技术开发区和卤阳湖现代产业开发区（徐新荣，2011）。

2010 年，渭南实现生产总值 801.42 亿元，较上年增长 15%。其中，第一产业增加值 128.94 亿元，增长 7.3%，第二产业增加值 394.55 亿元，增长 20.7%，第三产业增加值 277.93 亿元，增长 10.6%。可以看出，渭南总体发展较快，是国家年增长率的近两倍，其中工业增加值突破 20% 的增长率。第一、第二、第三产业结构为 16.1：49.2：34.7，从三个产业结构比例可以看到，渭南第三产业比重比较低。渭南以“农业大市”为目标，发展特色化、科技化农业，坚持发展“一村一品”，大力发展优质粮食、设施蔬菜、有机林果、畜牧养殖等特色农业。去年全市粮食总产量达到264.2万吨，创历史新高。水果、蔬菜总产量分别达到254万吨和192万吨。畜牧业产值达45.8亿元，占农业总产值的1/5。工业上，渭南致力于打造以冶金、能源、食品、化工、机械装备制造、建材、纺织服装、医药等8大支柱产业为主的工业体系。境内有秦岭、韩城、蒲城三大电厂和星罗棋布的火力、水力发电站，已成为以能源、重化工为主的新兴工业基地。2010年工业实现增加值339.71亿元，比上年增长21.8%。其中，重工业总产值804.09亿元，轻工业总产值134.15亿元，重工业所占比重较大，重工业与轻工业比重为85.7∶14.3，而八大支柱产业完成工业总产值915.45亿元。渭南把文化旅游产业作为做大现代服务业的突破口，整合旅游资源，创建了华山国家5A景区、少华山国家森林公园，开发了洽川景区、韩城古城、白水仓颉庙等旅游景点。渭南市被评为中国特色魅力城市和最佳旅游城市。2010年共接待游客1328.52万人次，其中海外游客15.04万人；实现旅游综合收入67.56亿元，比上年增长31.36%，其中外汇收入2707.69万美元（徐新荣，2011）。

在产业结构规划中，渭南正致力于构建“一核两区三带”的产业空间结构。一核指中心城市产业核心区，以渭南经济技术开发区、高新区、华县工业园为龙头。两区指卤阳湖现代综合产业区和大荔现代农业产业区。三带指渭北能源重化工产业带、陇海线产业带和炎黄旅游带。通过区域组团式发展，目标明确，分工协作，实现规模经济，聚集经济。

5.3 渭南城镇化发展中存在的主要问题

渭南是传统的农业大市，长期受三门峡库区等因素的影响，工业基础薄弱，工业化水平低；城镇化滞后，特别是渭南中心城市建设滞后，这是渭南发展缓慢的重要原因。从渭南市城镇化发展现状中我们可以看出，虽然渭南市的城镇化发展取得了一定的成绩，然而，在发展的过程中，渭南的城镇化也面临一系列问题：城镇体系的结构和空间布局还不尽合理；区位优势没有得到良好的发挥；产业结构区分度不够，与陕西其他城市存在同质化；农业人口较多，人口转移压力较大；农民收入与城镇居民收入差距较大等问题。

5.3.1 城镇结构不合理，各区县发展不平衡

合理的城镇结构应该是层次分明、规模完善、职能分工互补、空间布局合理的城镇发展网络，由中心城市、次级城市，中心城镇、一般城镇构成，各级城镇有着十分紧密的依存关系，构成关联的发展网络。不同规模、不同位置的

城镇，除了有着自我发展的功能外，还与周边城镇具有互补协调的功能，中心城市不仅要拥有聚集效应，还要增强扩散效应，带动其他城镇的发展。

临渭区作为渭南市中心城市，人口不足百万，只是中等城市，城市规模较小，而且临渭区位于渭南市东部，靠近西安市，虽然能够与西安市加强联系带动临渭区的发展，但无法对渭南市其他城市进行良好的辐射作用。而发展较好的次级城市韩城市与华阴市位于渭南市的东北角和东南角，居于两隅，不利于带动全市的发展。临渭区、韩城市和华阴市三个发展较好的城市位于渭南市的三个边缘区，而居于全市中心区位的大荔县发展条件则比较差，这使得渭南市全市空间结构比较松散，难以形成紧密的整体和相互影响带动的城镇结构。

5.3.2 区位优势没有得到良好的发挥

区位是城镇发展的重要条件，包括地理区位、经济区位、文化区位和生态区位等。不同的区位条件，对城镇化的作用亦不同。一般而言，区位优势越明显就越有利于人口和要素的聚集，越有利于城镇空间的扩张，城镇的发展也就越高效，速度也越快。渭南就拥有良好的地理区位和经济区位。

渭南位于陕西关中平原东部，地势平坦，土地肥沃，地理条件非常适合城镇的建设与经济发展。从表面上看，西靠西安，东临河南、山西，地理区域上处于三者包围的态势，从而在投资上，受到西安强有力的竞争，又由于受到省级竞争与政策不同的影响，与河南、山西的经济联系较差，似乎在经济发展上处于被包围的态势。然而，实际上，地理区位上的三者包围说明渭南处于三省的战略连接点上，在国家西部大开发背景下，渭南作为关中-天水经济发展区的东部桥头堡，应该背靠西安这个辐射能力较强的经济实体，与西安进行产业分工与协作，同时，加强与河南、山西的经济联系，成为三省区域发展的战略连接点，发挥好渭南的地理区位和经济区位优势。

5.3.3 产业结构区分度不够，与陕西省其他城市存在同质化

产业结构调整是城镇化的一个重要部分，在城镇化发展中，形成人口、资源、资金的聚集，城镇规模与城镇体系结构的改变，根据地域特色与历史发展条件，按照比较优势，实现不同地区产业结构的合理分工与协作，进而形成产业链、产业化，避免不同城市经济产业结构的同质化与城市间的恶性竞争，促进经济的有序发展。所以产业结构调整对渭南市城镇化发展具有重要的意义，渭南应该认清本市的地域特色与历史发展状况，在比较临近区域地市的基础上，合理调整产业结构。

渭南虽然在大的产业方向上提出具有特色的农业大市、工业强市、旅游名市的战略目标，层次分明，目标清晰，具有较高的可行性。在工业上，渭南产

业结构形成冶金、能源、食品、化工、机械装备制造、建材、纺织服装、医药等8大支柱产业的工业体系。但是相比于陕西其他城市，延安、榆林两市是以能源、冶金为主，铜川也以重点发展能源、建材、农副产品加工业为目标，而且杨凌作为国家级农业示范区，也以食品加工与生物医药为发展目标。渭南与其他城市产业结构区分度不大，存在同质化，所以在发展过程中，要加强与相邻地市的联系与合作，整合资源，同时加强产品细分，避免产业在同一领域或同一层次竞争。

5.3.4 农业人口较多，人口转移压力较大

农村人口流入城镇，不仅促进了城镇经济的发展，而且还促进了农村流入城镇的人口及留在农村的人口的收入水平的提高，加速人口城乡流动，提高城镇化的速度。渭南作为传统的农业大市，从事农业生产的人口较多，使得在城镇化进程中，人口转移压力较大，无法有效转移农业人口，使得农村人均土地减少，无法解放土地生产力。从附表5-2就可以看出，渭南非农业人口占总人口比例仅仅接近30%，拥有近400万的农业人口，而且大荔、蒲城、富平三个人口大县人口都超过70万，但非农业人口占总人口比例仅为20%左右。庞大的农业人口无法转移，使得人均耕地有限，无法形成农业产业化，农业生产力无法提高。同时，渭南城镇化发展缓慢，拉力不足，无法大量吸引农村人口进入城镇，如韩城以冶金能源产业为基础的城市，对劳动力吸引不足，无法吸引大量的渭南农村人口，使得渭南城镇化过程中人口压力较大。

5.3.5 农民收入与城镇居民收入差距较大，农民收入较低

近年来，中国一直在加大三农投入，实行了很多惠农政策，如减免农业税、对种粮农民实行直接补贴，对部分地区农民实行良种补贴和农机具购置补贴等措施，使得农民收入有所提高。从附图5-1可以看出，渭南市农民人均纯收入从2000年以来一直保持增长，年均增长11.55%，达到2010年的4372元，但是相比于城镇居民人均可支配收入年均增长14.48%，2010年达到15 918元来说，渭南市农民收入与城镇居民收入差距还是很大，而且从附图5-2我们还可以看出，渭南市农民人均纯收入与城镇居民人均可支配收入比总体一直呈下降趋势，从2000年的35.58%下降到2010年的27.47%，农民收入与城镇居民收入差距一直在拉大。渭南作为一个农业大市，大部分为农民，提高农民收入是渭南市委和市政府应该重视的问题，政府应该致力于加大对农业的投入，扩宽农民就业路径，改变农民收入来源单一、局限于农业生产活动的状况，从而提高农民收入。

5.4 推进渭南城镇化发展的对策建议

5.4.1 加快中心城市建设，大力发展县城和小城镇

从区域经济看，中心城市是未来区域经济发展的一个重要的、最具活力的经济增长点和集聚地，今后区域间的竞争在相当程度上将更多地体现为各区域中心城市之间的竞争。渭南市区是全市政治经济文化的中心，是陕西东部的重要窗口，渭南应加快临渭区的建设，加强与西安的联系，大力发展“一城三区五大组团”的空间布局，形成聚集经济，提高临渭区的经济辐射能力。

现阶段渭南的广大区域还是农村地区，要大力发展县城和小城镇，提高城镇的服务能力，形成一批商贸型、流通性县城和小城镇，从而促进农副产品加工企业的发展。要把城镇化同农业产业化结合起来，以城镇为依托，培育和发展农业产业化龙头企业；要把城镇化同发展乡镇企业结合起来，加快现有乡镇企业的改革步伐，激发乡镇企业活力；要把城镇化同发展现代服务业结合起来，在城镇兴办各类市场，通过繁荣城镇，达到辐射农村、活跃农村、带动农村的目的。

5.4.2 加强区域协作，发挥区域优势

渭南位于西安半小时经济圈内，应加强与西安的经济联系。在农业上，针对近来的农产品价格持续上涨的趋势，渭南作为西安的“菜篮子”，应该发挥农业优势，大力发展生猪、蔬菜、水果等优势农产品，既可以获得市场又保证城市农产品的供应。在旅游业上，渭南应加强与西安旅游资源的整合，发展一条龙精品旅游线路，促进两市的旅游业的发展。西安作为世界著名的古都，蕴涵丰富的文化底蕴，拥有许多著名景点，如兵马俑、大慈恩寺、大雁塔、华清池、碑林博物馆、西安城墙、钟鼓楼等，在国际上享有盛誉，吸引了众多国内外游客。渭南可以依托西安拥有国内外游客的优势，成为陕西东部旅游热线，致力于发展四大风景区（华山旅游区、洽川旅游区、韩城旅游区和桥陵旅游区），积极开辟和连接地市间及跨省区旅游线路，成为全省旅游大环线的重要热线。

同时，加强与河南、山西的经济联系，成为三省的区域发展战略连接点。渭南位于关中-天水经济发展区的最东部，是关中-天水经济发展区与东部连接的桥头堡，是东部产业转移的直接承接地。而且，山西拥有丰富的能源资源，河南拥有大量的劳动力资源，两省都属于中部崛起省份，正在加快发展，渭南作为陕西或关中-天水经济发展区与两省的连接点，可以促进三省的联系，实现产业协作、资源共享，共同发展。

5.4.3 调整产业结构，实施产业细分

关中-天水经济区发展规划的提出，其目的在于加强关中-天水经济区的区域协作发展，调整产业结构。实现“以市场为导向，发挥产业优势，促进结构调整，延长产业链条，加强配套分工，推动产业升级，形成产业集群，构筑若干特色优势产业基地”，帮助关中-天水经济区各市区改变恶性竞争局面，加大区域协作，推动产业升级，形成产业集群，提高竞争力。渭南应该抓住这次机遇，发挥自己的优势，调整产业结构，促进经济发展。

渭南拥有丰富的矿产资源，是中国十大煤炭产地之一，是亚洲最大的钼精粉生产基地，可以重点发展炭、钼精深加工等产业，建设钼产业生产科研基地。地域广阔，气候温和，光照充足，降水适中，可耕地占总面积的96%，这些有利的农业条件使得渭南能够全面发展农林牧副渔业，实现农业的区域化、商品化，发展农副产品加工业。加强与西安的联系，与西安进行产业连接，利用西安科技教育人才优势，发展机械电子、生物医药，同时，各个城镇之间进行合理的产业分工，发挥比较优势，挖掘本地特色，发展特色城镇，如华阴以华山旅游为基础，提高服务管理水平和综合接待能力，打造集吃、住、行、游、购、娱为一体的产业体系。

5.4.4 加快制度创新，消除城乡分割，促进农村人口转移

农村人口转移是城镇化的一个主要部分，现在实际状况是很多农民工在城镇工作，而由于户籍制度、医疗制度和社会保障制度等制度因素，导致农民工无法在城镇落户，无法实现农村人口转移，给城镇化进程带来很大阻力。渭南作为农业大市，农业人口庞大，在农村人口转移方面面临巨大压力，应加快制度创新，消除城乡分割，具体包括以下几方面：进行户籍制度创新，减小人口流动阻力，形成城乡人口有序流动机制；进行土地制度创新，建立和完善土地使用权流转制度和土地流转组织体系；创新社会保障制度，逐步实现城乡最低保障制度一体化，消除保障政策中的身份歧视，加大医疗保障的覆盖面；加快制定政策，解决进城就业农民工工资拖欠、子女入学难等问题，放宽农民进城就业条件和定居条件，通过制度创新，推进渭南城镇化进程。

5.4.5 走农业机械化、产业化、特色化道路，提高农民收入

关中平原的平坦肥沃，使得渭南在农业上具有很大的优势。作为一个农业大市，在发展工业的同时，更应该大力发展农业。

改变原来农产品初级的家庭个体耕种方式，走农业机械化、产业化道路，

引导农民走承包合作等模式，共同拥有大型农业机械，降低农业机械化人均成本，同时加大农业机械惠农措施，提高农民农业机械拥有量，实现机械替代农民劳力，提高农业生产率。

优化农副产品加工布局，促进农副产品加工聚集区的建设。大力提升农业产业化水平，重点发展粮油、果蔬、畜禽、奶制品等深加工业。以培育龙头企业发展带动农产品基地建设，积极培育一批知名品牌和竞争力强的企业，从而实现“公司+农户”的生产模式，由公司进行资金、技术支持，帮助农户生产种植，再由公司统一收购，既让公司有了原材料来源，又让农民得到技术和资金的支持，并且不用担心销路，扩大农民种植的信心。另外，公司能够对农产品进行深加工，实现农产品丰富化，如果汁饮料行业等，并且能够避免农产品量大无法销售出去，导致腐烂等问题，延长农产品生命周期，降低农民种植风险。

走农业特色化道路，走“一村一品”道路，打造农产品品牌化，由政府引导一个地区主要种植一种农产品，配备相关技术人员进行指导，促进一个地区农产品规模化生产，降低成本，由政府来帮助联系销售，发挥政府引导作用。打造白水苹果、蒲城酥梨、韩城花椒、华县大葱、富平辣椒、大荔花生和西瓜等地区式农产品名牌，走农产品特色化道路。进一步扩大县城规模，做大做强特色产业，增强辐射带动作用。

附录6 陕西杨凌城镇化发展专题调查报告

6.1 杨凌城镇化整体概况

杨凌是中国唯一的国家级农业高新技术产业示范区，位于陕西关中平原中部，东距西安82公里，西距宝鸡86公里。1997年国家在咸阳市杨陵区的基础上，成立杨凌农业高新技术产业示范区，规划面积22.12平方公里，纳入国家高新区管理，由陕西省直辖，并和19个中央部委共管，具有地级行政级别，管辖县级杨陵区，但因为其作为农业示范区的特殊性，尚未被中国主管行政区划的民政部单独列为行政区，仍将杨陵区划属咸阳市，县级杨陵区有3个镇，2个街道办事处，87个行政村，总人口20万，其中城市人口8万。耕地面积10.6万亩，农民人均耕地0.8亩，是中国农业起源之地。示范区管委会享有地方级行政管理权、省级经济管理权及部分省级行政管理权，享受国家级高新技术产业开发区的各项优惠政策、国家对农业的倾斜扶持政策以及西部大开发的各项优惠政策。

杨凌在农业领域拥有雄厚的研究实力，区内驻有西北农林科技大学，是中央部属高校，教育部直属全国重点大学，为国家“985工程”和“211工程”重点建设高校。每年11月中国杨凌农业高新科技成果博览会（以下简称农高会）在杨凌定期举行。农高会是中国农业高新科技领域最具权威和影响力的大型综合展会，被誉为“中国农业奥林匹克盛会”。经过十几年的发展，杨凌农高会已成为与北京科博会、深圳高交会、上海工博会齐名的中国四大科技展会之一。农高会已成为国际知名的科技会展品牌和农业科技推广的重要载体，为杨凌围绕高新技术农业发展工业营造了巨大的聚集效应。自1997年杨凌示范区成立以来，经过10多年的艰苦创业，杨凌从过去一个信息封闭、交通落后、经济萧条的农村小镇发展成为一座人才聚集、产业发展的新型城市。如今，交通通信、园林绿化、城市供水、医疗卫生、垃圾处理系统等基础设施日趋完善，还有现代化的国际会展中心、创业中心、邰城广场和亚洲一流的水上运动中心。杨凌示范区已成为陕西经济最具发展潜力的增长点和西部大开发的亮点，已被国家批准成为向亚太经合组织开放的十大工业园区之一，是国家重点支持的五大高新区之一和全国六个海峡两岸农业合作试验区之一。

6.2 杨凌城镇化发展的现状

近年来，杨凌示范区以城乡政策一致、规划建设一体、公共服务均等、收入水平相当为方向，大力推进城乡在规划建设、劳动就业、社会保障、医疗卫生和户籍管理等五个方面一体化。在消除城乡二元结构，推动农民进城，推进城镇化建设方面积极探索、勇于实践，初步形成了规划引领、产业助推、城镇吸纳、制度保障地促进农民进城、进镇、进社区的政策机制，走出了一条切合实际、成效明显的城镇化发展道路。

6.2.1　建设现代农业示范园区，促进城镇化发展

杨凌现代农业示范园区位于示范区西北部，面积100平方公里，主要包括五泉镇、大寨乡、揉谷乡和杨村乡的一部分。园区处于三道塬，土壤肥沃，灌溉条件优越，地势南低北高。园区依据其地形、地貌特征，按照现代农业发展要求的产业要素，采用园林化设计，规划并建设了“一轴、一心、八园”。“一轴”，即园区产业景观轴；“一心”即园区管理服务中心；“八园”分布于产业景观轴两侧。杨凌示范区的现代农业示范园区建设是农民人均纯收入增长迅猛的一个主要原因，明显缩短了与城镇居民收入之间的差距，从而加快了杨凌的城镇化进程。农业调整步伐加快，产业结构日趋合理。第一、第二、第三产业在GDP中的比重由1997年的31.34%、30.6%、38.0%发展为2009年的7.6%、51.7%、40.7%。另外，杨凌集中了大量的物质和技术力量，市区非农业人口比重逐年增高，工业总产值比重逐年增高，可见城镇化在地区经济发展中起着不可替代的作用。此外，农村剩余劳动力在城乡之间的流动也为城乡的沟通架起了桥梁，人才的流动也加快了信息、技术的流动。这样，城乡之间的各个寻求经济效益最大化的企业或个人就会在其可以支配的资源范围内，根据市场的客观情况有效地配置资源。从这个意义上讲，城镇化也对产业结构的调整起到了积极的作用。2010年，杨凌示范区坚持示范带动、项目带动，科技支撑、产业支撑的工作方针，加快推进科技创新、推广服务、产业化示范、国际合作及产业发展、次核心城市建设、城乡一体化等工作。示范区全年实现地区生产总值47.3亿元，增长15.5%；地方财政收入达到2.51亿元，增长24.4%；全社会固定资产投资完成36.3亿元，增长63.2%；城镇居民人均可支配收入达到22 297元，增长15.1%；农民人均纯收入达到7128元，增长24.1%。全年新建示范推广基地13个，对外科技示范推广总面积达到2902.4万亩，实现推广效益74.4亿元，增长12.5%。

6.2.2　深化农村改革，发展农村专业合作经济组织

近年来杨凌不断深化农村改革，城郊农村通过试行股田制、股份合作制等新型合作经济形式，探索农民就业以及城镇化的新路子。进一步深化结构调整，大力扶持发展农村专业经济合作组织，促进农业增效、农民增收，发展畜牧业、

无公害精细蔬菜业、良种业等主导产业。农村专业合作经济组织在杨凌呈现蓬勃发展的趋势。杨凌新丰苑蔬菜花卉专业合作社是杨凌区示范合作社，也是杨凌最有影响力的合作社之一。专门从事日光温室蔬菜、果品等农产品的生产、加工、储运和销售，同时进行新技术、新品种的推广，并开展技术培训、交流与咨询等服务，合作社共有社员农户 23 户，拥有日光温室大棚 88 座（标准棚），占地 130 余亩，并建立了自己的蔬菜加工厂和冷库。杨凌新华府果蔬专业合作社是由五泉镇多个村组 50 多户农民参与的设施农业大棚蔬菜种植基地，是从事优良品种引进、试种、推广，蔬菜病虫害的防治，农用物资的集中供应，蔬菜的集中收购与加工销售，并为农业示范园区的所有菜农提供技术服务和金融服务的综合性合作社。杨凌锦田果蔬专业合作社位于杨陵区揉谷乡设施农业园区，入股社员 30 户，种植面积 700 余亩，塑料大棚 127 座，主要从事礼品西甜瓜种植。合作社实行“五个统一”管理模式，即统一农资供应，统一质量标准，统一生产技术，统一品牌包装，统一市场销售。陕西揉谷果蔬专业合作社带动周边农户 300 户，入社社员 158 户，管理员工 20 人，合作社目前占地 300 余亩，示范推广 3000 余亩，合作社自有日光温室大棚 16 个，钢骨架无立柱大棚 89 个。杨凌绿飞果蔬专业合作社位于杨凌现代农业示范园区 1 号示范基地，基地占地 180 亩，新建标准化日光温室大棚 135 座，适合种植各类瓜果蔬菜。另外，还有杨凌农夫果业专业合作社，由农民自发筹集资金与陕西西安果友协会合作，致力于当地果业的研究与开发，以及农化服务，本着“创名优果品，富百万果农”的宗旨，服务、惠及果农。

6.2.3 耕地面积下降，城市用地明显增加

近年来，随着城镇化的推进，城市面积的扩大，许多农业用地被征召作为其他用途，如城市扩建、工业园区等等。陕西省改革开放的 32 年间耕地面积减少了 998.79 千公顷，平均每年减少 41.62 千公顷耕地。农业人均耕地面积也由 1978 年的 0.16 公顷减少到 0.10 公顷。到 2010 年陕西共有耕地面积 4050 千公顷。杨凌土地利用最为活跃，土地利用程度最大，这与杨凌成为农业高新技术产业示范区有关，根据调研数据显示，2008 年杨凌区人均耕地减到了 0.1 亩，达到了多年来的最低点，而园地面积增加幅度最大，增加了近 1.2 千公顷，年变化率近 10%，林地和交通用地也有了明显的增加，增加幅度分别 7.4% 和 7.1%，杨凌林地转移的去向主要是城镇用地；杨凌的交通用地转移速度在陕西省转移速度最快，主要去向是城市用地。此外居民点用地，也就是城市用地增加迅速，这与杨凌城市发展速度有关。

6.2.4 人均收入逐年增加，城乡收入差距仍然较大

2009 年，杨凌农民人均纯收入达到了 5744 元，比 2008 年增加了 1008 元，

增长21.3%，增速位居全省第一。杨凌农民人均纯收入增长迅猛的一个主要原因是示范区的现代农业示范园区建设。收入来源主要表现在三个方面：一是政策性转移收入，每建一个大棚，政府无偿补贴1.5万元；二是工资性收入，一大批农业企业入驻园区，给农村剩余劳动力创造了就业机会；三是大棚蔬菜见效后直接收入十分可观，每个大棚少则收入5000~7000元，多则超过了1.5万元。杨陵区大寨、五泉、揉谷3个乡镇的30户园区种植大棚菜的农民收入相当于农民种粮收入的4倍。这些调查户2009年人均纯收入达到18 133元，是其他没有建大棚农民收入的3.1倍。杨凌农民纯收入快速增长，明显缩短了与城镇居民之间的差距。调查杨凌30户种植大棚果蔬的农民结果显示，2009年农民人均纯收入与城镇居民收入19 372元相比仅仅差1239元。如附表6-1所示。

附表6-1　杨凌主要经济数据

项目	2006年	2007年	2008年	2009年
农村居民人均纯收入/元	3 820	4 210	4 736	5 744
城镇居民人均可支配收入/元	11 610	13 200	15 866	19 372
户籍人口/人	144 519	149 416	153 625	190 175
城镇人口/人	58 100	61 623	63 812	62 053
城镇化率/%	—	41.24	41.54	32.6
地区生产总值/万元	—	257 640	336 700	398 610
第一产业生产总值/万元	—	22 100	27 800	30 140
第二产业生产总值/万元	—	126 500	165 100	206 090
第三产业生产总值/万元	—	109 040	143 800	162 380
地方总收入/百万	1.20	1.43	1.70	2.02

注：2009年数据全部是含揉谷的，2006年和2007年不含揉谷；其中农民人均纯收入、城镇居民人均可支配收入2008年包括揉谷，其他年份的不包括

资料来源：根据杨凌统计局数据整理而成

从附表6-1可以看到，近年来，杨凌地区生产总值由2007年的25.764亿元提高到2009年的39.861亿元，年均增长24.38%。人均收入也在稳步提高，农村居民人均纯收入由2006年的3820元提高到2009年的5744元，年均增长22.62%，城镇居民人均可支配收入由2006年的11610元提高到2009年的19 372元，年均增长29.17%。然而我们也发现，杨凌城乡收入差距仍然比较明显，城镇居民与农民的收入倍数由2006年3.04扩大到2009年的3.37。

6.3　杨凌城镇化发展中存在的主要问题

通过对杨凌城镇化发展现状的分析，我们看到，尽管杨凌城镇化取得了长足的发展和进步，但仍然存在一些突出的问题，而这些问题也是杨凌城镇化发展进程中的障碍。

6.3.1 吸引外部投资的能力仍非常有限，财源税源相对不足

杨凌正处于工业化、城镇化加快推进时期，利用外资水平的高低，直接反映了招商引资、项目建设水平的高低，也是工业化、城镇化走向新阶段的重要标志。先进地区发展的成功经验证明，外资项目的引进，不但可以带来资金和先进的技术、管理，而且可以带来广阔的市场和人才。据统计，杨凌示范区总收入在1000万元以上的28家企业都是农产品加工、制药以及与此有关的行业。这种单一的经济结构不利于区域经济效益的提高，制约了示范区经济的综合发展，给城市的建设带来了矛盾和困难。缺乏有力的资金支持，使得农村城镇化、现代化进程无法实施。资金的缺乏或政府的支持不到位使得新农村试点规划无法实现，甚至征了地，也无法建设整齐的居民住宅楼和工业厂房，无法实现产业化。靠农民积累投资，农民自觉性不高。同时，财政税收也是制约城市建设的一个重要原因。而这方面的主要问题是：财源税源相对不足，享受减、免税政策的涉农企业的比重较大，使示范区的财力增加不够理想；由于示范区的基础设施建设任务重，资金缺口大，大量银行贷款衍生的财务费用支出占到本级财政收入的2/3，财政压力大，可用于建设的资金少。

6.3.2 经济总量偏小，工业化基础薄弱导致经济综合实力较弱

受经济发展基础等因素的影响，杨凌区产业化程度相对较弱，产业发展的总体水平还不够高；受市场意识、组织化程度的限制，工业主导产品规模较小，规模经济难以形成，带动作用不强，区域特色经济发展不足。经济总量小，技术含量高、投资规模大、经济效益好的企业和项目较少。企业的产业链短，产品结构单一。为企业服务的公共平台缺乏，企业融资、铁路货运等制约产业发展的瓶颈因素较多。最主要的问题是企业扩大规模、拓展市场缺少资金支持。固定资产投资规模不大，农业和涉农企业多，政策性减免税企业多，财力十分紧张，不能满足加快发展和进行科技示范的需要。由于以上种种原因，加上杨凌城市建设起步晚，城镇规模和人口聚集不够，导致了第三产业发展不足，商贸流通业严重滞后于杨凌发展的步伐。人气不旺，困扰杨凌发展。城市之间的竞争使得城市政府（或土地开发商）在收取地租时，也必须向厂商或工人提供能够吸引他们来居住的补贴或公共用品。

6.3.3 二元结构的存在，严重影响了杨凌城镇化的实施

城乡脱节的二元经济结构是杨凌三农问题的症结所在，这也严重制约了杨凌城乡经济一体化进程的开展。一是通过户籍管理制度区分农业户和非农业户，

人为贬低了农户的地位，加剧了“众轻农”现象；二是就业、教育、医疗、养老、基础建设、住房等社会保障体制分为城市和农村来区别对待，采取不同的投资策略和政策支持。长期的重城轻农的资金投入，最终导致农业、农用工业及农村科教文卫事业长期落后，农民素质普遍低下，这就形成了特有的城乡分割和城乡壁垒，这种城乡分割的二元经济结构，对经济、社会、政治和生态造成多种危害，使城乡在经济结构、思想观、生活水平等各方面存在着相当大的差距，许多行之有效的政策在乡村中无法正常实施，这也形成了建立城乡经济一体化不可回避而且难以逾越的障碍。传统的二元结构及其相应的户籍制度所造成的城乡壁垒很不利于剩余劳动力的转移，严重制约了经济发展和社会进步。为了加速杨凌城镇化进程，一定要加速户籍制度改革，逐步建立城乡统一的劳动力市场和公平竞争的就业制度，依法保障进城务工人员的权益，消除劳动力转移过程中的种种结构和制度限制因素。要避免只顾眼前利益、以牺牲环境和资源效益为代价来换取经济效益的城市发展倾向。

6.3.4 依然存在对农村的歧视性政策

依然存在包括就业、教育、卫生、医疗、社会保障、金融及信贷、投资等在内的各种歧视性政策：一是城乡财政不是统筹统支；二是公共产品和公共服务的投入与新农村建设远远滞后于城市；三是广大农村未普遍建立农户信用、信贷机制。这些歧视性政策严重影响了城市生产要素到农村投资创业、经营农业和居住以及农村剩余劳动力向城市的转移。劳动力在城乡间自由流动和迁徙是城镇化实现的重要条件。杨凌目前有些地方虽然实行了城乡一体化的居民登记制度，但附着在户籍制度上的城乡利益差异性政策问题并没有得到根本解决，社会保障政策、就业政策和教育政策等城乡分割的局面没有完全改变。在社会保障政策上，城乡差别更加突出。杨凌社会保障覆盖面非常小，到目前为止，绝大部分地区主要是针对城镇居民而言的，农村居民的养老、医疗、失业等保障体系基本没有建起来，最低生活保障政策也不完善，社会救济标准也比较低。在就业政策上，城乡统一的劳动力就业市场还没有建立，农民工在城镇就业的歧视政策没有根本消除，同工不同酬，农民工正当权益没有得到有效保护等问题还相当突出。在教育政策方面，教育资源城乡分割的格局没有被完全打破，农村义务制教育基本还是以农民自身负担为主，农民工子女义务教育的权益没有得到很好的保护。在诸如道路交通、邮电通信、金融等公共产品的供给方面，城乡差异非常明显，农村这些公共产品的供给政策不完善，没有形成一个有效的机制，致使农村公共产品发展相当滞后。这些问题的存在，导致城乡资源不能自由融合和充分竞争，从而严重地制约了杨凌城镇化发展。

6.4 加快杨凌城镇化发展的对策建议

杨凌城镇化发展需要从重速度变为重质量，即推进城镇化的重点是要从“关注城镇化速度”转向“关注城镇化质量”、关注产业园的建设、加大社会福利体制改革力度、改善农民工公共服务、促进进城农民工向市民转变以及建立与城镇化相适应的城镇管理体制。

6.4.1 大力发展现代农业和打造特色工业体系

产业园区是指具备优良的管理服务与硬件设施等基础条件，能够享受到如税收、资金信贷、开发用地、建房、吸引人才等多方面的优惠政策，推行重点发展策略，实现了产业积聚的区域，是投资的热土。据科技部预测，到2010年，中国将形成高新技术产业发展的四大密集区：以北京中关村科技园区为中心的环渤海高新技术产业密集区；以上海高新区为中心的沿长江高新技术产业密集区；以深圳高新技术园区为中心的东南沿海高新技术产业密集区；以西安杨凌高新区为中心的沿欧亚大陆桥高新技术产业密集区。可见，以高新技术产业集聚为主的产业园区的发展将主导未来中国的经济运作。因此打造杨凌新型产业园是杨凌城镇化建设的紧迫任务，也是顺应杨凌城镇化发展的趋势。解决区内农村发展和农民增收的“灯下黑”问题，既是杨凌自身发展的需求，也是为走出去示范积累经验、探索模式。通过实施“校村共建”，使农业新技术、新产品首先在杨凌推广应用。引进、培育农业产业化龙头企业，鼓励发展各类农民专业协会，推行“公司＋科教人员＋农户”、“科技＋专业协会＋农户”模式，逐步建立龙头企业带动，农产品生产、加工和销售一体的农业产业化经营体系。因地制宜，发展设施农业、畜牧业等主导产业，大力调整农业产业结构，形成农村全面发展，农民持续增收的良好局面。

围绕科技创业推广服务、产业化示范、科技创新和国际合作等核心任务，扩大示范辐射带动效应，加快形成“核心示范、周边带动、广泛辐射”的示范推广新格局。要全面建成现代农业示范园区，打造核心示范基地，为杨凌干旱半干旱地区现代农业发展探索经验、创造模式、提供服务。全面实施现代农业提升工程，调整优化产业结构，按照优化结构、优化空间，集群发展、快速发展的思路构建特色产业体系，建设全国现代农业高新技术产业基地、国家新型工业化产业示范基地和陕西涉农工业战略高地。实施特色工业集群培育工程，打造以食品工业、生物产业、机械及农机装备制造产业为支柱的特色涉农工业体系，形成关中-天水经济区重要的食品工业集聚区和生物产业集群核心区，推动区域经济强势发展。

6.4.2 遵循循环经济生态规律，科学地制定城市发展蓝图

要实现杨凌可持续发展的城镇化的构想，要先转变观念。政府、企业、民众都要树立循环经济生态城市的系统观、生产观、消费观、资源观和价值观。循环经济生态观把城市看做一个循环系统，人也是这个系统的一部分，不能置身事外。如果管理者成为代管者，生产者成为掠夺者，消费者成为浪费者，那么，城市系统必然坍塌、崩溃。传统城市的生产是以最大限度地开发利用自然资源、最大限度地创造社会财富、最大限度地获取利润为目的，而循环经济生态城市则要求充分考虑自然生态系统的承载能力，尽可能地节约自然资源，不断提高自然资源的利用率，循环使用资源，创造良性循环的社会财富。在生产过程中，遵循3R原则：资源利用的减量化（reduce）原则，即在生产的投入端尽可能少地输入自然资源；产品的再使用（reuse）原则，即尽可能延长产品的使用周期，并在多种场合使用；废弃物的再循环（recycle）原则，即最大限度地减少废弃物排放，力争做到零排放或无害排放，实现资源再循环。同时，在生产中还要求尽可能地利用可循环再生资源替代不可再生资源，如利用太阳能、风能和农家肥等，使生产合理地依托在自然生态循环之上。尽可能地利用高科技，尽可能地以知识投入来替代物质投入，达到经济、社会与生态的和谐统一，使人类在良好的环境中生产、生活，全面提高人民生活质量。政府是城市的管理机构，实际上左右着城市的发展方向，政府的行为很大程度上影响着企业行为、科技行为、民众行为。杨凌相关政府部门在进行城市规划、建设、管理时，必须遵循循环经济生态规律，树立科学的发展观，在项目选择、规划布局上，实行环境与发展综合决策，要考虑城市的整体和长远发展规划。

6.4.3 建立多元投资机制，解决城镇化的资金问题

杨凌城镇化发展中遇到的主要问题之一是建设资金不足，需要通过多种渠道筹集资金来解决杨凌城镇化发展中资金不足的问题。通过直接引资的方式解决杨凌城镇化的建设资金不足的问题，制定各种优惠政策，动员社会各方面力量来共同参与杨凌城镇化建设，形成一个包括国家投资、地方政府投资、社会投资、个人投资和引进外资在内的多元化的投资格局；通过项目引资的方式来解决杨凌城镇化建设资金不足的问题，对城镇化建设中的某些项目实行政府和社会机构、个人或外商合作兴建，建成后共同管理，共同营运，逐步收回投资，这是增加资金来源的一种间接引资办法。在此过程中还要注意管好、用好建设资金，把有限的资金用到最需要的地方去，提高资金的使用效率，避免建设资金浪费的现象，这也是间接增加投资的一种较好方式。同时还要做好体制创新

和改革，制定全方位的开放政策，通过引导社会资本和积极对外招商引资，推进小城镇基础设施建设和社会公益事业企业化经营，开放水、电、气、路、桥等基础设施建设市场，开发利用土地资源，加强周边环境和基础设施建设，搞好城镇硬件设施建设，保护现有自然资源，挖掘各种潜力，构建多元化的小城镇建设发展机制。

6.4.4 促进城乡统筹发展，保障民生和提高农民幸福度

加快城镇化建设，促进城乡统筹，保持经济平稳较快发展，要以建设国内一流、世界知名的农业科技创新型城市为目标，加大城镇建设和新型农村社区建设推进力度，基本形成“一核、四心、四区”和“两轴、两环”的城乡空间布局。坚持把统筹城乡作为促使人民群众共享发展成果的切入点，以缩小城乡差距为根本，以新农村建设为基础，不断优化空间布局，完善城乡基础设施、公共服务设施，提高城乡一体化发展水平；要坚持“以城带乡、以乡促城、城乡一体、联动发展”的思路，多渠道、多层次、全方位推进城镇化、城乡一体化进程，建成五泉、揉谷、大寨中心镇和一批新型社区，着力构筑布局合理、功能明确、特色鲜明、设施共享、服务一体、城乡融合发展的新格局；要做到强区与富民相协调，既壮大区域经济、增强政府财力，又发展民营经济、增加群众收入，实现区强民更富。

改善和保障民生，切实提升人民群众幸福指数和满意度。富民是强区的目的，发展的成果最终要体现在民生的改善和保障上。要以提高人民群众幸福指数和满意度为目标，加快收入分配结构调整，加快推进保障性住房等民生工程建设。大力发展就业富民产业，以充分就业促进城乡居民收入持续增加。着力抓好低收入农户增收工作，在农村实施“人人技能工程”，加强农民就业培训，积极拓宽增收渠道，充分利用现代农业和高校资源提高农民收入。要全力推进社会管理创新，努力营造和谐安定的社会环境。完善社会救助体系，全面实现城乡养老全覆盖、医保基本全覆盖，探索建立城乡一体的社保制度。做好食品安全监管工作，切实加强卫生保障服务，实现公共卫生服务城乡一体化。积极发展文化产业，打造彰显华夏农耕文明的历史文化基地，丰富群众文化生活，加强精神文明建设，不断增强市民的幸福感。大力推进“平安杨凌”建设，大幅提高社会治安满意度。加强信访、矛盾纠纷排查化解、应急管理、防灾减灾和安全生产工作，维护社会和谐稳定。

参考文献

白国强 . 2004. 美国郊区城镇化及其衍生的区域问题 . 城市问题，04：65-68.

白南生 . 2003. 中国的城市化 . 管理世界，11：79-83.

曹宝明，顾松年 . 2006. 新苏南发展模式的演进历程与路径分析 . 中国农村经济，02：4-8.

曹广忠，刘涛 . 2010. 中国省区城镇化的核心驱动力演变与过程模型 . 中国软科学，09：86-95.

陈斌开，杨依山 . 2009. 中国城镇居民劳动收入差距演变及其原因：1990—2005. 经济研究，12：35-38.

陈学斌 . 2000. 大力发展小城镇经济，加速推进农村城镇化进程 . 宏观经济管理，03：34-37.

陈洋，李郇，许学强 . 2007. 改革开放以来中国城市化的时空演变及其影响因素分析 . 地理科学，02：13-18.

陈颐 . 1998. 中国城市化和城市现代化 . 南京：南京出版社 .

陈甬军 . 2002. 问诊中国城市化道路——国内外专家聚首厦门共论中国城市化问题 . 开放潮，02：21-23.

陈征平，俞晓玲 . 2005. 中国城市化动力模式演变与发展抉择 . 经济问题探索，02：15-18.

陈志刚，曲福田，黄贤金 . 2008. 中国工业化、城镇化进程中的土地配置特征 . 城市问题，09：7-11.

陈忠 . 2003. 城市制度：城市发展的核心构架 . 城市问题，04：13-18.

成咸宁 . 2004. 城镇化与经济发展——理论、模式与政策 . 北京：科学出版社：34-41.

仇保兴 . 2010a. 城镇化的挑战与希望 . 城市发展研究，02：1-5.

仇保兴 . 2003. 我国城镇化的特征、动力与规划调控 . 城市发展研究，01：4-9.

仇保兴 . 2011. 中国城镇化发展与数字城市建设 . 城市发展研究，08：2-5.

仇保兴 . 2010b. 中国的新型城镇化之路 . 中国发展观察，04：56-58.

仇晓洁，温振华 . 2009. 我国农村社会保障水平与工业化、城镇化水平关系的研究——基于中国 23 个省份面板数据的实证研究 . 经济问题，08：65-68.

崔功豪，马润潮 . 1999. 中国自下而上城市化的发展及其机制 . 地理学报，03：106-115.

戴为民 . 2007. 国内外城市化问题研究综述 . 特区经济，05：266-268.

道格拉斯・C. 诺斯 . 2006. 制度 . 新华文摘，20：140-144.

丁声俊 . 2007. 中国实行高粮价好处多 . 农业展望，2：3-8.

杜姗 . 2011. 中国城镇化发展中的问题研究 . 中国证券期货，06：108.

发改委城市与小城镇改革发展中心课题组 . 2010. 我国城镇化的现状、障碍与推进策略 . 中国党政干部论坛，1：32-34.

傅伯仁，李爱宗．2010. 我国农村劳动力转移问题的新变化以及对策．农业现代化研究，11：21-26.
高佩义．1991. 中外城市化比较研究．天津：南开大学出版社：45-60.
辜胜阻，李正友．1998. 中国自下而上城镇化的制度分析．中国社会科学，2：60-70.
辜胜阻．1999. 非农化及城镇化理论与实践．武汉：武汉大学出版社：10-11.
顾文选．2008. 中国城镇化的速度与目标问题．城市问题，01：5-6.
顾文选．2008. 中国城镇化的战略问题．城市问题，03：2-5.
郭评生．2008. 基于统筹城乡发展视角的农村人力资源开发研究．江西财经大学学报，11：53-55.
国务院发展研究中心课题组．2010. 中国城镇化：前景、战略与政策．北京：中国发展出版社：47，133-138，254-255.
韩俊．2010. 农民工市民化：现状、前景与路径选择．见：中华人民共和国国家统计局：中国发展报告 2010. 北京：中国统计出版社．
何宇鹏，张同升．2007. 人口流动和中国城镇化的空间分布．中国劳动经济，02：88-100.
侯伟丽．2004. 农村工业化与环境质量．经济评论，07：52-66.
黄建军，段习贤．2005. 中国城镇化实现机制的缺陷——制度经济学的分析．科学经济社会，02：43-46.
简新华，黄昆．2010. 中国城镇化水平和速度的实证分析与前景预测．经济研究，3：28-39.
姜斌，李雪铭．2007. 世界城镇化模式及其对中国的启示．世界地理研究，03：40-45.
李秉仁．2002. 关于我国城市发展方针的回顾与思考．城市发展研究，03：25-29.
李长虹．2003. 信息化与城市空间的创新．中国软科学，01：117-122.
李桂娥．2005. 发展农村教育加速城市化进程．教育与经济，02：31-33.
李海峥．2010. 中国人力资本测度与指数构建．经济研究，08：48-52.
李海峥．2010. 中国人力资本指数分析报告．http：//humancapital. cufe. edu. cn/Human_Capital_Index_Project_display news. asp？ id = 276［2010-12-20］.
李海峥．2009. 中国人力资本指数分析报告．中央财经大学，中国人力资本与劳动经济研究中心内部资料．
李建华，郭清．2011. 新生代农民工特点分析与政策建议．农业经济问题，3：42-45.
李克强．2010-08-11. 关于调整经济结构促进持续发展的几个问题．http：//www. gov. cn/ldhd/2010-06/01/content_1618022. htm［2010-06-01］.
李玲．2001. 改革开放以来中国国内人口迁移及其研究．地理研究，04：453-462.
李瑞林，李正升．2006. 巴西城市化模式的分析及启示．城市问题，4：93-98.
李若建．2006. 就业结构变迁对中国城市化地区差异的影响分析．中山大学学报，05：12-24.
李树琮．2008. 推进我国城市化的再思考．中国城市经济，01：62-64.
厉以宁．2009. 走向城乡一体化：建国 60 年城乡体制的变革．北京大学学报（哲学社会科学版），06：5-19.
林杰，申波．2007. 日本城镇化发展的经验借鉴与启示．日本问题研究，03：7-17.
刘传江，张辉．2004. 中西部农村剩余劳动力转移与城镇化．经济评论，11：39-43.
刘传江，郑凌云．2004. 城镇化与城乡可持续发展．北京：科学出版社：2-3.

刘传江．1998．论城市化的生成机制．经济评论，05：56-61．
刘传江．2001．论中国城市化发展的制度创新．理论与改革，09：59-62．
刘传江．1999a．农村城镇化与中国可持续发展．经济评论，11：54-58．
刘传江．1999b．中国城市化的制度安排与创新．武汉：武汉大学出版社：160．
刘国新．2009．中国特色城镇化制度变迁与制度创新研究．东北师范大学博士论文：92-94．
刘美平．2007．生态危机、技术创新转向与城乡循环经济．当代财经，8：89-94．
刘奇，王飞．2003．论统筹城乡经济社会发展．中国农村经济，09：6-11．
刘勇，林家彬．2006．“十一五”时期中国城镇化战略思考．城市发展研究，03：85-89．
刘玉，冯健．2008．中国区域城镇化发展态势及战略选择．地理研究，01：47-54．
刘玉．2007．中国城镇化发展的若干区域特性与矛盾差异．城市规划学刊，02：15-19．
柳随年．2001．关于推进城镇化进程的若干问题的思考．管理世界，06：1-5．
卢海元．2002．实物换保障：完善城镇化机制的政策选择．北京：经济管理出版社．
卢现祥．2005．新制度经济学．武汉：武汉大学出版社．
鲁静芳．2009．中国城镇化发展的现状、问题与对策．城市问题，06：15-21．
陆益龙．2002．1949 年后的中国户籍制度：结构与变迁．北京大学学报（哲学社会科学版），03：123-130．
马凯．2006．“十一五”规划战略研究（上）．北京：北京科学技术出版社．
马晓河，胡拥军．2010．中国城镇化的若干重大问题与未来总体战略构想．农业经济问题，11：7-8．
马歇尔．1997．经济学原理．北京：商务印书馆：33-41．
马智利．1998．对新重庆城镇化网络建设的探讨．中国软科学，04：125-128．
毛军．2006．产业集聚与人力资本积累——以珠三角、长三角为例．北京师范大学学报（社会科学版），06：103-110．
峁荣华．2009．我国农村集体土地流转制度研究．华东政法大学博士学位论文．
缪丽华，黄汉权．2006．小城镇发展的若干问题与对策研究．农业经济问题，07：66-68．
宁夏回族自治区统计局．2009．2009 年国民经济和社会发展统计公报．宁夏统计信息网．http：//www. nxtj. gov. cn/tjgb/201003250004. htm［2010-10-31］．
宁越敏，李健．2005．让城市化进程与经济社会发展相协调．求是，06：61-63．
宁越敏．1998．新城市化进程——90 年代中国城市化动力机制和特点探讨．地理学报，05：470-477．
农业部课题组．2000．21 世纪初期我国农村就业及剩余劳动力利用问题研究．中国农村经济，05：9-14．
欧书阳，吴江．2005．统筹城乡发展——促进农村人力资源开发．城市问题，09：66-69．
浦善新．2006．走向城镇化新农村建设的时代背景．北京：中国社会出版社．
屈晓杰，王理平．2005．我国城市化进程的模型分析．安徽农业科学，10：1938-1940．
饶会林，郭鸿懋．2001．城镇经济理论前沿课题研究．大连：东北财经大学出版社：358-359．
尚娟，申尊焕．2008．工业反哺农业的国际经验及其启示．理论导刊，02：77-79．
邵力，薛占胜．2009．建设社会主义新农村与推进城镇化并举．宏观经济管理，08：62-64．
申兵．2011．我国农民工市民化的内涵、难点和对策．中国软科学，02：120-124．

申茂向. 2005. 推进农村工业化与城镇化的协调互动发展. 研究与发展管理，12：3-8.
沈坤荣，张璟. 2007. 中国农村公共支出及其绩效分析——基于农民收入增长和城乡收入差距的经验研究. 管理世界，01：30-36.
沈悦. 2004. 日本的城镇化及对我国的启示. 现代日本经济，01：60-64.
施继元，高如熹. 2007. 都市圈架构下的小城镇发展策略. 农业经济问题，04：97-100.
宋洪远，庞丽华. 2003. 统筹城乡，加快农村经济社会发展——当前的农村问题和未来的政策选择. 管理世界，12：71-76.
宋俊岭，黄序. 2001. 中国城镇化知识15讲. 北京：中国城市出版社.
宋豫秦，叶文虎. 2009：第三次文明. 中国人口·资源与环境，4：119-124.
孙敬水. 2009. 计量经济学（第二版）. 北京：清华大学出版社：404-434.
汪丁丁. 2005. 制度经济学三人谈. 北京：北京大学出版社.
汪冬梅. 2005. 中国城市化问题研究. 北京：中国经济出版社.
汪光焘. 2002. 关于当代中国城镇化发展战略的思考. 中国软科学，11：114-120.
王放. 2005. "四普"至"五普"间中国城镇化的发展. 人口与经济，03：46-50.
王桂新. 2000. 中国经济体制改革以来省际人口迁移的区域模式. 人口与经济，03：8-16.
王建国. 2007. 走中国特色城镇化道路的背景和内涵分析//河北省社会科学研究院. 河北省社会科学研究院2007年院学术年会集锦.
王军. 2009. 国际典型城市化模式与我国的比较及其启示. 江苏城市规划，04：43-46.
王梦奎，冯并，谢伏瞻. 2004. 中国特色城镇化道路. 北京：中国发展出版社：61.
王梦奎. 2001. 当前社会经济发展中需要着重研究的问题. 管理世界，04：1-4.
王梦奎. 2004. 关于统筹城乡发展和统筹区域发展. 管理世界，04：1-5.
王梦奎. 2003. 走中国特色城镇化道路. 小城镇建设，10：3.
王雨濛，吴娟. 2010. 我国耕地资源问题和实现有效保护的耕地补偿机制讨论. 农业现代化研究，01：15-21.
渭南市人民政府网. 2011. 走进渭南. http：//www. weinan. gov. cn/structure/zjwn/zjwn. htm [2011-08-01].
渭南市统计局. 2011. 2010年渭南市国民经济和社会发展统计公报：1-2.
吴敬琏. 2005. 比较. 北京：中信出版社.
吴伟，许美婷，俞慰刚. 2009. 韩国城市化道路的分析与思考. http：//rurc. suda. edu. cn/ar. aspx? AID =458 [2009-12-31].
吴友仁. 1980. 关于我国社会主义城市化问题. 人口与经济，01：19-26.
武力. 2002. 1978～2000年中国城市化进程研究. 中国经济史研究，03：73-82.
武力. 2003. 城镇化：中国实现全面小康社会必由之路——评朱铁臻先生的《城市现代化研究》. 经济研究，06：90-92.
肖金成. 2009. 中国特色城镇化道路与农民工问题. 发展研究，05：18.
肖万春. 2006. 论中国城镇化水平度量标准的合理化. 社会科学辑刊，1：112-117.
新生代农民工基本情况研究课题组. 新生代农民工的数量、结构和特点. http：//www. stats. gov. cn/tjfx/fxbg/t 20110310_ 402710032. htm. [2011-03-11].
徐新荣. 2011. 2011年渭南市政府工作报告. http：//www. Shaanxi. gov. cn/0/1/75/528/

97374. htm. [2011-12-30]
薛凤旋，蔡建明 . 1998. 研究中国城市化理论学派述评 . 城市地理，02：208-216.
杨甫念 . 2011. 铸城镇之魂——略论新型城镇化进程中的文化建设 [EB/OL] . http：//www. hbcas. com. cn [2011-02-17] .
杨刚强，江洪 . 2011. 中部地区城镇化发展现状与对策 . 宏观经济管理，05：39-40.
杨虹，刘传江 . 2000. 中国自下而上城镇化的制度分析 . 华中理工大学学报，02：77-79.
杨艳琳 . 1999. 中国城市化发展研究的新成果——评刘传江的中国城市化的制度安排与创新 . 经济评论，06：124-125.
杨治，杜朝晖 . 2000. 经济结构的进化与城市化 . 中国人民大学学报，06：82-88.
叶耀先 . 2002. 新中国城镇化的回顾和启示 . 中国软科学，11：1-10.
叶裕民 . 2001. 中国城镇化之路 . 北京：商务印书馆 .
叶裕民 . 1999. 中国城镇化滞后的经济根源及对策思想 . 中国人民大学学报，05：4-9.
易丹辉 . 2002. 数据分析与 Eviews 应用 . 北京：中国统计出版社：201-214.
尹成杰 . 2010. 加快推进中国特色城乡一体化发展 . 农业经济问题，10：4-8.
于弘文 . 2001. 从 2000 年人口普查看我国人口状况的几个特点 . 人口研究，04：12-18.
曾艳红 . 1998. 国外典型大都市区发展对我国大都市区建设的启示 . 地域研究与开发，01：42.
张杰庭 . 2004. 我国小城镇发展的政策研究 . 管理世界，09：143-144.
张京祥 . 2005. 西方城镇规划思想史 . 南京：东南大学出版社：115.
张林山 . 2010. 近期改革进展和热点问题分析 . 经济体制改革，03：28-35.
张培刚，宋德勇 . 1999. 经济体制转型的“主辅结合”论 . 经济学家，03：21-25.
张培刚 . 2001. 发展经济学教程 . 北京：经济科学出版社：73.
张沛 . 2009. 中国城镇化的理论与实践—西部地区发展研究与探索 . 南京：东南大学出版社：59-60.
张同升 . 2009. 中国城镇化发展的现状、问题与对策 . 城市问题，08：23-26.
张文祥 . 1998. 德国社会保障制度及其对我国的启示与借鉴 . 河北经贸大学学报，06：75-79.
张新生，何建邦 . 1996. 城市空间增长与格局变化的预测 . 地理学与国土研究，03：12-16.
张新生 . 2009. 地方政府对区域农村发展影响分析 . 农村经济，01：17-19.
张杨，郑秋红，俞慰刚 . 2006. 试论日本城市化的动力机制和整合机制 . 中国特色城镇化研究中心，12. http：//rarc. suda. eda. cn/ar. aspx? AID = 456 [2011-02-17] .
赵璟，党兴华 . 2005. 关中城市群建设与区域经济发展 . 经济与管理研究，01：23-27.
赵君，肖洪安 . 2004. 农村城市化动力机制和战略思路探讨 . 农业现代化研究，01：22-25.
赵新平，周一星 . 2002. 改革以来中国城市化道路及城市化理论研究述评 . 中国社会科学，02：132-138.
赵勇 . 1996. 城镇化：中国经济三元结构发展与转换的战略选择 . 经济研究，03：63-68.
郑长德，钟海燕 . 2007. 现代西方城市经济理论 . 北京：经济日报出版社 .
郑秀峰 . 2004. 中国农村的产业发展及方向选择 . 经济经纬，03：117-120.
郑昭，楚尔鸣 . 2007. 论构建农村小城镇核心竞争力 . 管理世界，10：168-169.
中华人民共和国国家统计局 . 国际统计年鉴 2010. http：//www. stats. gov. cn/tjsj/qtsj/gjsj/2010

［2011-10-12］.
周加来.2001. 城镇化、农村城镇化、城乡一体化．中国农村经济，05：20-50.
周一星，曹广忠．1999. 改革开放20年来的中国城市化进程．城市规划，12：8-12.
周一星，贾娜.2006. 中国城市人均GDP差异影响因素分析．中国软科学，08：109-114.
周一星，于海波．2002. 以“五普”数据为基础对我国城镇化水平修补的建议．统计研究，04：44-47.
周一星，于海波．2004. 中国城市人口规模结构的重构（一）．城市规划，06：49-54.
周振华．1995. 增长轴心转移：中国进入城市化推动型经济增长阶段．经济研究，01：6-10.
住房和城乡建设部城乡规划司．2010. 全国城镇体系规划（2006—2020）．北京：商务印书馆.
邹德慈.2010. 寻找中国特色的城镇化道．http：//www. gmw. cn/content/2010-01/29/content_1046641. htm［2010-01-29］.
Ag ers R U. 2000. The incentive for rural to urban migration：a re-examination of the Harris-Todaro model. Applied Economics Letters，7（2）：107-110.
Henderson J V. 2000. The effects of urban concentration on economic growth. NBER Working Paper：7503.
John W. 2006. China's economy in 2005：at a new turning point and need to fix its development problems. China & World Economy，02：1-15.
Knight J，Song L. 1999. The Rural-Urban Divide：Economic Disparities and Interactions in China. Oxford University Press：286.
Lin J Y. 2007. Rural informal taxation in China：historical evolution and an analytic framework. China & World Economy，03：1-18.
Lin Y F. 1989. An economic theory of institutional change：induced and imp. Cato Journal，1：1.
Li W P. 2010. Study on subjects of basic medical insurance in urban areas of China. China's Foreign Trade，02：63-65.
Lu M，Jiang S Q. 2008. Labor market reform，income inequality and economic growth in China. China & World Economy，06：63-80.
Ma C D. 2006. Relationship between ecological economics and circular economy，eco-industry，cleaner production，and other relevant categories . Ecological Economy，04：338-347.
Nico H，Marijke K. 2006. China's new rural income support policy：impacts on grain production and rural income inequality. China & World Economy，06：58-69.
Sanders L，Pumain D，Mathian H，et al. 1997. SIMPOP：a mulitiagent system for the study of urbanism. Environment and Planning B：Planning and Design，24（2）：287-305.
Schultz T W. 1968. Institutions and the rising economic value of man. American Journal of Agricultural Economics，6：11-13.
Seeborg M C，Jin Z H，Zhu Y P. 2000. The new rural-urban labor mobility in China：causes and implications. Journal of Socio-Economics，29：39-56.
Sicular T，Yue X，Gustafsson B，et al. 2007. The urban-rural income gap and inequality in China. Review of Income and Wealth，53（1）：93-126.
United Hations Populations Division. 2002. World Urbanization Prospects：The 2001 Revision—Data

Tables and Highlights. New York: Population Division, Department of Economic and Social Affairs, United Nations Secretariat.

White R, Engelen G. 1994. Urban systems dynamics and cellular automata: fractal structures between order and chaos. Chaos, Solitons & Fractals, 4(4): 563-583.

Yao Y. Village E. 2006. Accountability and income distribution in rural China. China & World Economy, 06: 20-38.

YeCH, Qin P. 2008. Provision of residential solid waste management service in rural China. China & World Economy, 05: 118-128.

Zou W, Zhou H. 2007. Classification of growth clubs and convergence: evidence from panel data in china, 1981-2004. China & World Economy, 05: 91-106.

“21 世纪科技与社会发展丛书”

第一辑书目

《国家创新能力测度方法及其应用》
《社会知识活动系统中的技术中介》
《软件产业发展模式研究》
《软件服务外包与软件企业成长》
《追赶战略下后发国家制造业的技术能力提升》
《城市科技体制机制创新》
《休闲经济学》
《科技国际化的理论与战略》
《创新型企业及其成长》
《劳动力市场性别歧视与社会性别排斥》
《开放式自主创新系统理论及其应用》

第二辑书目

《证券公司内部控制论》
《入世后中国保险业竞争力评价与对策》
《服务外包系统管理》
《高学历科技人力资源流动研究》
《国防科技资源利用与西部城镇化建设》
《风险投资理论与制度设计研究》
《中国金融自由化进程中的安全预警研究》
《中国西部区域发展路径——层级增长极网络化发展模式》
《中国西部生态环境安全风险防范法律制度研究》
《科技税收优惠与纳税筹划》

第三辑书目

《大学-企业知识联盟的理论与实证研究》
《网格资源的经济配置模型》
《生态城市前沿探索——可持续发展的大连模式》
《财政分权与中国经济增长关系研究》
《科技企业跨国并购规制与实务》
《高新技术产业化理论与实践》
《政府研发投入绩效》
《不同尺度空间发展区划的理论与实证》
《面向全球产业价值链的中国制造业升级》
《地理学视角的人居环境》
《科技型中小企业资本结构决策与融资服务体系》

第四辑书目

《工程项目控制与协调研究》
《国有企业经营者激励与监督机制》
《行风评议：理论、实践与创新》
《陕西关中传统民居建筑与居住民俗文化》
《知识型人力资本胜任力研究》

第五辑书目

《中国居民消费需求变迁及影响因素研究》
《沿海经济带建设的法律视域》
《典型海岛生态安全体系研究》
《老工业基地振兴中的新型技术改造战略》
《辽宁老工业基地振兴绩效与战略升级》
《行业划转院校发展战略研究》
《区域创新与生态效率革命》
《中国科技崛起的人才优势》